LE

THÉATRE CHRÉTIEN

OU LES

MARTYRS MIS EN SCÈNE

RECUEIL DE DOUZE PIÈCES DRAMATIQUES

A L'USAGE

DES COLLÉGES, PETITS SÉMINAIRES

Et autres Maisons d'éducation

PAR M. L'ABBÉ J***

PRIX : 4 FR 50 C.

LYON

P. N. JOSSERAND, LIBRAIRE-ÉDITEUR

PLACE BELLECOUR, 3.

1867

(TOUS DROITS RÉSERVÉS.)

LE

THÉATRE CHRÉTIEN

Besançon. — Imprimerie d'Outhenin Chalandre fils.

LE
THÉATRE CHRÉTIEN

OU LES

MARTYRS MIS EN SCÈNE

RECUEIL DE DOUZE PIÈCES DRAMATIQUES

A L'USAGE

DES COLLÉGES, PETITS SÉMINAIRES

Et autres Maisons d'éducation

PAR M. L'ABBÉ J***

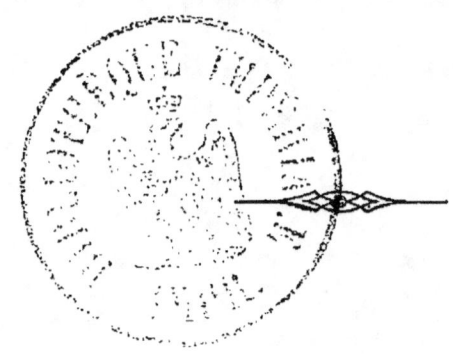

LYON

P. N. JOSSERAND, LIBRAIRE-ÉDITEUR

PLACE BELLECOUR, 3.

1867

(TOUS DROITS RÉSERVÉS)

PROLOGUE

I

Contribuer à toucher les cœurs et à relever les caractères de notre siècle, par le courage et l'exemple des martyrs, tel est le but de cet ouvrage. Aujourd'hui, ce qui domine dans la société moderne, c'est une passion violente qui la porte incessamment vers tout ce qui parle aux sens et à l'imagination : de là cet engouement si étrange pour les œuvres et les représentations dramatiques; de là, par conséquent, cette effrayante multitude de brochures et de pièces plus ou moins extravagantes qui n'ont pour triste résultat, que d'énerver le cœur de l'homme, d'avilir et d'irriter les belles puissances de son âme, par les scènes et les modèles d'un romantisme corrupteur. Or, pour relever le moral et la dignité humaine, que tant de scènes ignobles ne font que ravaler; il faut aux hommes de nos jours quelque chose de véritablement grand, quelque chose de beau, de sublime, de merveilleux, qui parle sans mensonge à leurs sens et à leurs cœurs.

Pour réveiller l'âme humaine, aiguillonner son courage à la pratique de la vertu, il faut, non des modèles vicieux, comme ceux qu'on va étudier chaque jour dans des livres, ou dans des théâtres mondains; mais il faut pour cela des types d'un héroïsme réel et véritable, tirés de l'homme lui-même, ou de l'homme aidé de la grâce, accomplissant des prodiges de vertu dans sa vie et dans sa mort. Or, où puiser ailleurs que dans le martyrologe de l'Eglise, des sujets plus capables d'atteindre ce but? Car si, pour vicier, amollir le cœur de l'homme et le courber vers un sensualisme abrutissant, on célèbre chaque jour dans des écrits, on chante sur des théâtres, des personnages souvent fictifs, et plus illustres par leurs crimes que par leurs vertus; pourquoi ne pas essayer de tenir l'homme au niveau de sa propre dignité, en lui montrant sur la scène les martyrs de la religion chrétienne, qui sont incontestablement les plus beaux types de l'héroïsme et de la vertu? N'est-ce pas là, qu'on est sûr de trouver tout ce qu'il y a de plus émouvant et de plus dramatique dans toutes les annales du genre humain? Au lieu de personnages corrupteurs et fabuleux, qui n'ont jamais existé que dans le cerveau de l'écrivain, vous rencontrez ici des scènes vraies, dont vous ne pouvez nier l'existence, des hommes de tout âge, de tout sexe et de toute condition, qui ont véritablement joué les divers rôles dont on vous donne la représentation. Ici, on ne peut pas dire : c'est de la pure invention, c'est de la fable ; et quiconque a la moindre notion de l'histoire, est forcé d'avouer que les choses se sont passées à peu près de la sorte. Et tandis qu'il y a très-souvent de grands dangers pour le chrétien, de paraître dans la plupart de nos théâtres, qui ne sont, hélas ! que des écoles d'impiété et de libertinage, ici, tout le monde peut assister sans crainte au théâtre des martyrs. Ici, rien que de grand, de noble et de véritablement salutaire. Ici, l'on apprend à aimer le courage, la douceur, la patience, la générosité, la grandeur d'âme, qui font l'honnête homme et le bon citoyen. Ici, impossible de ne pas éprouver quelque sentiment d'admiration et d'amour pour l'Eglise de Jésus-Christ, qui seule peut enfanter de pareils héros. Mais, c'est aussi comme livre de lecture, que ce nouvel ouvrage pourra être utile et intéressant, faire du bien à beaucoup de personnes qui perdent leur temps, gâtent leur cœur et leur esprit, dans des productions frivoles et dangereuses pour la foi et les mœurs, dans des journaux souvent hostiles à la religion et à la vertu. C'est donc dans un but louable, que nous consentons à l'impression de cet écrit, dont la naissance a, pour ainsi dire, quelque chose de providentiel.

II

Depuis quelque temps, en effet, on nous avait demandé deux ou trois pièces de tragédies chrétiennes : et nous avions hésité longtemps, lorsqu'enfin nous consentîmes à nous mettre à l'œuvre, pour essayer de contenter des désirs très-légitimes. Mais, dans le temps où j'employais à ce travail quelques-uns de mes moments de loisir, j'étais loin de penser qu'un jour je le laisserais imprimer. Toutefois, l'homme propose et Dieu dispose, et il ne faut jamais, dit-on, vendre sa fortune : le succès qu'eurent les premières pièces, en fit demander de nouvelles : et peu à peu, Dieu sans doute se mettant de la partie, les martyrs passèrent rapidement de main en main, et firent leur petit chemin avec une certaine distinction ; on les lut, on les étudia avec intérêt, on assista avec empressement à leurs touchantes représentations, et ils firent, dit-on, répandre plus d'une larme : ce n'était pas certes l'auteur, mais les martyrs eux-mêmes qui faisaient pleurer. Or, quand je voulus réclamer et réunir ces manuscrits, disséminés dans plusieurs maisons, ne voilà-t-il pas, que par un genre d'audace assez flatteur pour un jeune écrivain, on ne consentit à me les rendre, qu'après la promesse formelle de les livrer à l'impression, m'en faisant beaucoup plus d'éloge qu'ils n'en méritaient probablement. Je n'étais pas, sans doute, obligé de faire cette promesse; mais à force d'instances, je finis par succomber à la tentation. Je voyais d'ailleurs, que le nouveau livre pouvait faire du bien dans ce siècle de romans; on me disait d'un autre côté, qu'un ouvrage de ce genre manquant dans le catalogue des librairies, était réclamé comme un besoin dans certaines maisons d'éducation, où les pièces comiques ne sont pas toujours de saison. C'est pour cela que je finis par donner mon consentement à la naissance de ces pièces tragiques et chrétiennes. Puissent-elles tourner à la gloire de Dieu et de ses martyrs, à la gloire de l'Eglise et de l'immortel Pie IX, qui est le grand héros de nos jours, et à qui je les consacre avec respect et amour.

III

L'origine de ce livre explique tout naturellement le plan que j'ai adopté. Car, quand on me demanda quelques pièces dramatiques sur la présente matière, je me vis dans l'obligation de contenter différents goûts et différentes personnes. Ici, on voulait une jeune héroïne, et là un jeune héros, suivant que c'était une école de jeunes gens, ou de jeunes personnes. Généralement partout on a préféré le style de la prose, pour plus de facilité dans le débit; mais on a voulu quelques morceaux de chant intercalés dans chaque pièce, et cadrant autant que possible avec nos meilleurs airs connus dans les écoles. C'est pour cela qu'en voulant satisfaire certains goûts particuliers, je n'aurai pas toujours contenté les maîtres de l'art. Mais si ce modeste écrit laisse à désirer sous le rapport du style, des caractères et de la couleur locale, qu'on veuille bien se rappeler que je n'ai pas écrit pour le plaisir d'écrire, ni avec la prétention de remplir à moi seul cette lacune regrettable d'un bon livre de tragédies chrétiennes, faciles et populaires. D'ailleurs ici, la matière est inépuisable, le champ magnifique et souverainement fécond. Que je serais donc heureux, si ce faible essai de ma part avait pour résultat de réveiller le génie de quelque poète illustre, et de le porter à chanter noblement les grands héros du christianisme, dont je n'ai fait que décolorer les exploits immortels! (1).

Quant à la matière de ce volume et aux douze

(1) Cet humble travail n'étant pas présenté au monde littéraire comme une œuvre d'art, l'auteur est le premier à reconnaître que l'ouvrage laissera à désirer sous le rapport des exigences dramatiques, de nos jours en vigueur, et qui ne cherchent qu'à produire de l'effet, aux dépens même de la vérité, par le charme des aventures et des intrigues romantiques, par la création de scènes et de personnages façonnés à volonté.

Mais les héros de Jésus-Christ nous ont paru trop grands et leurs exploits trop précieux, pour ne pas respecter jusqu'à la moindre de leurs paroles ou de leurs actions, et pour oser profaner leur sublime simplicité, par l'éclat d'un mirage artificieux et menteur. C'est pour cela que n'ayant point voulu nous laisser entraîner sur le terrain de la fiction, nous sommes demeuré fidèle au champ de l'histoire, en présentant les hommes et les choses avec leurs vraies couleurs, et dans leur véritable jour.

sujets qu'il renferme, j'ai fait mon possible pour faire un bon choix, et puiser à bonne source. A part les quelques ornementations reçues dans un travail pareil, le tout est véritablement historique, et pour le fond, et pour les principaux personnages, tant chrétiens que païens.

Les douze pièces qui sont renfermées dans le présent ouvrage, se trouvent classées par ordre de chronologie, comme on le voit à la fin du livre. On peut chanter, comme on voudra, les morceaux de chant qu'elles contiennent.

Faisant paraître nos principaux martyrs sur le théâtre, j'ai cru devoir intituler le livre : *Nouveau Théâtre chrétien*. O Jésus! ô Marie! qui fûtes la force, qui êtes et serez toujours le Roi et la Reine de nos glorieux martyrs! Et vous, grand Pie IX! qui tout en glorifiant les vaillants athlètes du Japon, de la Corée et de Lorette, qui sont nos frères, portez vous-même si courageusement votre croix, daignez agréer ce filial et faible tribut de ma reconnaissance.

J. M. J.

LES
TROIS ENFANTS
DANS LA FOURNAISE

DRAME EN DEUX ACTES

A L'USAGE DES

COLLÉGES, PETITS SÉMINAIRES ET AUTRES MAISONS D'ÉDUCATION

Par M. l'Abbé J***

LYON

P. N. JOSSERAND, LIBRAIRE-EDITEUR

PLACE BELLECOUR, 3

1867

(TOUS DROITS RÉSERVÉS)

Besançon. — Imprimerie d'Outhenin Chalandre fils.

HISTORIQUE

Après le siége de Jérusalem, Nabuchodonosor, plein d'orgueil et de puissance, ayant fait construire une statue d'or, veut la faire adorer par tous les peuples de son royaume. Mais parmi les captifs qu'il venait de faire dans le siége de cette ville, et qui venaient d'entrer avec Daniel dans les bonnes grâces du prince, se trouvaient trois enfants de Juda, nommés Ananias, Misaël et Azarias : ces quatre illustres captifs avaient été choisis pour être instruits de la science des Chaldéens, et vivaient dans le palais du roi sous le nom de Balthasar, Sidrach, Misach et Abdenago. C'est en vain que la jalousie cherchait à les perdre dans l'estime du roi, ils se virent bientôt élevés aux premières dignités de l'empire, et depuis la fameuse interprétation du songe royal, Daniel vivait à la table de Nabuchodonosor, ayant, après le roi, toute puissance dans le royaume, et ses compagnons eurent l'intendance des affaires dans la province de Babylone. Mais quelle que fût leur position et leur élévation dans le monde, ils ne pouvaient oublier le Dieu d'Israël; c'est pourquoi, quand parut l'ordre du roi qui commandait d'adorer la statue, ils refusèrent de se mêler à la fête, aimant mieux désobéir à un homme qu'au souverain Maître de la terre et des cieux. Dénoncés au roi, ils entrèrent gaîment dans la fournaise, d'où ils sortirent sains et saufs, en chantant la puissance du Seigneur.

PERSONNAGES

NABUCHODONOSOR, roi de Babylone.
DANIEL ou BALTHASAR, premier intendant du roi.
SIDRACH, MISACH, ABDENAGO, compagnons de Daniel.
Les Chaldéens et les serviteurs du roi.

LES TROIS ENFANTS DANS LA FOURNAISE

(L'an 587 avant J.-C.)

DRAME EN DEUX ACTES

PREMIER ACTE

SCÈNE I

DANIEL ET SES COMPAGNONS, chargés de chaînes.

DANIEL.

O Dieu d'Abraham, d'Isaac et de Jacob! était-ce donc là le sort que vous nous réserviez, le triste sort destiné à votre peuple? Vos enfants moissonnés, vos enfants captifs dans l'orgueilleuse et impure Babylone! Ville chérie, infortunée Jérusalem! toi la reine des cités, comment es-tu tombée si bas? et quel drame épouvantable vient de se passer dans ton enceinte? Quoi! tu as donc vu les hordes barbares se jeter sur tes enfants, comme des tigres sur la proie qu'ils vont dévorer! Tu as vu des torrents de sang inonder tes rues et tes places publiques! Tu as vu, vu de tes yeux, le feu et le fer brûler, moissonner impitoyablement tout ce que tu possédais de plus cher et de plus précieux ! Tu as vu dans ton saint temple, la merveille du monde, tu as vu l'abomination de la désolation, l'insulte et le blasphême en face du Très-Haut, la profanation et l'enlèvement brutal de tes vases sacrés !...

SIDRACH.

Nous-mêmes, hélas ! n'avons-nous pas été les témoins et les tristes victimes de toutes ces scènes désolantes ?

MISACH.

Dans ce carnage affreux, n'avons-nous pas vu tomber pêle-mêle la vierge à côté du vieillard, et le jeune enfant dans les bras ou sur le sein de sa mère ?...

ABDENAGO.

Nos oreilles encore toutes tremblantes de frayeur, ne semblent-elles pas entendre les sanglots et les soupirs de nos chers mourants? et en prenant le triste sentier de la captivité, n'étions-nous pas accompagnés d'une troupe gémissante et mutilée ? O guerre, guerre cruelle! monstre sorti des enfers ! peux-tu semer sur tes pas sanglants tant de désastre et de désolation ?...

DANIEL.

Ce triste sort, mes amis, nous avait été prédit par les prophètes ; et nous ne l'avons hélas ! que trop mérité par nos crimes. O Jérusalem, aveugle, ingrate Jérusalem ! pleure, non pas tant sur le malheur de tes enfants, que sur leurs nombreuses prévarications, qui en sont la seule cause ! Pour nous, qui avons échappé au glaive de l'ennemi, mais qui sommes condamnés à vivre loin de la patrie, sous des maîtres étrangers, sachons montrer dans les fers une conduite noble et digne de nos ancêtres dans la foi. Quel que soit le sort qu'on nous réserve, soyons toujours fidèles à notre Dieu, fidèles à sa loi sainte : adorons, vénérons en tout sa main paternelle, qui ne punit que pour châtier, qui n'abandonne jamais dans le malheur, et qui sait même, quand c'est sa volonté, ressusciter les morts et les nations. (*Ils sortent.*)

SCÈNE II

NOLASAR et ASPHÉNÈS, eunuques du roi.

NOLASAR.

Elle est enfin entre nos mains, cette orgueilleuse cité qui se glorifiait de vouloir dominer toutes les nations : Jérusalem est au grand roi !... Il a cessé de vivre, ce peuple hébreux qui croyait régner d'un bout du monde à l'autre : une tragique défaite l'a puni de son audace et de ses forfaits ; les torrents de son sang viennent de purifier la grande cité, qu'il habitait et gouvernait avec tant d'orgueil : nous avons entre nos mains ses vases précieux e tous les trésors de son temple, qui en faisaient le rendez-vous de toutes les nations. Son roi, ses serviteurs et ses sujets qui ont pu échapper au glaive vengeur, sont enfin captifs à Babylone. Cieux et terre, vous saurez dorénavant la puissance d'Antiochus et la faiblesse de Juda!

ASPHÉNÈS.

Moi aussi sans doute, je me réjouis d'une victoire si éclatante : mais plus la défaite des Hébreux a été terrible, plus nous devons nous montrer généreux à l'égard des vaincus, bons et cléments vis-à-vis des pauvres prisonniers. D'ailleurs, cher Nolasar, ce n'est pas sans raison qu'ils portent le titre de peuple de Dieu; il y a chez eux, je ne sais quoi dans le cœur, le caractère et le langage, qui commande le respect et la vénération. As-tu, surtout remarqué ces quatre jeunes hébreux, qui semblent appartenir à l'élite de la nation, et qui portent en effet sur le front le cachet d'une race vraiment céleste ou royale? Plus je les considère, plus je les trouve dignes de mon admiration.

NOLASAR.

Sans avoir un cœur de tigre, je me glorifie de n'avoir pas un cœur de femme, qui est toujours plein de tendresse, sans avoir souvent beaucoup de fermeté. Mais s'il est vrai que les Hébreux sont nos captifs, pourquoi les traiterions-nous comme de véritables frères? des ennemis dans les fers ne doivent-ils pas être traités en prisonniers? Telle est d'ailleurs la volonté du roi, la volonté des guerriers triomphateurs : Ce ne sera donc pas Nolasar qui prêchera une lâche indulgence à l'égard des Hébreux. Vous avez l'air d'arroser leurs liens de vos larmes ; mais qui sait si en faisant tomber leurs chaînes, et en leur achetant les bonnes grâces du roi, qui sait si vous n'aurez pas la chance de nous créer des rivaux jaloux, prêts à nous trahir dans la première occasion, toujours prêts à nous supplanter, pour nous précipiter dans la poussière?...

ASPHÉNÈS.

Console-toi, cher Nolasar, ce n'est pas pour usurper nos places, que des enfants de quinze ans sont dans les fers, et si plus tard la dignité de leur conduite ou la faveur des dieux les élevaient à côté de nous sur les marches du trône, aurions-nous raison de nous montrer jaloux de leur élévation ? ne devons-nous pas estimer le mérite et la vertu, partout où nous les trouvons ? et qu'aurions-nous à dire si le roi, dans sa sagesse, jugeait à propos de les élever en dignité?

NOLASAR.

C'est bien, Asphénès, vos discours sont vraiment faits pour plaire aux Hébreux; mais j'ignore s'ils seront agréables aux oreilles du grand roi... (*Il sort.*)

SCÈNE III

ASPHENÈS seul.

Jamais la jalousie ne souillera mon âme !... je méprise et j'abhorre les hommes envieux, qui n'ont que des larmes pour le bonheur d'autrui, et un sourire malin pour son infortune. Ah! si mon cœur avait une préférence, elle serait toujours pour les pauvres malheureux. Qu'un lâche courtisan, qu'un vil ambitieux s'élève au faîte des honneurs, c'est ce qui me remplit d'indignation ; mais qu'un esclave, ou un simple prisonnier s'élève par son seul mérite jusque sur les marches du trône, c'est là ce que j'admire et ce qui me réjouit véritablement.

SCÈNE IV

NABUCHODONOSOR et ASPHÉNÈS.

NABUCHODONOSOR *entre.*

Eh! bien, cher Asphénès, comment vont les prisonniers? J'entends qu'on les traite aussi bien que mes sujets ; car plus je suis terrible dans le combat, plus je suis bon après la victoire. Que si jusqu'à ce jour, on leur a laissé les chaînes de l'esclavage, je veux qu'on les en délivre à l'instant, et qu'ils puissent aller en liberté dans toute la ville. Quant aux quatre jeunes hébreux dont on m'a tant vanté le mérite et la vertu, comme aussi pour tous ceux des enfants juifs dont les qualités du corps s'unissent à celles de l'esprit, je veux qu'on les prenne à part pour les initier dans les arts et les sciences, pour leur apprendre à écrire et à parler la langue des Chaldéens : ils formeront dans ma cour un nouveau cortége d'honneur, et qui sait si nos jeunes enfants n'apprendront pas d'eux les grands secrets de la sagesse divine, qui domine chez les Hébreux? Je veux, Asphénès, qu'on ait des égards particuliers pour cette troupe d'élite : j'ordonne qu'on leur serve chaque jour les mêmes viandes qu'on me sert à moi-même, qu'on leur donne le vin dont je bois moi-même, et bientôt, j'espère, ils seront l'honneur et la gloire du grand roi ! Souvenez-vous de mes ordres, et qu'ils soient ponctuellement exécutés. (*Il sort.*)

ASPHÉNÈS.

Roi généreux, vous serez obéi de point en point. Il est si doux d'exécuter des ordres qui sont conformes aux sentiments de mon cœur ! Oui, enfants des Hébreux, vous serez traités selon votre mérite, et conformément aux vœux d'Antiochus ! (*Il sort.*)

SCÈNE V

DANIET et SES COMPAGNONS.

DANIEL.

Non, chers amis, les liens que nous portons n'ont rien d'ignominieux, et ils ne sauraient nous faire rougir ; car s'ils annoncent le malheur, ils n'annoncent pas le crime. L'esclave est toujours heureux, quand il se sent libre devant son Dieu et sa conscience...

SIDRACH.

Qu'est l'esclavage de quelques jours ici-bas, vis-à-vis l'éternelle félicité que Dieu réserve à ses fidèles serviteurs?

DANIEL.

Il paraît que nos liens ne tarderont pas de tomber : mais qui sait si la liberté qu'on va nous donner ne sera pas un piége tendu sous nos pas, pour nous faire transgresser les lois du Seigneur?

LES TROIS COMPAGNONS.

L'esclavage et la mort plutôt que l'infidélité à notre Dieu...

DANIEL.

Vous savez, chers amis, que la loi nous défend de

prendre part aux fêtes de Babylone, de manger la viande et de boire le vin des nations païennes...

TOUS LES TROIS.

Plutôt, plutôt mourir que d'être infidèles au Seigneur!...

SCÈNE VI

NOLASAR, DANIEL.

NOLASAR, *entrant*.

Eh! bien, sont-ils bien doux les liens de l'esclavage? Ne regrettez-vous pas cette fière liberté dont vous faisiez naguère votre gloire? A chacun son tour, mes amis, dans ce bas monde : vous aviez tant commandé, qu'il faut maintenant obéir...

DANIEL.

Oui, obéir à Dieu, obéir aux dépositaires de sa puissance, obéir dans la bonne, comme dans la mauvaise fortune, c'est là notre bonheur. L'obéissance n'est un fardeau que pour les orgueilleux, et les chaînes ne sont une honte que pour les coupables...

SCÈNE VII

ASPHÉNÈS, NOLASAR ET LES HÉBREUX.

ASPHÉNÈS, *entrant et leur enlevant leurs chaînes.*

Eh! quoi des liens encore dans ces mains innocentes! plus de chaînes pour vous, plus d'esclavage; c'est la volonté du grand roi, l'avez-vous entendu, Nolasar? Il faut que nous traitions ces jeunes Hébreux comme les premiers courtisans du palais : leur table sera servie comme celle du roi. Allez, et faites en conséquence; car tels sont les ordres de notre commun et souverain maître. Malheur à nous si nous venions à transgresser ses volontés!

LES HÉBREUX.

Merci pour vous, cher Asphénès, merci pour votre roi...

(Asphénès sort en même temps que Nolasar irrité.)

DANIEL.

Je ne sais, mes bons amis, s'il faut nous réjouir ou nous attrister de notre liberté. Faibles roseaux, comme nous sommes, n'allons-nous pas plier au moindre vent? Quelle honte, quel malheur pour nous, si en parvenant aux honneurs, nous allions déshonorer notre nom, avilir notre sainte nation, en transgressant les lois du Seigneur!

SIDRACH.

Non, non, quelle que soit la table à laquelle on nous appelle, jamais une goutte de vin, ni une bouchée de viande, ne viendront souiller nos lèvres et profaner notre cœur.

MISACH.

O la mort, mille fois la mort plutôt qu'une semblable prévarication !

DANIEL.

Je vais du reste, me concerter sur ce point avec le premier intendant de la maison royale : il est plein d'affection pour nous, et j'espère que nous trouverons ensemble un moyen pour nous tirer d'embarras, un moyen par lequel nous pourrons être tout à la fois fidèles à notre roi, fidèles à notre Dieu. (*Il sort.*)

ADENAGO.

Manger des viandes qui nous sont défendues par la loi, et qui sont immolées aux idoles; boire un vin dont on fait des libations sacriléges; non, cela n'est pas possible à de véritables enfants de Juda !...

SIDRACH.

Ah ! plutôt mourir de faim ou de soif !...

MISACH.

Plutôt périr dans les ténèbres du plus affreux cachot !...

SCÈNE VIII

DANIEL, rentrant, LES HÉBREUX.

Je viens de parler à Asphénès, qui veut bien exposer sa tête en cachant l'expédient que je lui ai proposé : nous pourrons ne nous nourrir que de légumes, à condition que personne n'en dira mot aux oreilles du roi. Quant à Nolasar qui doit nous servir à table et qui ne demanderait pas mieux que de nous dénoncer à son maître, nous avons trouvé le moyen de lui fermer la bouche : c'est de lui donner le vin et les viandes qui nous sont réservés. Quelle que soit sa haine contre nous, il se gardera bien de nous trahir; car il serait plus sévèrement puni que nous-mêmes. Et maintenant, mes amis, retirons-nous en paix, et prions le Seigneur de nous conserver toujours purs et sans tâche; prions-le de nous éclairer et de nous fortifier de plus en plus; car de grands événements se préparent pour nous ou contre nous. (*Ils sortent.*)

FIN DU PREMIER ACTE.

SECOND ACTE

Le théâtre est décoré pour la dédicace de la statue, qui reste d'abord cachée sous un manteau de guirlandes et de feuillage, et qui paraît à la troisième scène dans tout son éclat.

SCÈNE I

NABUCHODONOSOR et SA SUITE.

NABUCHODONOSOR, *se promenant.*

Quel plaisir, quel bonheur pour un roi de pouvoir se reposer enfin à l'abri de ses lauriers ! Après tant de combats et de victoires, est-ce donc trop qu'un jour de fête ? J'avais d'ailleurs tant besoin de calme et de repos, depuis surtout qu'un songe effrayant, mystérieux était venu me glacer d'épouvante : dans cette vision terrible, mes esprits furent tellement bouleversés, qu'il ne m'en resta dans la mémoire que la plus horrible confusion. En vain ai-je consulté tous les sages et les devins de mon royaume ; aucun n'a pu me révéler la moindre chose de ce que j'avais songé : c'est pourquoi, ne voyant dans leur silence que mutinerie ou imposture sacrilége, ma justice n'a pu s'empêcher de les condamner à mort.

NOLASAR.

Au lieu de châtier ainsi les plus illustres enfants de la contrée, que n'avez-vous fait tomber le poids de votre colère sur cette vile race des Hébreux, qui sont plus fiers dans la prison, que sur le trône, et qui par leurs mille sortilèges sont peut-être la cause des cruelles visions, qui ont tourmenté votre âme.

NABUCHODONOSOR.

Est-ce bien à toi, misérable, de venir tracer des limites à la justice d'un roi? Viendrais-tu donc diriger le glaive de ma vengeance? Et ne suis-je pas le maître de punir les insolents comme toi? Oui, je les aime, les Hébreux que tu abhorres; car j'ai trouvé parmi eux, ce que j'avais en vain cherché dans mon royaume, des hommes doués d'une sagesse et d'une intelligence célestes. Et entre ces glorieux fils de Juda, n'est-ce pas le jeune Daniel qui a si bien deviné et interprété mon songe, ce songe étrange qui pesait sur moi de tout le poids d'une montagne? « Grand roi, m'a-t-il dit, voici les
» révélations que j'ai à vous faire de la part du
» Ciel, touchant votre songe : Vous avez vu pen-
» dant la nuit une statue d'une grandeur extraor-
» dinaire; elle se tenait debout devant vous, et son
» regard était effroyable. La tête de cette statue
» était d'un or très-pur; la poitrine et les bras
» étaient d'argent; le ventre et les cuisses étaient
» d'airain, et les jambes de fer; mais une partie des

» pieds était de fer et l'autre d'argile. Or, pendant
» que vous étiez tout stupéfait d'une pareille vision,
» voilà qu'une pierre d'elle-même se détacha tout
» à coup de la montagne, et en écrasant la statue
» dans sa chute, devint à vos yeux terrifiés une
» énorme montagne qui remplissait tout l'uni-
» vers. » Ainsi m'a parlé Daniel; et à mesure qu'il
racontait le songe, je me rappelais parfaitement
que c'était là en effet ce que j'avais rêvé pendant
la nuit.

ASPHÉNÈS.

Honneur aux enfants de Juda, qui sont initiés
dans les secrets du ciel! Gloire à Daniel, qui sans
vous avoir entendu, vous a raconté de point en
point, tout le sujet de votre songe! Gloire à vous,
grand roi, à qui le Ciel a daigné révéler des choses
si mystérieuses! Mais cet homme de Dieu, ce jeune
et pieux Daniel, ne vous a-t-il pas donné en même
temps l'interprétation de votre songe? Quelles sont
donc, ô roi, les grandes choses que les Destins ont
bien voulu vous annoncer, dans cette nuit sacrée,
par la bouche de leur digne interprète?

NOLASAR, *à part*.

Honte, mort à Jérusalem! et gloire à Babylone!
Gloire à votre bras vainqueur que le Ciel destine à
écraser tous les rejetons de Juda!

NABUCHODONOSOR.

« Prince, m'a dit Daniel, vous avez entendu

» votre songe, en voici la véritable interprétation :
» Etant le roi des rois, ayant reçu de Dieu la force,
» l'empire et la gloire, ayant obtenu la victoire sur
» vos ennemis, et la domination sur les peuples de
» la terre, c'est donc vous qui êtes la tête d'or dans
» la grande statue que vous avez vue en songe :
» mais après votre royaume qui sera glorieux, tant
» que vous serez fidèle au Seigneur, viendront les
» trois autres royaumes d'argent, d'airain et de
» fer : et en même temps que se succéderont ces
» quatre royaumes, le Dieu du ciel en suscitera un
» cinquième qui ne sera jamais détruit, et réduira
» les autres en poudre ; ce sera d'abord une pierre
» qui se détachera d'elle-même, mais qui deviendra
» bientôt une montagne énorme, qui s'étendra sur
» toute la terre. Voilà, grand roi, m'a-t-il dit en
» terminant, voilà l'interprétation fidèle de votre
» songe ; je vous la donne telle que Dieu me l'a
» révélée. » Et tout en me parlant de la sorte, ses
yeux brillaient comme le soleil, ce n'était plus un
homme ordinaire, c'était un vrai prophète du
Très-Haut. C'est pourquoi, je veux qu'on adore
Daniel comme une divinité, je veux qu'on lui offre
des victimes et de l'encens. Car son Dieu est vraiment le Dieu des dieux, qui révèle à ses enfants les
plus profonds mystères.

ASPHÉNÈS.

O vive, vive donc notre roi qui doit l'emporter
en gloire et en puissance sur tous les rois de la

terre, et à qui le Ciel réserve un règne d'or ! Vive aussi Daniel, ce messager divin qui vient nous annoncer de si grandes destinées ! Honneur, gloire et puissance à cet illustre enfant de Juda et à ses nobles frères qui viennent par leur présence orner la cour et la cité!

NOLASAR.

Oui, vive, vive à jamais notre immortel roi ! que son nom soit porté d'un bout de l'univers à l'autre ! Que de la terre aux cieux sa voix fasse entendre ses ordres souverains, et réduise au silence tous les peuples du monde ! En le voyant voler avec la rapidité de l'aigle, de victoire en victoire, de royaume en royaume, n'était-il pas facile de prévoir ce qu'il serait bientôt? Et pour nous annoncer ses grands et glorieux destins, avions-nous donc besoin de la voix orgueilleuse d'un Hébreux imposteur ? Si vous saviez, ô Prince, ce qu'est la race de Juda, ce qu'est ce Daniel et ses compagnons, vous sauriez vous méfier de tant de vaines paroles, de tant d'hypocrites déclamations dont on se sert pour flatter vos oreilles et capter vos faveurs. Et que vous servira, grand roi, d'avoir brisé l'orgueil de Juda, si vous faites briller et adorer ses rejetons parmi nous? Et serons-nous condamnés à ramper aux pieds de nos esclaves? Si vous me le permettez, ô prince, je suis prêt à vous dire la vérité sur le superbe Daniel et ses dignes compagnons : moi qui les suis de près, moi qui les sers à table, je pourrais vous dire comment ces ingrats savent payer vos bienfaits, en foulant à leurs pieds vos volontés les plus formelles, en refusant de manger...

ASPHÉNÈS.

Juste ciel! quelle audace! est-ce donc ainsi qu'on ose accuser l'innocence? Et que vous a fait Daniel et ses compagnons, pour les noircir de la sorte? Pour moi, j'ai beau les étudier de près, je ne trouve en eux que d'excellentes qualités avec un grand amour pour leur Dieu, comme pour leur roi; et je me réjouis des honneurs dont on les environne.

NOLASAR.

Mais ne savez-vous pas qu'à table, par le plus affreux serment?...

ASPHÉNÈS.

Je ne connais chez eux que la fidélité et l'innocence... que si Nolasar est complice de quelque crime avec eux, il n'a qu'à parler...

NABUCHODONOSOR.

Ah! je comprends, Nolasar, ton zèle et ta coupable indignation? Je connais la fièvre de ton cœur: tu brûles, tu brûles et tu frémis de voir les Hébreux honorés dans ma cour. Eh! bien sache aujourd'hui que je les aime autant que tu les abhorres : et s'il t'en faut une nouvelle preuve, tu sauras qu'en ce jour, j'établis Daniel auprès de ma personne à la tête de tous mes dignitaires, et donne à ses trois frères l'intendance dans la province de Babylone. Malheur à qui n'honorerait point ceux que le roi veut faire honorer !...

ASPHÉNÈS.

Je me réjouis, grand roi, de l'élévation de Daniel et de ses compagnons, ils sont vraiment dignes de vos faveurs, ces nobles fils de Juda, dignes de passer de la prison aux premières dignités du royaume.

NABUCHODONOSOR.

Et pour éterniser le souvenir d'un songe si glorieux, j'ai pensé qu'il fallait la célébration d'une fête, et dans cette fête l'érection d'une statue colossale. Déjà mes ordres avaient été donnés, et à ma voix, tous les artistes du royaume ont mis la main à l'œuvre, pour achever ce monument sacré qui doit faire l'admiration des siècles. Bientôt vous le verrez briller à vos yeux de l'or le plus pur et dans tout l'éclat de sa puissance; près de lui les rayons du soleil verront pâlir leur lumière. C'est aux pieds de cette statue triomphante, que je convoque en ce jour tous mes sujets fidèles. Satrapes et magistrats, juges et officiers, seigneurs et intendants, grands et petits de mon royaume, et vous tribus, nations conquises, peuple de toute langue, voici le programme de la royale fête : qu'on se réunisse à l'instant dans la plaine de Dura, et qu'on forme une immense couronne autour de la statue ; et aux premiers sons de la trompette, de la harpe et de la lyre, que tout le monde tombe aussitôt à ses pieds, pour l'adorer. Quiconque n'adorera pas le monument sacré, sera parjure aux dieux et rebelle à son roi; et pour le châtier de son crime, je veux qu'on le jette à l'instant dans les flammes d'une fournaise ardente, qu'on aura soin d'allumer à côté de la statue : allez, et que bientôt tout soit préparé.

ASPHÉNÈS.

Nous allons de ce pas achever les préparatifs de la fête.

NOLASAR.

O prince, j'applaudis à vos ordres; ils seront de point en point exécutés : nous allons voir qui de nous, ou des Hébreux seront les plus fidèles à vos commandements... (*Ils sortent.*)

SCÈNE II

DANIEL et SES COMPAGNONS, magnifiquement vêtus.

DANIEL.

O jour terrible et mystérieux ! Jour de grande fête pour le roi et son impure Babylone ! mais jour d'épreuve pour Judas et sa sainte race ! Dieu d'Israël, sommes-nous condamnés à vaincre ou à périr ?

SIDRACH.

Mais quoi ! le Dieu que nous servons, le Dieu qui se plaît à nous combler de mille faveurs, ce Dieu de bonté et de puissance ne nous aurait-il élevés si haut que pour nous ménager une chûte plus honteuse ?

MISACH.

Dans un jour de fête et d'allégresse, pourquoi parler de combats et d'épreuves ? pourquoi le deuil et la défiance dans une journée qui s'annonce si belle et si riante ? Voyez comme la ville est dans la jubilation ! quels joyeux préparatifs, quel concours immense !

ABDENAGO.

Mais nous que le roi chérit, nous qu'il veut faire honorer, nous qu'il vient d'élever à la tête de son royaume, au lieu de craindre, ne devons-nous pas nous réjouir en ce jour, et glorifier le Seigneur qui va nous rendre les rois de la fête ?

DANIEL.

On voit bien, chers amis, que vous ne comprenez point le piége qu'on va tendre aujourd'hui sous nos pas; et que sont tous les honneurs de ce monde, quand ils nous exposent au danger d'être infidèles à notre Dieu, et à sa loi sainte ? N'arrive-t-il pas souvent que les princes d'ici-bas n'accordent des faveurs que pour acheter les consciences ? Or, voici ce qui me fait craindre dans ce grand jour : le roi, vous le savez, vient de faire élever une statue magnifique, et ce que vous ignorez peut-être, c'est qu'il veut la faire adorer par tous ceux qui se trouveront à la fête : à côté du monument est la fournaise ardente où l'on doit jeter quiconque refusera de l'adorer : pour moi qui sors rarement de la cour, et à qui le roi laisse pleine liberté, je ne me trouverai pas probablement à la fête. Mais vous, vous êtes forcés d'y paraître, en votre qualité d'intendants de Babylone. J'ai voulu vous prévenir, non pas pour fortifier votre courage, dont je suis depuis longtemps assuré; mais pour vous avertir du piége insidieux qu'on va tendre à votre vertu.

SIDRACH.

Merci, ô Daniel, de votre avertissement salutaire : nous savons maintenant que ce jour de fête, est vraiment pour nous un jour de combat et d'épreuve; mais pleins de confiance dans vos prières, pleins d'espoir dans la protection du ciel, nous aimons à croire que ce jour présent sera pour nous, pour vous, et pour la tribu de Juda, un véritable jour de triomphe...

MISACH.

Ah! mille fois la mort; mille fois les feux de la fournaise, plutôt que l'adoration sacrilége d'une statue païenne!...

ABDENAGO.

Nous saurons en ce jour combattre et triompher; et c'est ainsi que Nabuchodonosor fera de nous les vrais rois de la fête !

DANIEL.

Je ne doute pas, mes braves amis, que vous ne remportiez bientôt une éclatante victoire. O le Dieu de nos pères, vous allez les accompagner, les protéger ces vaillants athlètes !... Déjà, mes amis, je vois l'ange du Seigneur qui descend des cieux, pour venir à votre secours. Allez, car le temps presse, allez vous préparer dans la prière, allez et que bientôt je couronne en vous d'intrépides vainqueurs. (*Ils sortent.*)

SCÈNE III

Nabuchodonosor et ses serviteurs se rendent à la fête; la statue reste couverte.

NABUCHODONOSOR, NOLASAR.

NABUCHODONOSOR.

Vous voici réunis, mes enfants, pour célébrer la belle fête : au moindre signe de ma volonté, vous êtes accourus de toutes les parties de mon royaume, tout rayonnants de joie, et parés comme aux plus beaux jours de l'année : c'est bien, je suis content, et vous serez contents vous-mêmes. Après tant de travaux, de combats et de gloire ; après tant de faveurs de la part de nos dieux ; après ce fameux songe qui nous présage un si brillant avenir, et que le ciel m'a fait interpréter par la voix de Daniel, je vous demande s'il ne fallait pas à notre cœur un jour de fête. O Dieu d'Israël, qu'elle est donc magnifique la part que tu me fais dans les royaumes de ce monde ! Mes sages, mes devins se sont tû pour publier ma gloire ; mais justice est faite de leur insolence : pour me dire ce que j'étais, et devais être un jour, je n'ai trouvé que la voix de ton prophète ; c'est pourquoi j'aime Daniel et ses compagnons ; j'en ai fait mes principaux favoris, et jamais je n'avais mieux placé ma confiance. C'est en vain que des âmes jalouses voudraient les détruire dans mon estime et mon affection, plus on leur fait la guerre et plus je les aime et les favorise moi-même ; car je les connais assez pour les traiter de la sorte ; pour venir à la fête, j'ai laissé à Daniel la garde de ma maison, et je suis sûr que ses trois compagnons seront des premiers aux pieds de la statue, les premiers à lui offrir un culte légitime. Mais déjà l'heure sainte va sonner ; n'ayons tous qu'un cœur et qu'une âme pour chanter et adorer la statue.

NOLASAR.

Quel serait, ô grand roi, le mortel audacieux qui refuserait de courber la tête, de fléchir le genou devant le monument sacré. Du reste les flammes de la fournaise sont allumées, et malheur à celui qui n'adorera pas la statue! (*On entre pour adorer la statue.*)

SCÈNE IV

NABUCHODONOSOR et ses serviteurs, LE CHŒUR.

Aux premiers sons des instruments, tout le peuple tombe à genoux devant la statue, qu'on découvre, et on chante ce qui suit:

CHŒUR.

(Air n° 2 : *Volons, volons mon âme...*)

Je t'adore,
Je t'implore;
Sois ma force et mon bonheur.
La patrie
Te supplie;
Reçois les vœux de mon cœur.

NABUCHODONOSOR, *debout; les autres sont à genoux.*

PREMIER SOLO.

O toi, que j'ai dressée en or,
De mes états sois la colonne:
De Nabuchodonosor
Tu protégeras la couronne.

CHŒUR.

Je t'adore, etc.

DEUXIÈME SOLO.

Salut, colosse radieux,
Grand instrument de notre gloire;

Reçois et nos chants et nos vœux.
Salut, monument de victoire !

CHŒUR.

Je t'adore, etc.

NABUCHODONOSOR.

Qu'il est donc délicieux à mon cœur cet instant solennel ! Vit-on jamais de roi sur la terre partager mon bonheur ? Au premier signe de ma volonté, j'ai vu mes peuples se lever et accourir comme un seul homme à cette solennité. Je les ai vus tomber, et je les trouve prosternés aux pieds de la statue qui semble sourire à nos regards, et qui ne manquera pas d'exaucer nos prières. O puisse-t-elle nous bénir tous ensemble, cette statue sacrée qui sera dorénavant la mère et la gardienne de mes états ! Puisse-t-elle porter jusqu'au plus haut des cieux les vœux de notre cœur, et conserver jusqu'à la fin des siècles le souvenir de cette fête !

ASPHÉNÈS.

Votre propre bonheur, ô roi, vous nous le faites partager à nous-mêmes : et nous sommes vraiment fiers en ce jour d'être vos glorieux sujets ; car vit-on jamais un roi procurer à ses enfants tant d'honneur et de gloire ? Le souvenir d'un si beau jour restera profondément gravé dans le fond de notre âme...

NOLASAR.

Mais dans ce grand jour de fête, peut-on, juste

ciel ! peut-on trouver des cœurs assez orgueilleux, des âmes assez ingrates pour oser braver votre puissance et votre bonté ? Ne vous l'avais-je pas dit, grand roi? mais gardons le silence... puisque les paroles de Nolasar n'ont, dit-on, d'autre principe que la haine ou l'envie...

NABUCHODONOSOR.

Parlez, ne craignez pas : si je hais les cœurs jaloux, je n'aime pas les cœurs muets. (*A part.*) Grand Dieu ! que vient-on m'annoncer ? parmi tous mes sujets convoqués dans les champs de Dura, y en aurait-il un seul... un seul... qui eut osé?... Nolasar, point de mystère ; parlez, et faites-moi connaître...

NOLASAR.

Oui, des hommes rebelles, la honte et l'opprobre du genre humain, des monstres qui étaient hier les ennemis et les prisonniers du roi, et qui aujourd'hui sont les premiers dans les dignités de l'empire... des créatures ignobles qu'on voudrait nous faire adorer comme des divinités, et qui ont refusé de se rendre à la fête, en jurant de ne jamais se prosterner aux pieds de la satue.

NABUCHODONOSOR.

Juste ciel ! serait-il donc possible ?... quels qu'ils soient ; faites-les moi connaître : seraient-ils les principaux de mes officiers et de mes dignitaires? Ils vont avoir leur châtiment dans l'ardeur de ces flammes, que j'ai fait allumer pour punir tous les apostats.

NOLASAR.

Ces infâmes, grand roi, ne les cherchez pas ailleurs que parmi les Juifs; eux seuls sont capables d'une pareille scélératesse...

ASPHÉNÈS.

Quand on a juré la ruine des enfants de Juda, quoi de plus facile et de plus naturel que de les dénoncer?... Les tigres altérés de sang ne craignent pas de le boire même aux plus beaux jours de fête...

NABUCHODONOSOR.

Est-ce donc Daniel qu'on vient encore me dénoncer? Daniel, le héraut de ma gloire, le confident de mes secrets. Vous saurez, Nolasar, que si Daniel n'est pas ici présent, pour mêler ses vœux aux nôtres, c'est moi, moi seul qui l'ai établi gardien de mon palais.

NOLASAR.

J'aurois bien désiré pour ma part contempler en ce moment le grand Daniel aux pieds de la statue... Je connais la nature de ses sentiments : nous aurions vu si sa piété égale son orgueil... vous auriez pu voir, ô roi, comme je l'ai vu moi-même, quel est son respect pour vos lois, son amour pour les fêtes de la patrie... Mais puisque vous l'avez retenu vous-même pour la garde du palais, d'où provient l'absence de ses trois compagnons qui devraient être des premiers à la fête, en leur qualité de grands intendants de la ville? sans doute aussi que vous leur aurez donné quelque mission secrète, ou que vous aurez fait une exception en faveur de ceux, qui doivent être les premiers observateurs de la loi...

NABUCHODONOSOR.

Quoi donc, grands dieux! Sidrach, Misach, Abdenago ne seraient pas à la fête!... et ils auraient été sourds à ma voix!...

ASPHÉNÈS, *tremblant*.

Vous n'avez pas, ô roi, de serviteurs plus dévoués... Ils ne sont pas loin, sans doute... Ou bien de graves intérêts les tiennent occupés au salut de l'empire.

NABUCHODONOSOR.

C'est ici, et non ailleurs, que le roi et la patrie les avaient convoqués...

NOLASAR.

Grand roi, cherchez-les parmi nous; parcourez tous les rangs; et si vous en trouvez un seul ici, je veux mourir à l'instant même. Je connais trop ces âmes orgueilleuses; et je savais d'avance qu'ils ne viendraient pas à la fête.

NABUCHODONOSOR.

Qu'on me les appelle aussitôt; et s'ils refusent de se prosterner aux pieds de la statue, le feu, à l'instant même, va les châtier de leur aveuglement : allez, et revenez bientôt. (*On va chercher les trois Hébreux.*)

SCÈNE V

NABUCHODONOSOR et LES TROIS HÉBREUX.

NABUCHODONOSOR, *inquiet.*

Ce qu'on vient de m'annoncer, serait-ce donc possible ? Ah ! s'il en était ainsi, je dois être inexorable... Mais quoi ! ceux que j'avais dernièrement comblés de mes faveurs !... ceux dont je venais de briser les fers... ceux que j'avais placés à la tête de mes états... auraient-ils choisi ce jour, pour le souiller du plus noir des forfaits ?... Non, non; je n'en crois rien... Ils ne sont point capables d'une pareille audace... S'il en était ainsi, Dieu de Juda, vous les auriez punis, sans attendre les foudres de ma colère... Mais je les vois arriver, attendons en silence... Juste ciel ! quel cruel instant !... (*Les trois Hébreux arrivent en saluant le Roi. Nabuchodonosor s'adresse à eux.*) Sidrach, Misach, Abdenago, vous que j'ai placés à la tête de la ville, pour faire observer mes lois, est-il donc vrai que vous refusez d'adorer les dieux de la patrie ? Est-il donc vrai qu'on ne vous a pas vus aux pieds de la statue, pour mêler votre voix à celle de mon peuple ?... Qui pourrait ajouter foi à de pareilles délations ?... Venez, mes amis; venez vous-mêmes prouver votre innocence en face de cette flamme ardente, qui doit être le partage des faux délateurs et des transgresseurs de ma volonté souveraine...

SIDRACH.

Maître, on vous a dit la vérité. Non, nous n'étions pas à la fête; nous ne pouvions venir, notre Dieu le défend. Pour tout autre objet, vous nous trouverez dociles à vos ordres; mais ici le Seigneur nous défendait d'obéir. Si c'est un crime de ne pas adorer un vil métal, nous sommes coupables, ô Roi; vous pouvez nous punir...

NABUCHODONOSOR, *à demi-voix*.

O ciel! que viens-je d'entendre?... O sacrilége audace!... Ministres de mes vengeances!... (*Aux Hébreux :*) Que dites-vous, que faites-vous, enfants de Juda? Ne voyez-vous pas qu'il s'agit ici, pour vous, d'une question de vie ou de mort? Mais quoi! le Dieu que vous servez est-il donc impitoyable? et mettrait-il son plaisir à vous voir mourir dans les flammes? Qui vous a dit, insensés, que l'adoration d'une statue est un crime à ses yeux?

MISACH.

O Roi, le Dieu que nous servons fut toujours un Dieu de clémence. Mais étant le seul et souverain Maître de la terre et des cieux, le seul être digne de nos adorations, malheur à celui qui adorera d'autres dieux que lui-même! Malheur à quiconque se prosternera devant une vile matière!...

NABUCHODONOSOR.

Si tel était votre Dieu, il serait le plus cruel de tous les tyrans : mais il est loin d'être aussi méchant que vous nous l'annoncez. Sa main, que vous dites si terrible, au lieu de châtier, a semblé bénir tous mes sujets, quand ils étaient dernièrement prosternés aux pieds de la statue. N'est-ce pas le Dieu de Daniel, qui seul m'a révélé, par son prophète, le monument sacré qui est en ce moment l'objet de notre vénération. Je veux donc et j'ordonne que tout homme adore, en mes états, cette grande statue qui brille à nos regards; et vous-mêmes, fidèles serviteurs, aux premiers sons de la trompette, vous baisserez la tête, et tomberez à ses pieds, pleins de respect. Si vous n'obéissiez, les flammes, à l'instant...

ABDENAGO.

Nous aimons la souffrance, et nous sommes insensibles devant l'action des flammes, quand il s'agit de faire la volonté de notre Dieu. Nous savons ce qu'il nous ordonne et ce qu'il nous défend; mais, pour vous obéir, ô Roi, et adorer cette image, nous n'obéirons point. Jetez-nous dans le feu, le Seigneur peut nous en faire triompher : et, s'il nous laisse brûler, c'est ce que nous désirons, car plus tôt nous irons jouir de sa face adorable.

NABUCHODONOSOR.

(*On a simulé la fournaise à côté de la statue.*) Mais, jeunes insensés, qui a donc fasciné vos yeux et vos esprits égarés? N'entendez-vous pas les pétillements de la fournaise ardente, et mettez-vous votre plaisir à brûler, à mourir dans d'affreuses tortures?

SIDRACH.

Etre brûlés pour Dieu, c'est pour nous une gloire et un véritable bonheur. Que sont tous les feux de la terre, vis-à-vis le feu de l'enfer? Si votre feu nous consume et nous réduit en poussière, nos corps purifiés dans les flammes, n'en seront que plus brillants au jour de la résurrection; et nos âmes échappant à l'activité de votre feu, s'envoleront vers le ciel, pour aller dire à Dieu que nous avons souffert pour sa gloire, souffert pour éviter les tourments éternels.

NABUCHODONOSOR, *parlant à part.*

Jamais je n'aurais cru trouver chez eux tant d'audace et d'aveuglement... Oser braver ma colère et ma puissance!... Se jouer de la vie, affronter joyeusement la mort!... Eh bien, ce farouche courage, nous saurons le mettre à l'épreuve... Trompettes, sonnez à l'instant... (*Au bruit des instruments, ils restent immobiles, et debout.*) C'est bien, âmes hautaines!... Si vous êtes insensibles, je suis inexorable. L'arrêt en est porté... qu'on active le feu, que la flamme devienne de plus en plus ardente... Gardes, soldats, à l'œuvre... Qu'on enchaîne leurs pieds, et qu'on les jette aussitôt au milieu de ces feux. (*On lie leurs pieds et on les jette dans la fournaise, tandis qu'ils remercient le Roi.*)

LES TROIS HÉBREUX, *parlant à la fois.*

Merci, merci, ô grand Roi; quel plaisir, quel bonheur pour nous, d'aller brûler et de servir d'holocauste pour le Dieu que nous aimons! Au lieu de vous maudire, notre voix vous bénira dans les flammes. (*Le Roi sort.*)

En même temps la toile s'abat et on entend les trois Hébreux qui chantent, en s'approchant de la fournaise, le chœur suivant :

REFRAIN.

(Air n° 2 : *Volons, volons mon âme.*)

Salut, ô douce flamme,
Objet de nos désirs;
Vous remplirez notre âme
D'ineffables plaisirs :
Après votre violence,
Nous soupirons joyeux;
Vous avez la puissance
De nous porter aux cieux.

PREMIER COUPLET.

Salut fournaise, ô trône de victoire,
Recevez-nous dans vos brasiers ardents;
Pour nous ouvrir le séjour de la gloire :
Vous nous rendrez heureux et triomphants.

REFRAIN.

Salut, etc.

DEUXIÈME COUPLET.

O sainte mort, dont notre âme est ravie,
Pour des Hébreux, pour nous quel heureux jour !
A Dieu nous allons offrir notre vie :
Sera-ce trop pour payer son amour ?

REFRAIN.

Salut, etc.

Après ce chant les acteurs se retirent.

FIN DU DEUXIÈME ACTE.

TROISIÈME ACTE

SCÈNE I

DANIEL ET SES COMPAGNONS.

On entend, sans les voir, chanter les trois Hébreux.

CHŒUR.

(Air n° 3 : *Qu'il est doux, mélodieux !*)

Qu'il est doux, délicieux,
Le feu de la fournaise !
Quel plaisir dans la braise !
C'est le séjour des cieux.

PREMIER SOLO.

Ce feu sacré nous flatte et nous caresse ;
Sur des charbons nous marchons tout joyeux.

O quel bonheur pour nous d'être en ces lieux !
Seigneur, nous nageons au sein de l'ivresse.

CHŒUR.

Qu'il est doux, etc.

DEUXIÈME SOLO.

Dieu d'Israël, protecteur de l'enfance !
Ta main sur nous veilla dès le berceau :
Aujourd'hui, par un prodige nouveau,
Sur nous tu fais éclater ta puissance.

CHŒUR.

Qu'il est doux, etc.

Les trois Hébreux chantent ou récitent alternativement le cantique qui suit :

SIDRACH.

« Soyez loué, béni, Seigneur, Dieu de nos pères ;
Exaltez son saint nom, chantez-le, cieux et terres.
Dans les sacrés parvis, bénissez-le, mortel,
Chantez-lui tour à tour un cantique éternel. »

MISACH.

« Sur un trône de gloire, escorté par les anges,
Jusqu'au plus haut des cieux on redit ses louanges ;
Vertus, Principautés, Thrônes et Chérubins,
Publiez sa puissance en vos concerts divins. »

ABDENAGO.

« Œuvres du Créateur, célébrez-le sans cesse ;
Qu'à chanter ses bienfaits tout l'univers s'empresse.
Soleil, étoiles, lune, astres du firmament,
Bénissez-le toujours, chantez-le à chaque instant. »

SIDRACH.

« Et vous, ô nuit et jour, ténèbres et lumière,
Pourriez-vous oublier le Maître de la terre?
Et vous, vents et rosée; et vous, froid et chaleur,
Glaces, neige et frimats; et vous, foudre vengeur,
Bénissez Jéhova, qui du sein des nuages,
Fait tomber à son gré la grêle et les orages. »

MISACH.

« Fleuves, mers et rochers, montagnes et vallons.
Oiseaux, bénissez-le; bénissez-le, poissons;
Dans les plaines de l'air, et dans les eaux limpides,
Par vos joyeux ébats et vos courses rapides,
Bénissez le grand Dieu, chantez le Créateur,
Qui donne à tout la vie et l'ordre, et le bonheur. »

ABDENAGO.

« Et toi, enfant d'Adam, royale créature,
Bénis le Dieu béni dans toute la nature :
Toi, serviteur de Dieu, prêtre du Créateur,
Esprits, âmes des saints, et vous humbles de cœur,
Et nous, fils d'Israël, enfants de la promesse,
Bénissons le Seigneur, glorifions-le sans cesse. »

DANIEL, *entrant*.

O Dieu! quel prodige? quels divins concerts!...
La fournaise est un ciel!... mes frères y sont des
anges!... la flamme respecte et honore ces saintes
victimes!... Courage, fidèles serviteurs; le Seigneur
m'avait prédit ces merveilles. Comptez sur sa parole
et son amour.

LES TROIS HÉBREUX.

Si vous saviez, Daniel, quel bonheur est le nôtre! C'est vraiment trop d'amour pour nous, de la part du Seigneur. Aidez-nous à bénir celui qui nous environne de tant de bienfaits.

DANIEL.

Oui, toujours gloire à notre Dieu, amour et reconnaissance !

SCÈNE II

On vient annoncer avec orgueil le supplice des trois Hébreux, qu'on croit morts et qui vivent encore.

NOLASAR et ASPHÉNÈS.

NOLASAR.

On a châtié le crime, mon cœur est satisfait : dans d'affreux tourbillons, j'ai entendu, j'entends encore la flamme vengeresse punissant des Hébreux la noire félonie; tel sera le digne sort de tout mortel audacieux qui osera s'insurger contre la volonté du Roi, et refuser son encens à nos divinités. C'étaient naguère des oracles sacrés, auprès desquels nos sages devins n'étaient que des imposteurs : c'étaient des demi-dieux, des maîtres tout-puissants, qui régnaient près du Roi, en vantant de leur Dieu la bonté et la puissance; et maintenant un feu vengeur consume leur langue et leur cœur orgueilleux, et leur grand Jéhova les laisse cruellement expirer dans les flammes... Ces nouveaux tyrans, dans leur superbe insolence, nous traitaient déjà avec mépris; ils méditaient notre ruine et nous forgeaient des fers. Abusant des bontés de notre magnanime roi, ils foulaient à leurs pieds la religion et les lois. Mais, fidèles à la patrie, nous avons dénoncé ces monstres infâmes, et bientôt ils auront subi leur châtiment.

ASPHÉNÈS.

Je n'aime pas, ô Nolasar, qu'on ajoute l'insulte au malheur. Tel triomphe aujourd'hui, qui sera demain dans le sein de l'humiliation. Hier, les Hébreux étaient sur le trône, en ce moment ils sont dans la fournaise. Qui sait si demain?... Vous m'étonnez de trouver tant de crimes dans ces jeunes cœurs... pour moi je n'ai remarqué chez eux que de nobles vertus. Et si en ce jour, ils ont refusé de fléchir le genou devant la statue, ce n'est pas par esprit d'orgueil ni d'insubordination. Qui sait si leurs vœux?... Si leur conscience?...

NOLASAR.

Vous avez beau pérorer et faire l'éloge de vos clients, vous n'arrêterez point le feu qui les dévore. C'est trop tard, Asphénès, de venir plaider une cause perdue. Tout est sourd à votre voix, et le roi qui a commandé le supplice, et les Hébreux qui le subissent, et le grand Jéhova qui les laisse brûler, sans venir à leur secours. Leurs membres et leurs ossements déjà tout en feu, vont bientôt faire de la cendre. Mais j'entends du bruit...

ASPHÉNÈS.

Il vient de la fournaise...

NOLASAR.

C'est un homme qui marche...

ASPHÉNÈS.

J'entends parler... c'est un discours...

NOLASAR.

Grands dieux! est-ce un songe? ou bien une imposture?... (*On entend encore le même bruit.*) Les Hébreux sont brûlés... quel cri pourrait sortir de leur cendre impure et sacrilège?...

ASPHÉNÈS.

Les Hébreux sont puissants, leur Dieu est grand et terrible; c'est souvent qu'il a tiré les siens du plus affreux trépas : et ce n'est pas en vain qu'on brave son tonnerre... Qui sait s'il ne vient pas sur nous exercer sa vengeance?... O Dieu de Daniel, suspendez vos coups!... Sortons, ô Nolasar, allons chercher des témoins plus nombreux. (*Ils sortent saisis de frayeur.*)

SCÈNE III

Les TROIS HÉBREUX dans la fournaise.

SIDRACH.

On nous croit morts et consumés, et nous vivons sains et saufs, et nous nageons dans la joie au milieu de ces flammes, pour chanter tour à tour la puissance et la bonté de Dieu.

MISACH.

On nous croyait réduits en cendre, et notre voix sonore parle de Jéhova, chante et publie ses louanges. Notre Dieu leur fait peur... Que craignez-vous, ô fière Babylone? le Dieu de Jacob est un Dieu de clémence, qui aime les mortels, et qui met sa gloire à pardonner. Mais il veut être ici-bas le seul maître adorable.

ABDENAGO.

Que sont auprès de notre Dieu, tous les rois et les dieux de la terre? Lui seul est tout puissant; à lui toute vertu, tout honneur et toute gloire. O Dieu de Juda, que sont près de vous les faux dieux de ce monde? C'est en vain qu'on les fait briller à nos yeux, sous l'éclat de l'or et des métaux les plus précieux. On leur donne de beaux pieds, mais ils sont incapables de faire un pas. On sait leur donner une bouche, un front, des yeux et des oreilles mais si vous leur parlez, vous n'aurez pas un seul mot ; ils sont sourds et muets.

SCÈNE IV

DEUX SERVITEURS DU ROI.

PREMIER SERVITEUR.

Ce n'est donc pas en vain que nous avons activé les feux de la fournaise. Les flammes viennent de punir tant de scélératesse... Hier encore ils portaient jusqu'aux cieux leur tête altière : à leurs yeux nous n'étions qu'un vil troupeau d'esclaves, tout au plus dignes de leur servir de marchepied ; et aujourd'hui, nous pouvons fouler leur cendre impunément.

DEUXIÈME SERVITEUR.

Ils ont cessé de vivre, cessé de nous outrager : le feu les a châtiés de leur farouche et folle arrogance. Leur langue superbe est réduite au silence. (*On parle dans la fournaise.*) Mais quoi ?... J'entends parler... partons, abandonnons ces lieux. Ce bruit m'en a tout l'air... c'est du mystérieux. (*Ils sortent en tremblant.*)

SCÈNE V

LES TROIS HÉBREUX ET DANIEL.

LES HÉBREUX.

CHŒUR.

(Air n° 4 : chœur d'*Athalie.*)

O divine, ô charmante loi !
O justice, ô bonté suprême !
Que de raisons, quelle douceur extrême !
D'engager à ce Dieu son amour et sa foi !

PREMIER SOLO.

Des mers, jadis, il entr'ouvrit les eaux ;
D'un aride rocher fît sortir des ruisseaux.
Il nous sauve du feu, il nous défend lui-même,
Pour tant de biens, il commande qu'on l'aime.

CHŒUR.

O divine, etc.

DEUXIÈME SOLO.

Il vient donc visiter les trois jeunes Hébreux :
De nos corps écartant la chaleur et la flamme,
En présence du peuple il vient nous rendre heureux,
Rafraîchir notre cœur et consoler notre âme.

CHŒUR.

O divine, etc.

DANIEL, *rentrant*.

Salut, amis fidèles, dignes rejetons de nos braves aïeux! Oui, vraiment vous êtes dans cette fournaise, l'orgueil de Daniel, la gloire de Jéhova, l'honneur et la joie d'Israël! Votre voix qui chante et triomphe au milieu des flammes, fait trembler nos ennemis, mais elle est pour moi plus douce que le miel; vos concerts dans cette prison de feu, sont pour mon cœur et mes oreilles la plus belle des harmonies.

SIDRACH.

Cher Daniel, frère et maître tendrement aimé, soyez le bienvenu, pour être témoin de notre triomphe et de notre félicité. Est-il donc vrai que nous sommes dans les flammes? et ne nageons-nous point dans un torrent d'ineffables délices?

MISACH.

Nos ennemis chantaient notre trépas et s'apprêtaient à jeter au vent la cendre de nos membres calcinés : mais voilà que nous vivons plus que jamais, et notre voix les confond et les remplit d'épouvante.

ABDENAGO.

Deux fois ils sont venus nous insulter dans les flammes, et deux fois ils ont reculé, saisis de frayeur. Ainsi seront confondus les ennemis de notre Dieu et de notre peuple.

DANIEL.

O jour mille fois glorieux ! ô triomphe incomparable ! ô Dieu fort, Dieu puissant et miséricordieux, continuez de protéger les enfants de Juda et les frères de Daniel ! et vous, nobles compagnons de ma captivité, ayez toujours pleine confiance dans le Dieu de vos pères, et vous serez toujours vainqueurs. Mais voici, je crois, la bande de nos ennemis ; ils viennent en chantant. Au revoir et courage.

SCÈNE VI

UN BABYLONIEN, UN HÉBREUX, CHŒURS.

CHŒUR DES BABYLONIENS. *(Ils arrivent en chantant.)*

(Air n° 5 de la *Marche des Janissaires*.)

Mort, guerre à tous ces Hébreux,
Mort à ces orgueilleux,
Qui osaient braver nos dieux :
Mort, guerre à tous ces Hébreux,
Mort, honte à tous ces audacieux ;
   Quand ils nous parlaient,
   Ils nous trahissaient,
   Ils nous insultaient ;
   A nos maux ils souriaient :
   Quand ils commandaient,
   Ils nous immolaient,
A leur fureur ils nous sacrifiaient.

SOLO DES BABYLONIENS.

O Dieu de Daniel, où est donc ta clémence ?
Dormais-tu donc en paix, quand brûlaient tes enfants ?
Qu'as-tu fait de ton bras ? Où donc est ta puissance ?
C'est ainsi que tu sais les rendre triomphants...

A leur grand étonnement, les trois Hébreux chantent et répètent le refrain qui suit :

CHŒUR DES HÉBREUX.
(Même air.)

Honneur, gloire à ces Hébreux,
Gloire à ces trois heureux,
Qui chantent Dieu dans les feux :
Honneur, gloire à ces Hébreux,
Honneur à tous ces enfants des cieux :
Quand ils vous parlaient,
Ils vous instruisaient,
Ils vous consolaient,
Dans vos malheurs, ils pleuraient :
Quand ils commandaient,
Ils vous chérissaient,
Dans leurs cœurs toujours ils vous portaient.

SOLO DES HÉBREUX.

O Dieu de Daniel, que grande est ta clémence !
Non, tu ne dormais pas quand brûlaient tes enfants :
Nous avons vu ton bras et ta prompte puissance ;
C'est ainsi que tu sais nous rendre triomphants.

Ils reprennent tous ensemble chacun leur refrain, et après a lieu le dialogue suivant :

LE BABYLONIEN.

Mais quoi ! dans la fournaise, les trois Hébreux vivraient encore ! !

L'HÉBREUX.

Nous vivons et nous chantons le puissant Dieu d'Israël.

LE BABYLONIEN.

Nous chantions leur trépas, et ils chantent leur triomphe.

L'HÉBREUX.

Nous chantons la gloire de notre Dieu, sans haine pour nos bourreaux.

LE BABYLONIEN.

On connaîtra le traître qui a su vous délivrer...

L'HÉBREUX.

Notre libérateur, c'est le grand Dieu que nous adorons.

LE BABYLONIEN.

Qui donc? le Dieu de Daniel? Mais pourquoi cache-t-il sa sainte majesté?

L'HÉBREUX.

Il se montre à ceux qui l'adorent : c'est lui qui a brisé nos liens, et qui nous a préservés de la rigueur des flammes.

LE BABYLONIEN.

Je ne trouve dans vos vains discours que le cachet de la plus vile imposture.

L'HÉBREUX.

Le Dieu qui lit au fond des cœurs, voit et connaît notre franchise.

LE BABYLONIEN.

Vous et votre Jéhova, vous n'êtes que des imposteurs.

L'HÉBREUX.

Vous le saurez bientôt, blasphémateurs infâmes.

LE BABYLONIEN.

Oui, nous saurons quelle est votre puissance; nous verrons si du roi vous saurez vaincre le courroux.

L'HÉBREUX.

Ni votre colère, ni celle du roi ne nous fera trembler un seul instant.

SCÈNE VII

LE ROI et SA SUITE.

NABUCHODONOSOR.

J'aimais vraiment ces jeunes Hébreux, ces dignes compagnons de Daniel : il y avait dans toute leur personne, je ne sais quoi de noble et de précieux qui les rendait aimables. En tout et partout dociles à ma voix, ils partagèrent à juste titre mes plus grandes faveurs. Jusqu'à ce jour, tout m'a paru dans eux digne d'éloge et d'admiration. Faut-il qu'un cruel enchantement soit tout à coup venu fasciner leurs esprits? Jour de fête et de deuil, pourquoi m'avez-vous rendu le témoin et l'acteur d'une scène si tragique? Ma voix qui venait de les bénir, vient de les condamner au feu! la main qui les avait couronnés, les a chargés de chaînes! Et déjà peut-être, hélas! leurs membres dévorés par le feu, sont réduits en cendre! O sainte et cruelle statue? O Dieu de Daniel! que m'avez-vous préparé en ce jour? O royauté, que ton rôle est parfois difficile à remplir! En vain mon cœur voulait sauver les Hébreux; la justice m'a mis le glaive en main pour les punir. (*Il sort.*)

SCÈNE VIII

LE ROI, ses serviteurs ET LES TROIS HÉBREUX.

LE CHŒUR DES BABYLONIENS.

Mort, guerre à tous ces Hébreux, etc.

NABUCHODONOSOR, *rentre soucieux.*

De ces jeunes héros, gardons-nous d'insulter la cendre. Je ne sais quelle terreur soudaine s'est emparée de moi; mais je sens tous mes esprits horriblement troublés. J'ai eu naguère des visions effrayantes; j'ai entendu des bruits mystérieux! Qui sait si la prière de Daniel n'a pas monté jusqu'aux cieux? Qui sait si la voix d'un sang innocent ne crie pas vengeance? Et sommes-nous assez forts, pour braver la puissance du Dieu de Juda?

ASPHÉNÈS.

Et nous, aussi, ô grand roi, nous sommes loin d'être parfaitement tranquilles : nous venons d'entendre marcher et parler dans la fournaise. C'était d'abord un bruit sourd, puis des concerts divins, comme on n'en a jamais entendu dans nos fêtes.

NOLASAR.

Pour moi, je ne suis guère sensible à ces sortes de bruit et de vision : tout cela m'a l'air de sortilège ou d'imposture.

ASPHÉNÈS.

J'ai véritablement reconnu la voix et le langage des trois jeunes Hébreux. J'ai vu, vu de mes yeux, briller à travers les flammes leurs cheveux et leur visage. Non, non, ô roi, ne les croyez pas morts; ils vivent et triomphent dans la fournaise. C'est facile à vous en assurer.

NABUCHODONOSOR, *s'adressant aux trois Hébreux.*

O prodige, ô mystère! Parlez, mes chers enfants, parlez; dites-nous donc si vous êtes en vie?

LES TROIS HÉBREUX.

Nous vivons, ô grand roi ; nous tressaillons de bonheur dans le sein de la fournaise.

NABUCHODONOSOR.

Qu'on leur ouvre à l'instant : paraissez, célestes vainqueurs ; vous êtes dignes de ma vénération et de celle de mon peuple ; laissez-vous embrasser, nobles enfants de Juda : votre Dieu est le mien, j'adore le Dieu de Daniel. *(Il s'approche d'eux, il les embrasse.)*

SIDRACH.

Oui, gloire au Dieu d'Israël, qui est seul grand et seul adorable ; lui seul exauce les vœux de ses enfants ; lui seul a fait tomber nos chaînes, et a pu nous faire triompher de la fureur des flammes.

MISACH.

Nous avons vu son messager divin qui, de sa main puissante, a brisé nos liens, a préservé nos corps de la violence du feu, en nous couvrant de son aile, et en nous faisant marcher sains et saufs à travers les brasiers ardents.

ABDENAGO.

Environnés de je ne sais quelle cuirasse, nous n'avons éprouvé le moindre sentiment de chaleur : voyez nos mains et nos pieds, nos habits et nos cheveux, tout est resté intact : et en marchant sur

des feux, nous semblions marcher sur des fleurs,
(*Nolasar sort avec d'autres.*)

SCÈNE IX

NABUCHODONOSOR se donne au Dieu des Juifs.

NABUCHODONOSOR.

O béni soit le Dieu de Sidrach, de Misach et d'Abdenago, le quel a envoyé son ange pour délivrer ses serviteurs qui ont résisté au commandement du roi, et qui n'ont pas craint de sacrifier leur corps, pour ne point se rendre esclaves d'un Dieu étranger, et pour n'avoir d'autre Dieu que le Dieu de leurs pères. O Dieu seul grand, seul digne d'être adoré, daigne jeter sur moi et mes sujets un regard favorable. Que sont tous nos dieux près de toi? De vains fantômes. Trop longtemps hélas! j'ai suivi leur culte mensonger. Je veux dorénavant qu'on te vénère, et qu'on suive ta loi. Pardonne-moi, ô Seigneur, si je t'ai fait la guerre. Je vous bénis, intrépides Hébreux, de m'avoir désobéi pour obéir à votre Dieu. Non, non, mes dieux n'étaient rien; le votre seul a le pouvoir, la force et la clémence. O Dieu de Daniel, vous serez toujours mon Dieu, le Dieu de mes enfants, le Dieu de toute ma nation! Je le veux, je l'ordonne; mon serment est irrévocable. « Mort à quiconque aura blasphémé contre le Dieu » de Sidrach, de Misach et d'Abdenago, quelles que

» soient sa tribu, sa famille et sa naissance, qu'il
» périsse à l'instant et que sa maison soit détruite ;
» parce qu'il n'y a pas d'autre Dieu que celui-là,
» capable de sauver ; mon cœur désarmais n'ado-
» rera que le seul Dieu de Daniel. »

SCÈNE X

DANIEL, LE ROI, LES HÉBREUX.

DANIEL. *Il entre triomphant.*

Je viens, ô grand roi, mêler mes vœux aux vôtres, pour applaudir à un si beau triomphe, et pour bénir le Dieu qui vient d'opérer tant de merveilles parmi nous. Soyez vous-même mille fois béni de reconnaître en ce jour, et de professer hautement la puissance du Dieu que nous adorons. Soyez-lui toujours fidèle, et votre règne sera heureux en ce monde et en l'autre; et votre nom passera glorieux de génération en génération !

NABUCHODONOSOR.

Illustres enfants de Juda, je ne m'étais donc pas trompé, quand je plaçais ma confiance en vous et dans le Dieu de vos pères. Non, votre règne n'est pas fini ; il ne fait que commencer. Qu'ils tremblent ceux qui sont jaloux de votre gloire et de votre élévation. Car j'entends, qu'à dater de ce jour, vous retourniez avec orgueil à votre poste; vous, Daniel, toujours à ma droite, toujours à mes côtés; vous Sidrach, Misach, Abdenago, toujours mes premiers intendants dans la cité de Babylone, au revoir, fidèles serviteurs; et avant de vous séparer, faites entendre le refrain de votre gloire et de votre triomphe. (*Il sort.*)

TOUS LES HÉBREUX.

O Prince magnanime, toujours à vous, toujours à notre Dieu.

SIDRACH.

Et puisqu'on nous invite à chanter, n'est-ce pas en effet le moment de faire entendre notre voix, en attendant de reprendre bientôt nos instruments de fête ?

LES TROIS HÉBREUX.

Chantez-nous donc, nous disaient naguère nos insolents vainqueurs, faites-nous entendre quelque cantique de Jérusalem : et c'était au moment où nous portions des chaînes, et où nos instruments pendaient tristes et muets. Mais maintenant que nous jouissons de la sainte liberté des enfants de Dieu, pourquoi n'entonnerions-nous pas le chant de l'amour et de la reconnaissance? Commencez, Daniel, et nous répondrons en chœur.

DANIEL.

SOLO. (air connu.)

Si oblitus fuero tui, Jerusalem, oblivioni detur dextera mea ! adhæreat lingua mea faucibus meis, si non meminero tui !...

CHŒUR.

(Air n° 5 : *Jésus parait en vainqueur.*)

Gloire au Dieu de Daniel,
Amour au Dieu du ciel,
Amour, hommage éternel ;
Gloire au Dieu de Daniel,
A Dieu les accents de tout mortel :
Il fait les heureux
Sur la terre, aux cieux ;
Et sont malheureux
Les serviteurs des faux dieux :
Le Dieu des Hébreux,
Est seul, à nos yeux,
L'objet digne de nos plus doux vœux.

On pourrait terminer encore par : *Tout l'univers*, etc. (d'Athalie.)

FIN.

MARTYRE

DE

SAINT FLOSCEL

LE JEUNE HÉROS DE LA NORMANDIE

DRAME EN TROIS ACTES

A L'USAGE

des Colléges, petits Séminaires et autres Maisons d'éducation

PAR M. L'ABBÉ J***

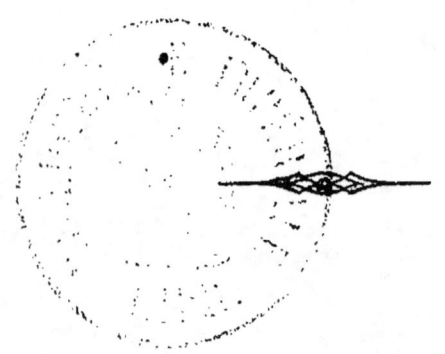

LYON

P. N. JOSSERAND, LIBRAIRE-ÉDITEUR

PLACE BELLECOUR, 3

1867

(Tous droits réservés)

Besançon. — Imprimerie d'Outhenin Chalandre fils.

HISTORIQUE

C'est sous l'empire de César Antonin, vers l'an 142, qu'on place la mort héroïque du jeune Floscel. Les villes d'Autun et de Coutances se disputent l'honneur d'avoir été le théâtre de son martyre. Cité plusieurs fois au tribunal de Valérien, consul de l'empereur, il se montre intrépide dans les différents interrogatoires qu'on lui fait subir. Un jour que l'empereur était de passage dans la contrée, on convoque les enfants à une fête païenne en l'honneur de la déesse Hébé, protectrice du jeune âge; le jeune Floscel refuse de se rendre à l'appel et s'en moque publiquement, en attirant à lui une troupe de jeunes chrétiens qu'il détourne du culte des faux dieux. Mais trahi et dénoncé, il est traduit devant le tribunal, qui le condamne à mort; et après avoir supporté avec un grand courage les tourments les plus atroces, il remporte la palme glorieuse, comme on le voit dans un manuscrit du neuvième siècle, où nous avons puisé les matériaux historiques de la pièce suivante.

PERSONNAGES

CÉSAR ANTONIN, empereur.
VALÉRIEN, proconsul.
CAMARINUS, traître et dénonciateur.
Gardes et chœur païen.
FLOSCEL, jeune héros de ce drame.
Compagnons de Floscel et chœur chrétien.

MARTYRE DE SAINT FLOSCEL

LE JEUNE HÉROS DE LA NORMANDIE

DRAME EN TROIS ACTES

PREMIER ACTE

SCÈNE I

CÉSAR, LES ENFANTS, LE CHŒUR

CHŒUR PAÏEN.

(Air n° 6 : *Enfants rendons hommage*, etc.)

PREMIER CHANT.

Honneur, amour, hommage
A nos dieux immortels ;
Dans les jours du jeune âge,
Entourons leurs autels.
A nos dieux la victoire,
Nos cœurs et notre encens ;
Chantons, chantons leur gloire, } *bis.*
Hébé veut nos accents.

DEUXIÈME CHANT.

Déesse du jeune âge,
Dès ce jour solennel,

Tu auras, sans partage
Notre culte immortel :
Sois toujours notre mère,
Nous sommes tes enfans ;
Nous donnons à te plaire ⎫
Le printemps de nos ans. ⎭ *bis.*

CÉSAR *entrant.*

C'est bien, mes chers et fidèles enfants, les dieux de la patrie, les dieux que vous chantez avec tant de dévouement, seront contents de vous. Quel plaisir, quel bonheur pour mon âme! Vous accomplissez à merveille mes vœux les plus ardents. En traversant ces contrées célèbres dans l'histoire, j'ai voulu me réjouir dans les pompes d'une belle fête. Et comme mon cœur a une prédilection pour le jeune âge, j'ai fait signe aux enfants; et prévenant mes désirs, vous êtes accourus en foule, pleins d'une sainte ardeur. Eh bien ! je ne suis pas ingrat, et ce noble pays devra à ses enfants des grâces nouvelles et signalées : je veux que vous soyez l'orgueil et l'espoir de la patrie ; et quand je voudrai pour mes romains de vrais modèles de vertu et de fidélité, j'en trouverai toujours ici dans cette génération naissante. Que si par hasard, il se trouvait parmi vous, quelques lâches chrétiens, vous saurez, j'en suis sûr, éviter leur contact dangereux. On acquiert la noblesse avec de nobles cœurs; mais avec des cœurs mous on ne trouve jamais que la mollesse. Pleins d'horreur pour le culte d'un infâme crucifié, vous vous garderez bien d'adorer ce Dieu fourbe et imposteur. N'ayant d'autres dieux que ceux du Capitole, vous garderez toujours dans vos cœurs la même et sainte flamme.

L'UN DES ENFANTS.

Et qui pourrait, ô empereur, nous faire oublier le culte de nos ancêtres? Qui pourrait nous séparer de nos divinités, et nous soustraire à leurs aimables lois?

RÉPÉTITION DU CHŒUR.

Honneur, amour, hommage, etc.

CÉSAR.

Contrée chérie des cieux, tu seras le théâtre de mes bienfaits signalés. Ah! si j'avais partout des âmes et des cœurs comme ceux que tu enfantes, que de belles cités je verrais surgir dans tous mes états. Croissez, jeunes héros, croissez et multipliez-vous à l'ombre des autels; et quand, pour défendre l'honneur des dieux et de la patrie, j'aurai besoin de cœurs généreux et de bras invincibles, je vous appellerai; et dociles à ma voix, vous volerez au combat, à la victoire. En attendant, laissez grandir en vous l'ardeur qui vous anime, et continuez de chanter la déesse de votre âge, et dans quelques instants, nous offrirons ensemble de saintes libations. (*Il sort.*)

RÉPÉTITION DU CHANT.

Déesse du jeune âge, etc. (*Ils sortent après.*)

SCÈNE II

FLOSCEL ET SES COMPAGNONS, CHOEUR CHRÉTIEN.

FLOSCEL.

Vivent nos dieux, s'écrient les païens, guerre au Christ et à son culte ; guerre à sa mère infâme qu'on ose honorer d'un culte solennel ; vive, vive toujours parmi nous la puissante Hébé ; et pour célébrer sa fête, on a convoqué une cohorte de jeunes enfants qui lui adressent en ce jour leurs chants et leurs louanges.

UN ENFANT.

Nous avons entendu leurs voix ; mais disciples de Jésus et de Marie, nous avons refusé de prendre part à leur fête.

FLOSCEL.

C'est bien, jeunes amis, vous avez accompli votre devoir ; car les enfants du Ciel ne sauraient pactiser avec les disciples de Bélial. Mais parce que de nos jours on voudrait exterminer jusqu'aux derniers rejetons de la race chrétienne, c'est le moment de montrer du courage et du cœur. Pour nous ébranler et nous séduire, on emploiera mille moyens corrupteurs, on passera tour à tour des plus brillantes promesses aux menaces les plus terribles ; on fera luire à nos yeux l'or et l'argent, le fer et la flamme ;

mais restons toujours inébranlables, sans crainte des tyrans qui peuvent mutiler nos corps, mais qui ne sauraient atteindre nos âmes : ne craignons que le souverain Maître des vivants et des morts, qui seul peut jeter nos corps et nos âmes dans la prison de feu. Si pour nous il est mort, en s'immolant sur l'arbre de la croix, mettons notre gloire à lui donner notre sang; et bientôt, en nous ouvrant les portes du ciel, il nous adressera ces consolantes paroles : « Venez, les bénis de mon père, intrépides vain- » queurs, entrez dans la joie de votre Maître; car si » vous m'avez confessé devant les hommes et en » face des tyrans, je veux à mon tour vous glorifier » dans la splendeur des saints. »

Gloire donc au Père, gloire au Fils, gloire au Saint-Esprit; gloire à la fille, à la mère, à l'épouse de Dieu, qui, à elle seule, est terrible comme une armée rangée en bataille, et qui nous donnera la force de triompher. Et puisqu'en ce jour on vient de chanter les dieux du paganisme, répondons hardiment à leurs cantiques sacriléges, en célébrant le nom de Jésus et de sa divine Mère.

CHŒUR CHRÉTIEN.

(Air nº 6 : *Enfants, rendons hommage.*)

A JÉSUS.

Amour, honneur, hommage
Au seul Christ immortel;
Dans les jours du jeune âge,
Entourons son autel :

A lui seul la victoire,
Nos cœurs et notre encens;
Chantons, chantons sa gloire, } *bis.*
Il aime nos accents.

A MARIE.

Patronne du jeune âge,
Dès ce jour solennel,
Tu auras sans partage
Notre culte éternel :
Sois toujours notre Mère,
Nous sommes tes enfants ;
Nous donnons à te plaire } *bis.*
Le printemps de nos ans.

FLOSCEL

Oui, chers amis, soyons toujours à Jésus, à Marie; en eux, nous ne trouverons que gloire et vertu. Que sont tous les dieux des Romains vis-à-vis de notre Dieu? un peu de poussière, un vil atôme. Vis-à-vis de Marie, la vierge sans tache, que sont les Vénus, les Minerve, les Diane et les Hébé, qu'on ose proposer à la vénération des peuples? des monstres sans cœur, sans vertu, sans noblesse. Qu'est le séjour de toutes ces vaines divinités, si non le hideux théâtre de la honte et de la scélératesse ?

UN JEUNE CHRÉTIEN.

Oui, en tout temps, en tout lieu, nous voulons vivre et mourir chrétiens. Dans les temps de paix et dans les jours de guerre, nous serons toujours à

Jésus et pour Jésus; mais jamais pour les dieux du paganisme; et si l'enfer vient à lever sur nos têtes le glaive des tyrans, nous saurons vaincre et mourir en triomphateurs.

UN AUTRE ENFANT.

Puisqu'en faisant la belle mort des martyrs, on gagne l'immortelle couronne, je veux mourir pour Jésus-Christ et m'envoler au ciel…

TOUS.

Nous désirons ce que tu veux : oui, oui, le martyre, et la gloire éternelle…

SCÈNE III

LES MÊMES, UN VIEILLARD CHRÉTIEN.

LE VIEILLARD.

Ne trouvez pas mauvais, jeunes chrétiens, de voir que je viens mêler ma voix à la vôtre : ce fut toujours un grand bonheur pour moi de pouvoir assister aux pieuses fêtes de l'enfance. Je sais que Jésus aime tant votre voix innocente, et j'espère que ses regards paternels en s'abaissant sur vous, ne mépriseront pas les cheveux blancs du vieux serviteur qui lui fut toujours fidèle. O que je voudrais avoir l'ardeur de vos âmes, la vigueur de votre âge, la force de votre bras pour le servir plus fidèlement encore ! Mon cœur hélas ! courbé sous le poids des années, devient froid et languissant ; et c'est pour retremper mon courage que je viens passer quelques instants parmi vous. Je vous félicite, jeunes amis, d'avoir dans Floscel un apôtre intrépide, un vaillant chef, bien digne de vous conduire au combat et à la gloire. Dieu nous le conserve longtemps : et qui que nous soyons, nous serons tous fiers d'obéir à sa voix et de suivre ses traces.

FLOSCEL.

Non, non, ô saint vieillard, Floscel n'est pas digne des titres glorieux que vous voulez bien lui donner. C'est vous plutôt qui serez notre guide et notre modèle : votre voix tremblante et vénérable aura bien plus d'empire sur nos cœurs ; et plus vous avez blanchi dans les combats du divin Maître, et plus vous saurez nous apprendre à nous conduire en vaillants soldats. Bien plus que ceux de la trompette, les sons de votre voix nous rempliront d'une ardeur sainte et guerrière : vous n'aurez qu'à parler, et vous nous verrez intrépides dans le feu de la persécution, renversant les autels des faux dieux, brisant, pulvérisant à nos pieds leurs vaines idoles, et faisant triompher partout la croix de Jésus-Christ qui doit vaincre le monde.

LE VIEILLARD.

On ne tardera pas, je crois, de mettre à l'épreuve votre noble courage. Vous aurez contre vous les tyrans et leurs bourreaux, l'enfer et toute sa rage. Déjà même, dit-on, les gladiateurs ont aiguisé leur fer, ce fer sanglant, cruel, qui depuis si longtemps se plaît dans le sang des chrétiens. Mais confiance, jeunes amis, vous n'avez pas besoin de moi pour vous animer au combat ; vous possédez en vous-mêmes tout ce qu'il faut pour vaincre et devenir de grands héros. Puissé-je profiter de votre exemple et marcher sur vos pas.

FLOSCEL.

Nous serons toujours prêts à la voix du Seigneur : vivre et mourir pour lui, c'est toute notre ambition ; et pour nous préparer à la lutte qui va suivre, nous allons chanter ensemble l'hymne des combats.

CHŒUR CHRÉTIEN.

(Air n° 9 : *Chrétiens, qui combattons,* etc.)

PREMIER SOLO.

Dans nos cœurs nous sentons un feu qui les enflamme ;
C'est l'amour de Jésus, notre aimable Seigneur :
Lui seul peut contenter les désirs de notre âme,
Lui seul peut nous conduire à l'éternel bonheur.

REFRAIN.

Si Dieu nous mène à la gloire,
Des tyrans bravant la fureur,
Enfants de la victoire,
Nous irons au bonheur.   (*ter*).

DEUXIÈME SOLO.

O Dieu de Daniel, doux Sauveur de l'enfance,
Dans les brasiers ardents tu soutins les Hébreux...
Nous marcherons joyeux, puissants de ta puissance,
Tu feras, de nous tous, des vainqueurs glorieux.

REFRAIN.

Si Dieu, etc.

FIN DU PREMIER ACTE.

DEUXIÈME ACTE.

SCÈNE I

CÉSAR seul.

C'est vraiment avec bonheur que je visite ce pays fortuné. Jamais peut-être, je n'avais rencontré tant d'enthousiasme et de zèle pour le culte des dieux. Quel plaisir pour moi de voir autour de leurs autels une brillante couronne de pieux enfants! Faut-il hélas qu'un petit nombre d'entre eux soient arrachés à nos fêtes par un aveugle fanatisme? Quand on est bon, qu'il est dur d'immoler des chrétiens créés à notre image! Le sang me fait horreur, surtout le sang des jeunes enfants. Belles et inno-

centes fleurs, elles tombent sous la faux dès leur
première aurore! Qu'ont gagné les Césars d'offrir
à nos dieux des hécatombes de victimes humaines?
Le sang des chrétiens, qui ne cesse de crier vengeance, n'a-t-il pas attiré des fléaux sur l'empire?
J'ai toujours aimé la douceur et haï la cruauté. Un
roi doit avant tout être le père de ses sujets, et il
serait un monstre de s'en faire le bourreau. Quelle
fut ta gloire, ô Néron, d'avoir été un maître abominable? Un cœur méchant fut toujours sans amis
fidèles, et un roi barbare eut toujours des sujets
rebelles. Non, non, jamais, les dieux que nous
servons n'ont ordonné de massacrer des frères. Je
veux toujours aimer tous mes sujets, et ne jamais
être un tyran.

SCÈNE II

CAMARINUS, CÉSAR.

CAMARINUS, (*le traître.*)

Salut, ô empereur, c'est le devoir qui m'amène
au palais. Que deviendraient les dieux et leur culte
sacré, si des voix fidèles n'avaient pas soin de venir vous dénoncer les progrès de la secte impie!
Vous savez, ô César, quel bonheur nous a procuré
la fête de nos jeunes enfants. Vous avez entendu
leurs chants pieux, leurs voix candides. Dans cette
tendre et innocente foule, comme tout était brillant

et magnifique ! Eh bien, le croiriez-vous ? pendant que nous chantions nos dieux, on a osé les outrager... A l'insulte, Floscel n'a pas craint d'ajouter le sacrilége. Pour se moquer plus ouvertement de nos divinités, ce jeune orgueilleux n'a-t-il pas convoqué ses compagnons dans un lieu profane, pour chanter son Christ et leur prêcher son Dieu ? Telle est la scène détestable qui vient de se passer dans cette cité fidèle. J'ai rempli mon devoir ; salut, ô puissant empereur. (*Il sort.*)

CÉSAR.

Dénoncer à mon tribunal des scélérats, des ennemis de la patrie, c'est un rôle qui n'est pas sans importance ; mais comme assez souvent, on sait faire passer les innocents pour coupables, j'ai l'habitude de me défier des délateurs, surtout quand ils ont contre eux les passions du jeune âge ; l'enfant, par caractère, aime à dénoncer ses compagnons ; il a pour nous tromper plus d'une ruse et d'un expédient, et jamais, je ne recevrai ses délations sans examen préalable. Si j'aime tendrement les enfants, j'abhorre leur imposture, et je punis sévèrement leurs méchantes calomnies. (*Il sort.*)

SCÈNE III

VALÉRIEN, proconsul.

En entrant dans ces lieux, j'ai rencontré l'empereur : mais à mon grand étonnement, j'ai cru voir dans ses regards et lire dans son cœur je ne sais quoi de sombre et de sévère qu'on rencontre bien rarement chez lui ; car au lieu d'être abattu, il me parle toujours avec un riant visage. Que lui a-t-on dit? ou qu'a-t-il aperçu ? Ah ! s'il pouvait enfin brûler d'une juste colère contre les adorateurs de la croix ! j'en bénirais les dieux du plus profond de mon cœur. Mais hélas! depuis quelque temps, la guerre contre les chrétiens, est à ses yeux, non une vertu, mais un vice infâme. Désormais il ne veut plus de sanglant sacrifice. Mais que m'importent les idées de l'empereur, si j'ai pour moi la volonté des dieux? Que tous les Césars s'endorment dans une coupable indolence, Valérien tiendra toujours dans ses mains le glaive vengeur que la patrie lui a confié, et je saurai châtier, même au péril de ma vie, l'audacieux mortel qui viendrait insulter la moindre de nos divinités !

SCÈNE IV

CAMARINUS, VALÉRIEN.

CAMARINUS, (*entrant.*)

Valérien, grand défenseur des dieux de la patrie, je vous cherchais; je viens vous annoncer, et ne savez-vous pas?... Un jeune orgueilleux, un scélérat audacieux, un chrétien qu'on dit le héros de cette race impure, vient de faire à tous nos dieux l'affront le plus sanglant : Il a prédit, il a prêché que son Christ, avec son gibet infâme, réduirait tous les peuples sous le joug de ses lois; et nos autels renversés doivent lui servir de trône, et toutes les nations converties formeraient son empire... bref, il en a tant dit, il en a tant fait depuis quelques jours, qu'il serait bien temps de laver dans son sang la noirceur de ses crimes.

VALÉRIEN.

Quel est donc cet insensé, ce misérable? dès l'instant, nous allons lui apprendre à parler et à se taire.

CAMARINUS.

Vous le connaissez, vous l'avez vu, seigneur; c'est le jeune Floscel.

VALÉRIEN.

Quoi! Floscel, Floscel de tous nos enfants le plus

illustre ! Floscel, lui que j'aimais... lui qui me doit... la chose est incroyable !

CAMARINUS.

Je veux mourir à l'instant même, mourir sous vos yeux, si je viens, ô seigneur, vous dire un mensonge ! ou plutôt, vous n'avez qu'à vous transporter au temple, et là vous le touverez environné d'une troupe de jeunes insensés qu'il électrise par la puissance de sa parole.

VALÉRIEN.

Allez, partez, et qu'on me l'amène à l'instant. Comment en un plomb vil, l'or pur se serait-il changé ? Infortuné Floscel ! toi que j'avais connu, aimé dès l'âge le plus tendre ! toi qui portais sur ton front le véritable cachet de la vertu et de la noblesse ! toi que nous regardions, avec orgueil, grandir à l'ombre de nos autels ! toi la gloire et l'espoir de la patrie !... Ah ! les maudits chrétiens ! ils auront mutilé cette plante précieuse, en la privant de sa sève divine, où en la greffant sur une tige impure ! Les sacriléges profanateurs ! Ils auront arraché de nos temples ce vase sacré, pour le prostituer à un culte abominable !

CAMARINUS.

Plus d'une fois, ces lâches imposteurs, ont essayé par de belles promesses, de corrompre mon jeune cœur et de souiller mon âme ; mais plein d'horreur pour leurs vaines superstitions, j'ai toujours su fouler à mes pieds leurs malins stratagèmes : je fus et serai toujours fidèle à la religion de nos ancêtres ; jamais le Christ ni sa doctrine barbare ne pourront pénétrer dans mon cœur.

SCÈNE V

VALÉRIEN, FLOSCEL.

VALÉRIEN, *s'adressant à Floscel qui entre.*

Nous saurons, mes amis, chasser de nos contrées cette horde de chrétiens, et mettre un frein à tous leurs complots. Arrive donc Floscel, et au nom de la patrie, viens nous rendre raison de ta conduite infâme. Serait-il donc vrai, Floscel, que tu es apostat, et qu'aujourd'hui encore, outrageant la sainteté de nos dieux, tu as osé prédire leur ruine, et annoncer le triomphe de ton Dieu crucifié ?

FLOSCEL.

Tu te trompes, Valérien, je ne suis point apostat ; car depuis que je connais Jésus, je n'ai jamais cessé de l'adorer. Pour le triomphe de mon Dieu sur tes divinités mensongères, as-tu besoin de ma langue pour te l'annoncer ? Ne vois-tu pas partout la croix qui s'élève sur les débris de tes idoles ? Et quand même, nouveau Néron, tu renouvellerais les horreurs de ce monstre, ne pense pas détruire le Christ qui doit enterrer tous tes dieux. Docteur d'iniquités, inventeur de tortures, créateur de bourreaux, crois-tu, dans ta rage inhumaine, effrayer nos chrétiens, ébranler leur naissante milice? Si tu veux le combat, c'est ce que nous voulons aussi : si tu as soif de notre sang, nous en avons pour t'en donner. Mais morts ou vivants, nous aurons sur toi la victoire ; car en tombant sous tes coups, nous sommes sûrs de vaincre, sûrs d'emporter le ciel.

VALÉRIEN.

Mais qui donc, Floscel, a pu produire un tel aveuglement dans ton âme? Quoi! pour un infâme crucifié, tu foules aux pieds les grandes divinités de Rome que tu adorais dans les jours de ton enfance! Pour lui pourrais-tu sacrifier tout ce que tu as de plus cher en ce monde! Et quel est donc ce ciel qu'il t'a promis? Et comment pourra-t-il t'arracher au cruel trépas qui t'attend, si tu persistes dans ton funeste égarement?

FLOSCEL.

Les aveugles sont parmi les païens qui vivent dans les ténèbres, et jamais chez nous qui jouissons de la lumière divine. Tu as beau pérorer, tu as beau menacer, tu me trouveras toujours inébranlable. Jamais, ô Valérien, tu ne saurais m'enlever ma foi ni ma liberté : prépare, exécute sur mon corps toute espèce de torture ; mais mon âme est à Jésus, et je n'aurai jamais d'autre Dieu que lui seul.

VALÉRIEN.

J'en jure par nos grands dieux ; ou adore Apollon, ou bien ton nom et ta race vont être entièrement exterminés.

FLOSCEL.

Ma race est divine, mon nom est écrit dans les cieux : je suis trop grand pour me courber devant des dieux qui sont des monstres abominables. Adore, si tu veux, des divinités sourdes, muettes et aveugles; pour moi, j'ai la folie de ne posséder d'autre Dieu que le souverain Maître de la terre et du ciel.

VALÉRIEN.

Elles te coûteront cher, ton audace et ton impiété; tu seras flagellé ; et des milliers de coups violents vont bientôt châtier ta farouche insolence. Mais d'ailleurs, convient-il à un disciple d'un Dieu crucifié d'agir et de parler avec tant d'orgueil et d'ostentation ?

FLOSCEL.

« Je puis tout, » disait le grand Paul, en bravant toutes les puissances du monde entier; et ce qui le faisait parler de la sorte, ce n'était pas l'orgueil, mais la grande confiance qu'il avait en Jésus-Christ. Eh ! bien, je me sens fort comme l'apôtre, je suis orgueilleux comme lui; et rien ne m'empêchera d'aimer mon Dieu et d'abhorrer les idoles.

VALÉRIEN.

Mais pourquoi souffrir tant d'audace dans ce jeune insensé ? Que Floscel soit livré aux plus affreuses tortures : qu'on le pende à l'instant ; et pour mettre un terme à ses cris blasphémateurs, qu'on lui coupe la langue, qu'on lui écrase les dents et la mâchoire.

FLOSCEL.

Quand vous m'aurez ravi et la langue et la voix, j'aurai encore mon cœur qui battra pour Jésus jusqu'à son dernier soupir. (*Il sort.*)

SCÈNE VI

VALÉRIEN, pendant qu'il sort.

Soldats, accompagnez Floscel, et ne le quittez pas un seul instant. J'ai beau chercher dans cet enfant la faiblesse et la timidité du jeune âge, je n'aperçois que de la vertu, du courage et de la noblesse ; je ne trouve chez lui que la force des héros. Avec trois cents Floscel, mille fois plus forts que Léonidas, je voudrais triompher du monde entier. Qui donc peut donner à ce jeune cœur tant de vaillance ! Ah ! que ne l'avons-nous à la tête de nos légions, pour faire la guerre aux chrétiens !

SCÈNE VII

VALÉRIEN et SON SERVITEUR.

UN SERVITEUR DE VALÉRIEN, *qui rentre*.

De tous nos coups, Floscel brave le nombre et la violence; plus nous le torturons, et plus il triomphe de nous : Seigneur, c'est un vrai lion; non, ce n'est pas un homme, jamais on n'a vu tant d'audace à cet âge. Il se moque des satellites, et se disant enfant du ciel, il nous appelle fils de Satan. Plein d'une confiance aveugle dans son Christ qui lui prête sans cesse un secours invisible, il se rit d'Apollon et de toute sa puissance. Il n'a que des blasphêmes pour nos dieux et leur fait une guerre incessante. « Montrez-moi, nous dit-il, les œuvres » de vos divinités; et quelle est celle d'entre elles » qui a créé la terre et les cieux? » Le croiriez-vous, seigneur, depuis qu'on lui a brisé la mâchoire et mutilé la langue, sa voix n'en est que plus libre et plus effrontée.

VALÉRIEN.

Eh! bien, nous allons voir, mes amis, si le lion Floscel triomphera du fier lion que personne n'a pu vaincre, et qui fait ses délices de la chair chrétienne. (*Le serviteur sort.*) Ainsi donc et sans tarder, Floscel aux lions, aux lions l'intrépide Floscel;

puisqu'il est si fort dans la lutte, nous allons mettre son courage à l'épreuve : et si par hasard il venait à terrasser le plus terrible de nos lions, il ne sera pas pour cela au bout de ses combats et de ses victoires : nous avons pour Floscel bien d'autres genres de supplices ; pour dompter son orgueilleux courage, nos satellites sauront trouver bien d'autres tortures : cherchez, inventez, mes amis, tout ce que vous pourrez concevoir de plus cruel; jamais homme ne fut plus digne de notre vengeance; plus nous ferons souffrir Floscel, plus les dieux nous béniront, plus nous aurons droit à l'amour de la patrie. Mais je pense que déjà les lions...

SCÈNE VIII

LES MÊMES.

UN SERVITEUR, *rentrant.*

Ciel, quelle merveille! Seigneur, pouvez-vous le croire? Le lion est vaincu, et Floscel a triomphé... d'un seul regard du jeune vainqueur, le roi des animaux a perdu sa force et sa puissance, et il est tombé tout tremblant à mes pieds. Vivement étonné d'un prodige si étrange, tout le monde s'empresse vers le lieu de la scène ; et le plus noir de nos cachots est devenu un ciel : on y voit briller encore la plus vive lumière; l'air y est tout embaumé; et une voix céleste, au son vif, éclatant, fait entendre à Floscel un langage tout divin. Ce n'est pas tout, seigneur, un fait d'un ordre merveilleux vient de ravir la foule par un nouveau miracle. Un enfant bien connu, un enfant de onze à douze ans, un enfant sourd, aveugle et muet, présenté dans la prison par son père, vient d'ouvrir les yeux à la voix de Floscel : il parle et il entend très-bien; et le père et l'enfant sont dans la jubilation; et tout le monde rend gloire à Jésus-Christ et à Floscel pour un prodige ausssi éclatant.

VALÉRIEN.

Dieu de la croix, serais-tu plus fort que les dieux du Capitole?... Eh! bien, puisque nous possédons un faiseur de miracles, pour illustrer son nom, nous allons le faire briller sur plus d'un théâtre. Qu'on prépare un bûcher dans le sein de la cité ; et quand le bois jettera une flamme ardente, qu'on y mette Floscel, le héros merveilleux et invincible. Nous verrons si du feu il sait encore triompher. Allez, et qu'en tout point mes ordres soient observés. (*Le serviteur sort.*) Il est temps de confondre les chrétiens et de désenchanter la foule. Aux yeux des ignorants, il est facile de faire passer de vains prestiges pour des prodiges éclatants. Mais pour nous qui planons au-dessus des ténèbres et de la superstition, nous savons déjouer toute la fourberie des chrétiens. Qui ne sait le rôle hideux que les magiciens remplissent parmi eux? Tous leurs faits miraculeux ne sont que de la pure jonglerie, et puis on vient crier de toute part au miracle!...

SCÈNE IX

LES MÊMES.

UN SERVITEUR, *entre tout étonné.*

Venez donc voir, ô seigneur, ce qu'on n'a jamais vu, ce que vous n'avez pas vu vous-même; la ville entière s'est transportée sur les lieux pour admirer un tel spectacle : au milieu des feux les plus ardents, Floscel rit et parle en triomphateur; la flamme qui l'entoure de contours gracieux, ne fait que caresser ses cheveux et ses habits; et pendant qu'une douce et céleste rosée vient entourer son corps, une sainte fraîcheur inonde et réjouit son âme : ce que je vous annonce, je l'ai vu, vu de mes yeux... Et du bûcher qui brûlait en pétillant, nous avons tous entendu une grande voix qui disait : « Du courage, Floscel, vous vaincrez la » violence du feu, ou bien du sein des flammes, » vous vous envolerez bientôt au ciel. » Et le jeune héros recevait les applaudissements de la foule, et de toute part on lui répétait : « Courage, » ô Floscel, la victoire est à vous; » et de sa puissante voix, Floscel haranguait et convertissait le peuple.

VALÉRIEN.

Par Jupiter et Apollon, je n'y puis rien comprendre : cet enfant merveilleux me remplit d'étonnement... Allez, et que bientôt il paraisse en ma présence. Moi-même, je veux sonder encore la vertu de son âme. Qui sait, si fascinant les yeux de la foule, il ne cherche pas à se faire de vains admirateurs : sur tout ce qu'on m'a dit de sa puissance invincible, je veux savoir la vérité, et découvrir moi seul tout le nœud du mystère. Aurais-tu, ô Floscel, tout le courage de David, toute la force de Samson ? Nous saurons triompher de toi : tu mourras, vil imposteur, et les dieux de nos ancêtres nous béniront de ton trépas ! Mais puisque en ce moment, on célèbre sa gloire et son triomphe, ne vous séparez pas, sans répéter en chœur le refrain de sa mort, et le chant de victoire. (*Il sort.*)

SCÈNE X

CHŒUR PAIEN.

(Air n° 13, tiré d'*Agapit*.)

Guerre au Christ, guerre à Floscel,
Guerre à ce héros infâme,
Brûlant d'une impure flamme ;
Guerre à ce grand criminel.

Ou bien : *Déesse du jeune âge, etc.* (On sort.)

FIN DU DEUXIÈME ACTE.

TROISIÈME ACTE

SCÈNE I
VALÉRIEN, LE CHŒUR.

CHŒUR PAÏEN.
Honneur, amour, etc.

VALÉRIEN.
Il est temps, mes amis, d'en finir avec notre héros; il est temps d'immoler ce scélérat célèbre. Un jour de plus pour lui nous attirerait la colère de nos dieux. Tout le secret pour moi d'en triompher, c'est de lui adresser un doucereux langage : en caressant les lionceaux, on finit par les apprivoiser; essayons d'adoucir ce fier et indomptable Floscel; mais s'il venait à mépriser les accents de ma voix paternelle, je vais le livrer à une mort certaine. (*Floscel entre.*)

SCÈNE II
FLOSCEL, VALÉRIEN.

FLOSCEL.
Me voici donc, ô proconsul, on dit que tu m'ap-

pelles : parle, que me veux-tu? car je vis encore, et suis tout prêt à te répondre, tout prêt à subir de nouveaux tourments. Regarde, si tu veux, mon corps, ce corps délicat et tendre que tu croyais facilement anéantir : tu le trouveras intact, respecté par la flamme et la dent des lions, et tout à fait dispos pour de nouvelles épreuves : quant à mon cœur et à mon âme ils sont toujours les mêmes, pleins de haine pour tes divinités, brûlant toujours du même zèle pour mon Sauveur et mon Dieu.

VALÉRIEN.

Dans un enfant, ô Floscel, il ne faut pas trop d'audace; et même à son ardeur, un héros doit imposer des bornes. Je sais maintenant que les tortures ne peuvent rien sur toi : vainqueur dans le bûcher, vainqueur auprès des lions, il est donc vrai que tu es invincible. Mais ne sais-tu pas que le plus beau triomphe est de se vaincre soi-même? cesse donc enfin de suivre tes esprits égarés; au nom de ta famille, au nom de la patrie, cesse, mon cher Floscel, d'être aussi inflexible ; cesse enfin pour un jour d'obéir à ton propre cœur pour te rendre à la voix d'un ami, à la voix de tes pères; j'ai parlé de toi à César, et je sais qu'il te prépare des faveurs vraiment souveraines : tu n'as qu'à dire un mot... à faire une promesse, et je vois devant toi s'ouvrir la plus brillante destinée... et demain peut-être...

FLOSCEL.

Ma parole est donnée, mon serment irrévocable : jamais aucun tyran ne pourra ébranler ma constance : Jésus seul, Jésus a ma parole, ma promesse et mon amour; en lui je trouve bonheur, gloire et puissance. Et que sont auprès de mon Christ les plus célèbres potentats? c'est en vain, ô proconsul, que tu viendrais à pleines mains jeter sous mes pieds des fleurs perfides ; je sais les fouler avec mépris ; et les caresses comme les menaces me trouveront toujours insensible. Garde pour d'autres tes dons et tes faveurs, je n'en veux point. Je possède tout dans le Dieu que j'adore.

VALÉRIEN.

Qu'on attache au poteau cet illustre audacieux ; nous verrons si son Christ ne l'aura pas oublié...

FLOSCEL.

Le Christ est dans mon âme, je suis et je vis dans son cœur; c'est lui, Valérien, qui me soutient de sa divine flamme : à tes bourreaux je livre mon corps, à Jésus je donne mon âme et ma vie : et il me donne en revanche la force et la victoire. Quel bonheur d'être comme lui attaché à la colonne ! Je t'embrasse, ô bois, comme l'instrument de mon triomphe ! ô chaînes, je vous bénis; attachez-moi à l'arbre du sacrifice ! si mes bras sont liés, ma langue parlera... elle bénira Dieu... (*On l'attache au poteau.*)

VALÉRIEN.

Nous saurons mettre un frein à ses superbes paroles : qu'on lui transperce à l'instant sa langue audacieuse. Je veux voir, de mes yeux, si son Christ, en docte médecin, saura guérir la plaie, de sa main invisible, et afin d'étouffer sa voix sacrilége, répétons tous ensemble le chant de la victoire.

FLOSCEL.

Si ma voix venait à se taire, mon cœur saurait parler ; entonez à l'envie tous vos refrains, j'espère vous répondre...

CHŒUR PAÏEN. (*Pendant qu'on lui perce la langue.*)
(Air n° 13, tiré d'*Agapit.*)

Guerre au Christ, etc.

FLOSCEL.
(Même air.)

Gloire au Christ, gloire à Floscel ;
Gloire à l'Eglise chrétienne :
Honte à la rage païenne :
Gloire au Christ, gloire à Floscel.

VALÉRIEN.

Puissants dieux de l'Olympe, venez à mon secours ; venez vous-mêmes triompher de ce terrible enfant qui l'emporte sur nous ; venez nous révéler des mystères si étranges qui se passent en ce lieu ; sa langue est transpercée, et il parle, il chante en riant, et il vient nous répéter un audacieux refrein. Ou plutôt, mes amis, ne comprenez-vous pas le secret de sa vertu diabolique?... Je te connais, enfant abominable, tu es un magicien!... Dans le cœur des chrétiens que d'abomination ne trouve-t-on pas?... Ce qu'il y a de certain, c'est que les esprits infernaux leur prêtent force et puissance, et qu'il y a toujours entre eux des relations et des pactes horribles... et puis on vient nous dire que c'est l'œuvre du Christ!...

FLOSCEL.

Que dis-tu? homme infâme, digne fils de satan, député de l'enfer! Pourquoi nous accuser de ce qui est ton partage et ton crime? N'es-tu pas lié depuis longtemps avec le prince des démons, à qui tu t'es vendu, pour lui gagner des âmes? et quel accord, dis-moi, pourrait-il y avoir entre ton Lucifer et les disciples d'un Dieu qui brisa sa puissance? C'est parmi les tiens, mais jamais parmi nous que tu trouveras la hideuse magie, cette fille des enfers dont tu implores souvent l'assistance.

VALÉRIEN.

Mais, dis-moi donc, Floscel, où prendrais-tu donc cette audace superbe qui forme de tous les chrétiens une invincible race? qui vous donne la force de triompher de tous nos supplices? Quelle main a pu préserver ton corps des flammes du bûcher?

FLOSCEL.

Le Dieu que nous adorons est un maître tout-puissant; sa seule vertu peut nous faire triompher de tous les tyrans du monde. C'est lui qui nous soutient dans tous les combats qu'on vient nous livrer; et en combattant et en mourant pour lui nous sommes assurés d'un éclatant triomphe.

VALÉRIEN.

Si une mort infâme, cruelle est pour toi un bonheur, nous saurons, ô Floscel, t'accorder cette honteuse gloire. Pour la patrie, pour les dieux je voulais te conserver : à la gloire et aux honneurs nous désirions t'élever. Mais si tu veux tant périr, tu périras, infâme!

FLOSCEL.

Moi, dis-tu, périr sous tes coups!... Jamais, Valérien. Je posséde dans mon âme une immortelle vie, et tous tes satellites réunis ensemble ne pourront m'anéantir dans la nuit du tombeau. Tu as beau pulvériser mon corps, malgré toi je vivrai; et en m'arrachant le dernier soupir, tu me feras monter vers la patrie.

VALÉRIEN.

En deux mots, hâte-toi de répondre : veux-tu vivre ou mourir? Adore nos dieux, ou bien une mort tragique est ton partage...

FLOSCEL.

Je n'aime que mon Christ, je ne connais pas d'autre Dieu : je veux vivre et mourir pour lui.

VALÉRIEN.

Décide-toi, malheureux, je te laisse un instant...
(*Il sort.*)

FLOSCEL.

Ma résolution est prise, elle est irrévocable. Que tardes-tu, tyran? Ne sait-on pas depuis longtemps que Floscel n'a jamais hésité, quand on lui a parlé de Jésus-Christ et de son culte?

SCÈNE III

FLOSCEL et SES COMPAGNONS, CHOEURS.

(*Entrent les compagnons de Floscel.*) Salut, chef illustre et invincible, recevez nos vœux et nos sincères félicitations.

UN D'ENTRE EUX.

Nous venons baiser avec vénération les nobles plaies que vous aura imprimées le feu du bûcher, ou la dent des lions, ou le fer des bourreaux; ou plutôt, puisque le Seigneur vous a conservé intact parmi toutes les tortures, nous venons prendre part à votre grand triomphe, et vous prier de bénir vos jeunes compagnons, en leur communiquant quelque étincelle de cette vive ardeur qui vous anime.

UN AUTRE.

Quelle gloire pour nous de vous avoir pour chef! Puissions-nous vous conserver longtemps à notre tête.

UN AUTRE.

Vivre et mourir pour vous et avec vous sera notre bonheur.

FLOSCEL.

J'ignore, mes amis, ce que le ciel vous réserve; pour moi, je ne tarderai pas de marcher à mon dernier combat, à mon suprême triomphe : je sens que mon heure va sonner, l'heure de quitter la colonne, pour m'acheminer vers la patrie céleste. Aidez-moi donc à me préparer à mon sacrifice; c'est le moment favorable. O Dieu, vous le savez, depuis longtemps, je vous appartiens tout entier; je vous ai consacré mon corps, mon âme et mon cœur; je vous renouvelle en ce moment l'oblation de tout moi-même; m'immoler tout à vous c'est mon désir le plus ardent. Que n'ai-je plusieurs vies, pour vous les offrir en même temps! Qu'ils viennent les ennemis de votre nom; mon sang brûle de couler pour vous. Quant à vous, fidèles chrétiens, braves compagnons de mon jeune âge, enviez mon sort, au lieu de le plaindre; mais j'espère que vous le partagerez bientôt ; en attendant, au lieu de lâches pleurs, je veux mêler ma voix à la vôtre, pour entonner le chant de la victoire.

SOLO DE FLOSCEL.

(Air n° 18 : *Descends des cieux, toi que mon cœur*, etc.)

A toi, Jésus, mes accents, ma prière ;
Embrâse-moi du pur et saint amour :
Entends Floscel à son heure dernière,
Appelle-moi bientôt au fortuné séjour.   (*ter*).

CHŒUR PAÏEN.

(Air n° 13, tiré d'*Agapit.*)

Honte au Christ, honte à Floscel,
Honte à ce héros infâme,
Brûlant d'une impure flamme ;
Honte à ce grand criminel.

CHŒUR CHRÉTIEN.

(Même air.)

Gloire au Christ, gloire à Floscel,
Gloire à cette immortelle âme,
Brûlant d'une sainte flamme ;
Gloire à ce héros du ciel.

SCÈNE IV

VALÉRIEN, FLOSCEL, CHŒURS.

VALÉRIEN. (*Il rentre.*)

Floscel, je viens prendre ta dernière réponse, qui doit être, pour toi et les tiens, un arrêt irrévocable de mort ou de délivrance. Veux-tu enfin les adorer les dieux de la patrie ?

FLOSCEL.

Les adorer ? Jamais, Valérien. Ah ! mille fois la mort plutôt qu'un pareil forfait...

VALÉRIEN.

Qu'on le détache aussitôt, pour le conduire à la mort : nous avons trop longtemps laissé vivre ce monstre exécrable.

FLOSCEL.

Mourir pour Jésus-Christ, quelle sainte et heureuse destinée ! Adieux, jeunes chrétiens ! adieux ; amis inséparables ! Je vais dans la patrie, où bientôt, j'espère, vous monterez près de moi... Adieux jusqu'au revoir, au revoir dans le ciel... (*Il embrasse ses amis en partant. On l'emmène.*)

VALÉRIEN.

Va, loin de nos yeux ta hideuse présence ! disparais bientôt et pour toujours du nombre des vivants. Que ton sang inonde bientôt cette terre souillée de tes crimes ; que tes membres sacriléges deviennent la pâture des chiens, et la cendre de tes os le vil jouet des vents ! Et pendant qu'on le mène au supplice, chantez, mes amis, chantez en chœur la mort de cet infâme. (*Il sort.*)

SCÈNE V

CHOEURS, en même temps.

CHŒUR PAÏEN.

Honte au Christ, honte à Floscel... etc.

CHŒUR CHRÉTIEN.

Gloire au Christ, gloire à Floscel... etc.

Après ce chœur, les chrétiens seuls restent sur la scène.

SCÈNE VI

UN CHRÉTIEN.

Si nous n'avons pu le suivre au champ de la victoire, nous l'accompagnons de nos vœux, en célébrant sa mort glorieuse. O Floscel, héros choisi du Ciel, maintenant et plus que jamais, tu seras notre guide et notre puissant protecteur. Ah! reçois les vœux et les hommages de notre cœur.

SCÈNE VII

DEUX AUTRES CHRÉTIENS, LE CHOEUR.

UN AUTRE CHRÉTIEN. (*Il vient annoncer sa mort.*)

Le sacrifice est fait, la victime est immolée...

Floscel vient de remporter la palme glorieuse,
Floscel est en possession d'un bonheur éternel...

UN CHRÉTIEN.

A genoux, mes amis, et le chant de la victoire...

CHŒUR.

(Air n° 19 : *A tes pieds, vierge Marie,* etc.)

Du haut des cieux, sur la terre,
Tu nous vois tous à tes genoux ;
Enfant aimable, ô tendre frère, } *bis.*
Floscel, exauce-nous.

SOLO.

Tu nous tendras la main dans ce pèlerinage ;
Guide-nous pour toujours, à la vie, à la mort :
Ah ! puissions-nous un jour partager l'héritage !
Procure-nous le même sort.

CHŒUR.

Du haut, etc.

FIN

MARTYRE
DE
SAINTE FÉLICITÉ

ET DE SES SEPT ENFANTS

DRAME EN TROIS ACTES

A l'usage des Colléges, petits Séminaires et autres Maisons d'éducation

PAR M. L'ABBÉ J***

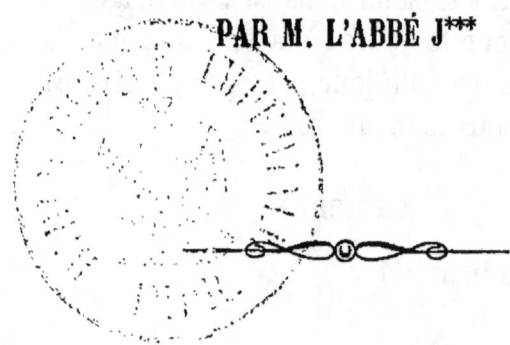

LYON

P. N. JOSSERAND, LIBRAIRE-ÉDITEUR

PLACE BELLECOUR, 3.

1867

(TOUS DROITS RÉSERVÉS)

Besançon. — Imprimerie d'Outhenin Chalandre fils.

HISTORIQUE

Marc-Aurèle, en montant sur le trône, fit d'abord espérer aux chrétiens qu'il ne serait pas très-cruel envers eux, soit à cause de la sentence favorable portée à leur égard par Antonin, son prédécesseur, soit à cause des vertus privées qu'on croyait apercevoir dans sa personne. Mais imbu des principes de la philosophie stoïcienne, il y puisa des sentiments de haine contre le christianisme et d'enthousiasme pour les dieux de la patrie, qu'il fêtait souvent dans de magnifiques festins : de là le décret qu'il ne tarda pas de porter contre les chrétiens, et qui fut le signal de la quatrième persécution générale. Or, sainte Félicité avec ses sept enfants, Janvier, Félix, Philippe, Sylvain, Alexandre, Vital et Martial furent, à Rome, les premières victimes de la persécution ; la noblesse de cette famille n'empêcha pas les tyrans d'en exterminer les glorieux membres, vers l'an 162.

PERSONNAGES

MARC-AURÈLE, empereur.
PUBLIUS, préfet de Rome.
Pontifes païens.
Soldats et serviteurs de la cour.
FÉLICITÉ, la mère des sept enfants : JANVIER, FÉLIX, PHILIPPE, SYLVAIN, ALEXANDRE, VITAL, MARTIAL.
CHŒURS.

MARTYRE
DE SAINTE FÉLICITÉ

ET

DE SES SEPT ENFANTS

DRAME EN TROIS ACTES

PREMIER ACTE

SCÈNE I

Les sept enfants chantant leur prière à genoux.

CHOEUR.

(Air n° 13, du *Cantique sur le Pater*.)

PREMIER COUPLET.

Vous, qui régnez jusqu'au plus haut des cieux,
Vous, à la fois notre Dieu, notre Père,
Sur vos enfants daignez jeter les yeux;
Prêtez l'oreille à leur humble prière.   (*bis.*)

DEUXIÈME COUPLET.

On a lancé les tigres sur nos pas :
Mille dangers nous assaillent sans cesse.
Dieu! c'est le jour de nous tendre les bras;
Viens nous sauver de leur scélératesse. (*Ils se lèvent.*)

SCÈNE II

FÉLICITÉ et SES ENFANTS, CHOEUR.

FÉLICITÉ, *entrant*.

Oui, chers enfants, c'est bien le jour d'une ardente prière ; car c'est le jour des rudes combats, mais aussi le jour d'une éclatante victoire : depuis quelque temps, nous avions joui d'un peu de paix et de calme, à l'ombre de la croix ; nous chantions en public les saints cantiques de Sion ; nous pouvions de temps en temps prendre part aux solennités chrétiennes ; déjà le culte du Seigneur commençait à se répandre autour de nous. Mais Lucifer a été jaloux de la gloire du Christ, et les tyrans ont de nouveau tiré le glaive contre les chrétiens, et donné le signal de la persécution contre l'Eglise.

TOUS LES ENFANTS.

Tant mieux, chère mère, si Dieu nous appelle à souffrir.

JANVIER.

Quel bonheur pour nous, si nous pouvions partager le sort des martyrs !

FÉLIX.

Combattre et mourir pour le Dieu qui mourut pour nous !

PHILIPPE.

Gagner dans quelques instants un poids éternel de gloire!

SYLVAIN.

Emporter le ciel d'assaut, acquérir la palme immortelle!

ALEXANDRE.

Monter en triomphe vers Jésus et Marie!

VITAL.

Aller régner parmi les chœurs des bienheureux!

MARTIAL.

Ce bonheur, ô ma mère, je veux aussi le partager : pourriez-vous me laisser seul en partant vers les cieux?

FÉLICITÉ.

Dieu vous bénisse tous, mes chers enfants; Dieu bénisse vos généreux sentiments, et vous donne à tous la même félicité. Une seule grâce que je demande au Ciel pour vous et pour moi, c'est de marcher toujours ensemble, d'avoir le même sort et dans les tourments et dans la gloire, et sur la terre et dans le ciel.

TOUS A LA FOIS.

Vos vœux, vos désirs sont les nôtres : tendre mère, n'avons-nous pas un même cœur, une même âme, une même foi, un même Dieu?

FÉLICITÉ.

Heureuse mère, d'avoir de tels enfants !

TOUS.

Heureux enfants, d'avoir une telle mère !

FÉLICITÉ.

Oui, chers enfants, si vous chérissez tendrement votre mère, vous pouvez croire que vous êtes payés de retour : ce sont mes mains, mes yeux qui veillèrent sur vous dès le berceau. Les uns après les autres, je vous nourris de mon lait, je vous berçai sur mes genoux, et vous couvris de mes caresses et de mes larmes. Mais outre votre père de la terre qui nous fut enlevé de bonne heure, et qui m'aidait à prendre soin de vous, qu'aurions-nous fait dans le sein de notre famille, sans le Père céleste, qui vous adopta pour ses enfants, dès votre entrée dans le monde, qui vous fit par le baptême, les disciples, les frères de Jésus-Christ et ses cohéritiers dans le royaume éternel ? C'est ce père des miséricordes, qui vous a créés, qui vous a rachetés, et qui vous conserve pour le corps et pour l'âme. C'est lui qui vous a donné à chacun un ange gardien, lequel ne cesse de veiller sur vous et le jour et la nuit. C'est lui qui vous donne son divin Fils à la table sainte, toutes les fois que vous avez le bonheur de communier. C'est lui qui vous a confiés à la sollicitude de la plus tendre et la meilleure des mères, l'auguste

Mère de Dieu et des hommes, la puissante Reine de la terre et des cieux, Marie qui vous aime mille fois plus que je ne puis vous aimer moi-même. Vous voyez, chers enfants, si nous pouvons être ingrats envers le Ciel, qui a tout fait pour nous, et dans l'ordre de la nature et dans l'ordre du salut éternel.

JANVIER.

Non, non, ô tendre mère, nous n'oublierons jamais ce que nous devons à votre bonté, et à la miséricorde céleste. Notre gloire à tous, c'est d'être vos enfants, les enfants de Dieu et de sa puissante Mère; c'est d'être les fils de Félicité, les fils de Marie et les disciples de Jésus-Christ.

FÉLICITÉ.

Eh! bien, voici le jour de témoigner votre reconnaissance et de montrer que vous êtes de dignes chrétiens et les vrais enfants du Ciel. C'est le jour de déployer tout votre courage; car c'est le jour de confesser Jésus-Christ et votre foi en face des tyrans, et au milieu des tortures. Parce que vous êtes mûrs pour le bonheur céleste, Jésus-Christ vous appelle à combattre pour lui.

FÉLIX.

Nous sommes prêts, chère mère, à vous suivre en tout lieu, prêts à vous défendre, prêts à mourir pour vous, ou avec vous, pour notre Dieu.

FÉLICITÉ.

Attendez-vous, bien chers enfants, à toute sorte d'épreuves pour ébranler votre foi, à de terribles menaces, comme à des promesses perfides. Attendez-vous à des supplices, à des tortures cruelles : ils comptent sur votre jeune âge, sur la timidité de votre caractère, et ils se sont vantés de faire parmi vous des apostats. Mais courage, confiance, ô mes tendres enfants; car si Jésus et Marie sont pour vous et avec vous, qu'avez-vous à craindre? Souvenez-vous de Daniel dans la fosse, des enfants dans la fournaise, et de tant de jeunes martyrs, qui triomphèrent de toute la rage des bourreaux.

PHILIPPE.

Ne craignez rien, ô digne mère, nous sentons dans nous-mêmes la force des lions : et comment pourrions-nous reculer devant la mort pour notre Dieu, nous qui sommes prêts à mourir mille fois pour notre mère? Qu'ils viennent donc ces tigres altérés, nous les attendons de pied ferme.

FÉLICITÉ.

O Dieu, qui fais les martyrs, tu me soutiendras, tu soutiendras mes enfants, en face des tyrans. Non, bien aimés enfants, pas un d'entre vous ne refusera de marcher dans le chemin de la gloire et de l'honneur. Si un seul parmi vous devait être infidèle à la voix de son Dieu, qu'il tombe mort à mes pieds, plutôt que de le voir apostat... Mais non, enfants chéris, je sens l'ardeur qui vous anime; tous vous voulez vivre et mourir en vrais chrétiens.

TOUS.

Pour la vie, pour la mort, nous sommes tous à Dieu, tendre mère : qui pourra nous séparer de vous, nous séparer de notre divin Maître?

LES SEPT ENFANTS.

PREMIER SOLO.

(Air n° 9 : *Chrétiens qui combattons*, etc.)

Nous bravons des tyrans le glaive et la colère;
Jésus va nous donner la palme du vainqueur.
Ne craignez rien pour nous, ô notre aimable mère,
Le feu dont vous brûlez, consume notre cœur.

REFRAIN.

Allons, marchons à la gloire;
Des bourreaux bravons la fureur;
Courons à la victoire;
Volons au champ d'honneur. (*ter.*)

DEUXIÈME SOLO.

Courage, chers enfants, Dieu veille sur notre âme;
Si on brise nos corps, nous sommes immortels.
Brûlons, brûlons toujours de la céleste flamme;
Bientôt nous trouverons des trônes éternels.

CHŒUR.

Allons, etc.

FÉLICITÉ.

Allons, chers enfants, nous préparer au grand sacrifice : les ennemis sont là, c'est bientôt l'heure de notre immolation. (*Ils sortent.*)

FIN DU PREMIER ACTE.

DEUXIÈME ACTE

SCÈNE I

Publius et les prêtres païens ; festin en l'honneur des dieux. Assis autour d'une table, ils chantent aussitôt que la toile se lève.

CHOEUR PAIEN.

(Air n° 6 : *Enfants, rendons hommage*, etc.)

PREMIER COUPLET.

Enfants de la victoire,
Triomphateurs des rois,
Chantons, de notre gloire
Célébrons les exploits :
Aux dieux de la patrie
Hommage, amour, honneur ;
C'est la fête chérie,   } *bis.*
C'est le jour du bonheur.

DEUXIÈME COUPLET.

Tremblez, rois de la terre,
Tremblez à notre voix :

Vous mordrez la poussière,
Vous viendrez sous nos lois :
Et vous, peuple barbare,
Tremblez, lâches chrétiens,
Dans le fond du Tartare
Nous vous forgeons des liens. } *bis.*

SCÈNE II

MARC-AURÈLE, PUBLIUS, CHŒUR.

MARC-AURÈLE, *entrant*.

C'est bien, amis fidèles ; l'empereur et les dieux seront contents de vous. O toi, qui règne au Capitole, très-grand, très-puissant Jupiter ! Et toi, dieu des combats, qui donnas toujours aux Romains la victoire ! Divinités sacrées de l'Olympe, vous voyez dans nos cœurs l'amour qui brûle pour vous, la haine que nous gardons contre vos ennemis, qui sont les ennemis de Rome. Soyez toujours notre force, notre gloire et notre soutien ; et toujours nous serons dociles à votre voix. Et maintenant que nous allons marcher contre les hordes de la Germanie, étendez votre protection sur les aigles romaines, donnez à tous nos soldats la force de vaincre, et d'exterminer les bataillons ennemis.

CHŒUR.

Tremblez, rois de la terre, etc.

PUBLIUS.

Les Germains que vous allez combattre, ô empereur, ne sont pas les plus grands ennemis de la patrie; les chrétiens, l'horrible secte des chrétiens, qui relève la tête avec plus d'audace que jamais; voilà ce qui est le plus à craindre pour la gloire et le bonheur de l'empire.

MARC-AURÈLE.

Je suis charmé, Publius, de la noble sagesse de vos sentiments, qui sont les miens : je ne la connais que trop et la déteste, du fond de mon âme, cette race impure, qui se propage et se multiplie, à l'ombre de la croix. Antonin, mon prédécesseur, avait d'abord traité les chrétiens comme ils méritaient de l'être; mais circonvenu plus tard, par la perfide éloquence de Justin l'Apologiste, il finit par lâcher un décret favorable aux disciples du Christ. Depuis lors, les chrétiens ont levé partout la tête, sans nulle crainte de nos anciennes lois.

PUBLIUS.

Mais ne pourriez-vous pas, ô empereur, réparer vous-même le mal que fit Antonin, par sa coupable indulgence? Avec plus de force et d'énergie que lui, n'avez-vous pas en mains la même puissance? Et nos dieux vous seraient-ils moins favorables, si vous étiez plus sévère à l'égard des adorateurs de la croix? Vous n'avez qu'à parler, nous sommes à vos ordres;

et s'il s'agit de faire la guerre aux chrétiens, vous ne serez que plus promptement obéi.

MARC-AURÈLE.

Puisque vous voulez sur cette affaire l'expression de ma volonté, je suis bien aise de vous la faire connaître, dans le présent décret signé de ma main (*il lit le décret étant debout*) : « L'empereur
» Marc-Aurèle, à tous ses administrateurs et offi-
» ciers, salut : « Nous avons appris que ceux, qui
» de nos jours s'appellent chrétiens, violent impu-
» nément les lois de l'empire. Arrêtez-les, et s'ils
» ne sacrifient à nos dieux, punissez-les par divers
» supplices. »

TOUS *debout*.

Vos ordres, ô empereur, seront fidèlement exécutés.

CHŒUR.
(Air n° 7, tiré d'*Agapit*.)

Guerre au Christ, guerre aux chrétiens,
Guerre à cette race immonde,
Qui souille la terre et l'onde ;
Guerre au Christ, guerre aux chrétiens.

PUBLIUS.

Parmi tous les chrétiens de Rome, il est surtout une famille fortement attachée à la doctrine du Christ, et qui peut faire un mal affreux dans la cité, par sa position et sa haute influence : vous avez, sans doute, entendu parler de Félicité et de ses sept fils audacieux, qui sont autant d'ardents propagateurs de cette infâme religion. C'est par là, empereur, qu'il faudrait commencer, si vous voulez couper le mal dans sa racine. Aux grands scandales, les grands châtiments; les chrétiens seront effrayés de voir que vous n'épargnez point cette famille, et les Romains s'attacheront de plus en plus au culte de nos dieux.

MARC-AURÈLE.

Mon glaive, qui est celui de la justice, a été et sera toujours impartial; le rang et la fortune ne sont rien à mes yeux, quand il s'agit de l'honneur des dieux et de la patrie. Quant à vous, Publius, qui êtes mon lieutenant dans la cité, recevez tous mes pouvoirs contre les chrétiens; vous avez sur eux le droit de vie et de mort. Plus vous leur ferez la guerre, plus vous serez agréable à nos dieux et à votre empereur. C'est pourquoi, pendant que je vais vaincre les ennemis du dehors, travaillez avec zèle à l'extermination des chrétiens, qui sont comme autant de vipères qui déchirent les entrailles de la nation. Et puisque l'orgueilleuse Félicité se distingue dans Rome, par son fanatisme audacieux, qu'elle soit, la première, l'objet de votre vigilance et de votre sévérité : suivez-la de près, veillez sur elle, épiez toutes ses paroles et ses démarches; et ne l'épargnez ni elle ni ses enfants, une fois qu'elle sera en votre pouvoir : je pense qu'à mon retour, justice sera faite; et les dieux seront vengés...

PUBLIUS.

Maître, soyez tranquille; vous serez content de moi et de mes agents.

TOUS.

Oui, oui, puissant empereur, nous sommes tous fiers d'obéir à vos ordres.

CHŒUR.

Tremblez, rois de la terre, etc.

FIN DU DEUXIÈME ACTE.

TROISIÈME ACTE

SCÈNE I

LE PONTIFE PAIEN, PUBLIUS.

LE PONTIFE PAÏEN, *se promenant seul*.

Autrefois tant de timidité, aujourd'hui tant d'audace chez les chrétiens! c'est vraiment inconcevable : ce n'est plus dans les ténèbres, c'est en plein soleil, qu'ils viennent outrager nos dieux, par un culte abominable, enfanté par l'enfer. Où êtes-vous Néron et Adrien, qui saviez si bien défendre et venger la sainte majesté de notre religion ? Que verriez-vous, que diriez-vous, si vous reparaissiez dans Rome, en face de tant de lâcheté dans vos successeurs et de tant d'orgueil dans les disciples du Christ ? Mais silence, j'entends les pas d'un homme, c'est le préfet de la cité romaine...

PUBLIUS.

Je viens, ô saint pontife, vous annoncer une importante affaire : l'empereur a parlé, ses volontés sont formelles; c'est un nouveau décret qui vient d'être porté contre les chrétiens, et qui doit être mis à exécution dans toutes les contrées de l'empire; moi-même, j'ai plein pouvoir sur eux dans la ville de Rome.

LE PONTIFE.

Gloire donc à nos dieux, gloire à vous, noble Publius, qui m'apportez un si consolant message. Enfin, ils vont baisser la tête ces infâmes sectateurs du Christ, qui ont tant de fois outragé nos idoles sacrées. Mais puisque vous avez la glorieuse mission de faire la guerre aux chrétiens, souffrez que je vous fasse connaître sur qui doivent tomber les premiers coups de votre vengeance : avez-vous entendu parler de cette dame orgueilleuse, qui a sept enfants, aussi méchants qu'elle ? Son nom est Félicité, c'est l'oracle des chrétiens, et l'opprobre de la cité : croyez-moi, c'est sur elle et ses enfants, qu'il faut frapper sans miséricorde.

PUBLIUS.

Vos intentions sont les miennes, ô vénérable pontife; depuis longtemps je nourris contre cette famille une haine très-légitime; et c'est sur elle, que nous allons faire éclater le premier feu de la persécution : mes ordres sont donnés; et à l'instant même, elle va paraître devant mon tribunal.

LE PONTIFE.

Grâce à nos dieux, grâce à votre sainte énergie, je vais être témoin du premier acte de justice et de vengeance, que j'attendais depuis longtemps contre les fanatiques chrétiens. (*On amène la mère et les enfants.*)

SCÈNE II

PUBLIUS, LE PONTIFE, FÉLICITÉ et SES ENFANTS.

PUBLIUS.

La voilà donc cette indigne romaine, qui travaille à sa ruine et à celle de ses enfants.

FÉLICITÉ.

Et qui donc vous a dit, ô Publius, que je n'étais pas digne d'être romaine, et que je faisais le malheur de mes enfants? Montrez-moi, de grâce, les taches de mon origine, et les crimes de ma conduite, qui paraît si méprisable à vos yeux. Je n'ai jamais rêvé que a prospérité de l'empire et le bonheur de mes enfants. Le chemin de la gloire et de la vertu, c'est là que j'ai marché et prétends marcher avec mes dignes fils.

LE PONTIFE.

Jusqu'ici, c'est le chemin de la honte que vous avez suivi avec vos enfants, puisque, contre les lois de l'empire, vous avez vécu dans la religion la plus infâme.

FÉLICITÉ.

Et que trouvez-vous de honteux dans le culte et le Dieu que nous honorons? Le culte le plus infâme, je le trouve dans les honneurs que vous rendez à des dieux impudiques, vindicatifs et voleurs.

LE PONTIFE.

Mort, vengeance à l'instant sur cette hideuse créature !.. (*Il sort.*)

SCÈNE III

FÉLICITÉ ET SES ENFANTS, PUBLIUS.

FÉLICITÉ.

La mort, la mort que vous voudrez, c'est ce que je viens vous demander, pour moi et pour tous mes enfants...

LES ENFANTS.

Oui, mourir avec notre mère, c'est là notre bonheur à tous.

PUBLIUS.

Mais, malheureuse femme, si la mort a pour vous tant de charmes, avez-vous le courage de la demander pour vos enfants ?

FÉLICITÉ.

Mes enfants vivront éternellement, si, comme moi, ils refusent de sacrifier à vos idoles; et leur mort serait éternelle, si, en adorant vos dieux, ils se faisaient apostats.

LES ENFANTS.

Oui, la mort la plus barbare, pour la vie éternlnele.

PUBLIUS.

Mais prends donc pitié de ces chers enfants, ô mère cruelle; as-tu le cœur de perdre, à la fleur de l'âge, des jeunes Romains d'une si belle espérance?

LES ENFANTS.

Laissez-nous mourir, ô juge; nous voulons mourir, ô tendre mère !

FÉLICITÉ.

Tes douces paroles, ô Publius, c'est de la barbarie; ta compassion, c'est de l'impiété. Mes fils, portez au ciel vos désirs et vos regards. C'est là que

Jésus-Christ vous attend, avec les saints martyrs : combattez pour vos âmes, et montrez-vous fidèles à son amour.

PUBLIUS.

Soldats, vengez tant d'audace par un légitime soufflet. (*On la soufflette.*)

FÉLICITÉ.

Tenez, voilà l'autre joue ; il est si doux d'être insulté pour le divin Maître.

LES ENFANTS.

Soldats, laissez notre mère ; c'est nous, nous qui voulons être frappés.

PUBLIUS.

Oses-tu bien, mère exécrable, exciter tes fils à mépriser les ordres de mon maître ! Approchez, bien chers enfants ; vous ne serez pas aussi fous que votre mère : quoi de plus facile que d'obéir aux vœux de l'empereur ! Brûlez un peu d'encens en l'honneur de nos dieux, et vous évitez la mort la plus cruelle, et vous devenez les favoris de Marc-Aurèle, et les biens, les honneurs seront votre partage.

LES ENFANTS.

Point d'honneurs, point de salut, s'il faut les acheter par l'apostasie.

PUBLIUS *à Janvier*.

Parle donc, ô Janvier, donne l'exemple à tes

frères, en obéissant le premier aux ordres de l'empereur : si tu te montres docile, je fais grâce à tes frères; sinon, je les fais passer, l'un après l'autre, devant mon tribunal, pour être de là conduits à la mort.

JANVIER.

Et qu'avons-nous à craindre de la mort, nous autres chrétiens? L'exemple que je désire donner à mes frères, c'est de fouler aux pieds vos vaines idoles, et de marcher le premier au trépas.

PUBLIUS.

Qu'on enchaîne cet insolent pour le battre de verges, et le faire mourir à coups de fouets plombés.

JANVIER.

Merci, de ces chaînes et du supplice qui m'est réservé.

FÉLICITÉ, *baisant ses fers.*

Viens, que je t'embrasse, cher captif de Jésus-Christ! sainte victime de son amour!

PUBLIUS.

Et toi, Félix, veux-tu vivre ou mourir?

FÉLIX.

Je veux la mort de mon frère, pour avoir part à son éternel bonheur.

PUBLIUS.

Eh bien, sois enchaîné comme lui, pour être assommé à coups de bâtons.

FÉLIX.

Je te rends grâce, ô juge, de la part que tu viens de me donner!

FÉLICITÉ.

Approche, mon enfant, bientôt Jésus te recevra dans ses divins embrassements. (*Elle l'embrasse.*)

PUBLIUS.

Mais toi, Philippe, seras-tu aussi insensé que tes deux frères? Sacrifie donc aux dieux.

PHILIPPE.

Je ne sacrifie pas à des idoles, qui ne sont ni dieux, ni tout-puissants: un tel crime me précipiterait dans l'éternel malheur.

PUBLIUS.

Va donc te ranger à côté de Félix, pour avoir le même supplice; va te faire embrasser par ta mère cruelle.

FÉLICITÉ.

Sois le bien-venu, mon cher fils; viens, pour être bientôt couronné.

PUBLIUS.

Voyons, sont-ils tous remplis de la même folie?

Parlez, Sylvain et Alexandre, Vital et Martial ; répondez-nous : N'est-il pas vrai que vous désapprouvez la conduite de vos frères ? Quoi donc! se vouer, librement et de gaîté de cœur, à la colère des dieux, et à un opprobre éternel! Sacrifier sa vie, son avenir, sa famille, sa mère, qui vous donna le jour, à un trépas ignominieux! n'est-ce pas le comble de l'aveuglement le plus étrange? Au nom de vos plus chers intérêts, au nom et par l'amour de votre mère, vivez pour son bonheur, et pour le vôtre.

FÉLICITÉ.

Mais non; mourez plutôt, bien chers enfants, si vous m'aimez, si vous vous aimez vous-mêmes : survivre à votre apostasie, serait pour moi un enfer insupportable.

SYLVAIN.

Nous, vivre apostats! jamais, ô tendre mère! jamais, ô juge inique, nous n'achèterons l'existence à ce prix : nous savons quel est, en l'autre vie, le partage des justes et celui des pécheurs; c'est pourquoi nous bravons les lois humaines, qui sont opposées à la loi de notre Dieu.

ALEXANDRE.

Serviteurs de Jésus-Christ, nous le confessons de bouche, et nous l'honorons du fond de notre cœur; nous saurons souffrir pour lui : le trahir, jamais...

VITAL.

A lui seul notre vie, notre amour, nos hommages.

MARTIAL.

Honte à vos divinités, honte à leurs adorateurs, qui seront précipités dans le fond des enfers; gloire à Jésus-Christ, gloire à ses disciples, qui doivent être couronnés dans le ciel.

PUBLIUS.

Infâmes scélérats, nous allons le voir à l'instant, pour qui sera la honte ou la gloire; qu'on les charge aussitôt de chaînes, pour les conduire au trépas; que Sylvain soit précipité du haut des remparts, pendant que les trois autres auront la tête tranchée: tel est l'arrêt irrévocable dicté par l'empereur. Malheur à ses ministres, s'ils ne l'exécutent pas fidèlement.

FÉLICITÉ.

Dieu soit béni, tendres enfants, pour le sort glorieux qu'il vous prépare: ô nobles chaînes, ô liens sacrés, vous menez mes fils au ciel!...

PUBLIUS.

Et toi, mère inhumaine, plus dure qu'une lionne, tu peux te vanter de conduire tes enfants à la mort; car, tu vas les accompagner au supplice, pour être témoin de leurs tortures, et de chacun de leurs trépas. Et, après avoir rassasié tes yeux et ton cœur de mère, tu périras toi-même, pour compléter cette scène d'horreur. Soldats, à l'œuvre ; l'heure a sonné. (*Il sort.*)

SCÈNE IV

FÉLICITÉ et SES ENFANTS, LE CHŒUR.

FÉLICITÉ.

O ciel ! quelle gloire pour une mère, quel bonheur pour des enfants, de marcher ensemble au martyre, de monter à la même heure et triomphalement au ciel !... O Symphorose ! nous allons avoir le même sort !...

LES ENFANTS.

O délices ! ô bonheur ! Dans quelques instants, nous nous embrasserons de nouveau dans la cité des cieux ! O mère fortunée ! vous allez être huit fois martyre ! et nous passons les premiers, pour vous faire préparer les huit couronnes ! (*Ils s'embrassent cordialement,*)

FÉLICITÉ.

Allons, mes chers enfants, courons avec joie, en répétant le chant du triomphe.

LE CHŒUR, *en sortant. Tous :*

Allons, marchons à la gloire. etc.

MARTYRE
DE
SAINT SYMPHORIEN

DRAME EN TROIS ACTES

A L'USAGE DES

COLLÉGES, PETITS SÉMINAIRES ET AUTRES MAISONS D'ÉDUCATION

Par M. l'Abbé J***

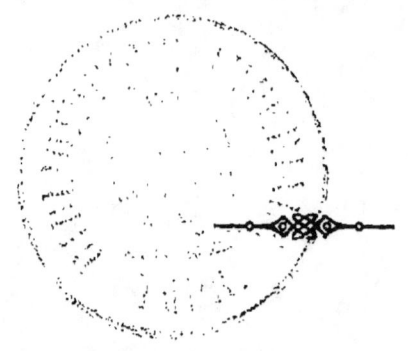

LYON

P. N. JOSSERAND, LIBRAIRE-EDITEUR

PLACE BELLECOUR, 3

1867

(TOUS DROITS RÉSERVÉS)

Besançon. — Imprimerie d'Outhenin Chalandre fils.

HISTORIQUE

Sous l'empereur Marc-Aurèle, vers l'an 177, le feu de la persécution, qui s'était quelque temps ralenti depuis le miracle de la légion fulminante, se ranima avec une nouvelle fureur, surtout dans les Gaules. Et pendant que saint Pothin avec d'autre martyrs illustraient la ville de Lyon par l'effusion de leur sang, le jeune Symphorien se distinguait à Autun par la gloire de son martyre. Issu d'une des première familles de la ville et ayant reçu une brillante éducation, ce jeune et intrépide chrétien ne put s'empêcher de témoigner publiquement son mépris pour le culte des idoles, dans une procession solennelle qu'on faisait en l'honneur de Cybèle, la mère des dieux. C'est pourquoi il fut dénoncé et traîné devant le tribunal du proconsul Héraclius, qui le condamna à avoir la tête tranchée. Il marcha courageusement au supplice, pendant que sa mère l'exhortait par ses paroles.

PERSONNAGES

HÉRACLIUS, proconsul.
Son officier.
Son ministre.
SYMPHORIEN.
Sa mère.
Chœurs.

MARTYRE

DE

SAINT SYMPHORIEN

DRAME EN TROIS ACTES

PREMIER ACTE

SCÈNE I

Héraclius et les siens réunis pour une fête en l'honneur de Cybèle.

HÉRACLIUS, LE PONTIFE, UN SERVITEUR, CHŒUR.

CHŒUR PAÏEN.
(Air n° 21, tiré d'*Agapit*.)

Gaulois, à cette aimable fête,
Hâtez-vous d'accourir :
A la bénir que tout s'empresse ;
Hâtez-vous d'accourir.
Un même cœur doit tous nous réunir

LE PONTIFE.

SOLO.

O toi, déesse secourable,
Toujours accueille notre encens ;

Montre-toi toujours favorable
Aux vœux de tes propres enfants.

CHŒUR.

Gaulois, etc.

HÉRACLIUS.

C'est bien, enfants des Gaules, d'être dévoués aux dieux et aux fêtes de l'empire : vous êtes les dignes sujets de Rome. Que la puissante Cybèle, qui nous réunit en ce lieu, daigne exaucer nos vœux et nos prières. Oui, n'ayons tous qu'un cœur et qu'une âme, surtout quand il s'agit d'honorer les divinités du Capitole.

LE PONTIFE.

Faut-il, ô Héraclius, que cette noble terre soit souillée par un culte barbare et étranger? Faut-il que nous ayons encore ici des adorateurs d'un homme crucifié? et pendant que nous mêlons nos cœurs et nos voix, pour célébrer nos belles fêtes, vous trouverez ces insensés tristement courbés devant la croix, maudissant nos dieux et nos solennités !

UN SERVITEUR.

Si encore ils cachaient leur impiété ; mais c'est en public et à la face du ciel, qu'ils jettent le ridicule sur le culte de nos dieux.

HÉRACLIUS.

Eh ! bien parlez ; faites-moi connaître ces profanateurs audacieux. Je fus envoyé dans ces contrées, pour soutenir également et la gloire de l'empire, et l'honneur de nos dieux : je n'ai jamais été, je ne serai point infidèle à ma mission. J'aimerais bien mieux n'avoir que des récompenses à distribuer ; mais j'ai le glaive en main et je saurai châtier les infidèles. A vous de me les dénoncer, à moi de les punir.

LE SERVITEUR.

C'est étonnant, ô maître, que depuis votre séjour en ces lieux, vous n'ayez pas entendu parler du jeune orgueilleux, qui cherche à fanatiser les paisibles citoyens de cette ville. C'est une fureur chez lui, pour blasphémer contre la puissance de nos dieux, et pour multiplier les partisans de sa secte.

LE PONTIFE.

Plusieurs fois, hélas ! je l'ai vu de mes yeux, entendu de mes oreilles, se faisant un jeu de nos cérémonies les plus saintes...

LE SERVITEUR.

Aujourd'hui encore, ne l'a-t-on pas vu se moquer publiquement de la procession de Cybèle ? Ne serait-il pas temps de mettre un frein à son audace ?...

HÉRACLIUS.

Quel est son nom ? — Symphorien. — Allez, qu'il paraisse à l'instant, devant mon tribunal, ou plutôt, je veux lui parler d'abord en secret. Allez, dites-lui que je l'attends. (*Ils sortent tous les deux.*)

SCÈNE II

HÉRACLIUS, se promenant.

Symphorien ! l'un des premiers jeunes gens de la cité ! lui, glorieux membre d'une famille illustre ! lui dont on m'a vanté tant de fois l'esprit ! lui en qui j'ai remarqué moi-même tant de brillantes qualités ! Symphorien ! qui serait chaud partisan du Christ ? la chose est trop forte pour être croyable. Mais le voici, je crois ; nous allons sonder son cœur. (*Il entre.*)

SCÈNE III

HÉRACLIUS, SYMPHORIEN.

HÉRACLIUS.

Eh ! bien, jeune homme, j'apprends du nouveau sur votre compte ! est-il donc vrai, que vous viendriez souiller l'éclat de votre origine et de vos vertus, en vous enrôlant sous les drapeaux du Christ, et en désertant nos saints oriflammes ? est-il donc vrai, que dans la fête de Cybèle, vous auriez outragé cette puissante mère des dieux ?...

SYMPHORIEN.

Depuis longtemps, je suis chrétien, et je me glorifie de l'être : c'est vraiment étonnant que vous ne le sachiez qu'aujourd'hui : car c'est en plein jour et non dans les ténèbres, que je professe hautement ma religion. Il n'y que les voleurs et les scélérats qui cherchent à se cacher; les chrétiens sont des hommes qui peuvent marcher à front découvert. En trouvez-vous beaucoup dans la liste des criminels? sommes-nous les derniers sur les champs de batailles? Et qui donc a sauvé dernièrement les armées de l'empire? Auriez-vous déjà oublié les pieux héros de la légion fulminante? Sachez donc, ô proconsul, que les Gaulois chrétiens, aussi bien que les chrétiens de Rome, n'ont pas à rougir de leur conduite ni de leurs croyances religieuses. Nous rougirions sans doute de fléchir le genou devant des idoles muettes, devant des divinités impures ; mais nous avons droit de nous glorifier d'être au service du Roi des rois, d'adorer le créateur du ciel et de la terre, le Dieu de toute sainteté, qui n'a que des vertus, sans avoir aucun vice.

HÉRACLIUS.

Ce n'est pas le moment de venir pérorer avec orgueil; garde pour toi et les tiens, tes discours fanatiques... Veux-tu en deux mots, renoncer à ton Dieu, pour honorer les nôtres? Dans un cas c'est la vie; dans l'autre, c'est la mort; la chose en vaut la peine pour en faire le sujet de tes méditations.

SYMPHORIEN.

On voit bien, Héraclius, que vous ne connaissez guère les chrétiens. Chez nous, on ne balance pas un seul instant entre la vie et la mort, quand on nous demande d'apostasier : quoi ! quand nos jeunes vierges, nos enfants et nos vieillards courent gaiement au supplice, plutôt que d'être parjures à leurs serments, vous penseriez effrayer Symphorien, faire trembler un jeune homme dans la force de l'âge et la vigueur de la santé ?

HÉRACLIUS.

Je sais bien que tu peux affronter la mort : mais est-il possible de briser un si brillant avenir ? avec la position et l'éducation dont tu jouis dans le monde, tu n'as qu'à vouloir, et je te fais entrer dans le chemin de l'honneur : quel grade veux-tu dans la magistrature ou dans l'armée ? tu n'as qu'à parler, et dans un instant, tu te trouves au faîte de la gloire. Rome ou Lyon, sera pour toi, quand tu voudras le théâtre d'une brillante existence. Dès ce moment, je puis t'ouvrir l'entrée de la cour, si tu te montres digne des dieux du Capitole.

SYMPHORIEN.

Que sont pour moi toutes les dignités de l'empire? toute la gloire de Symphorien c'est de vivre et de mourir chrétien. Gardez pour d'autres vos honneurs et vos couronnes; la seule chose que j'ambitionne, c'est la palme du martyre.

HÉRACLIUS.

Tu te repentiras, jeune homme, de rejeter ainsi de pareilles propositions. Mais je vais te laisser quelques instants; je pense que le bandeau funeste, qui te fascine les yeux, tombera devant l'évidence et le bon sens.

SYMPHORIEN.

Vous pouvez rentrer quand vous voudrez, vous ne trouverez pas le moindre changement dans mes convictions. (*Héraclius sort.*)

SCÈNE IV

SYMPHORIEN, il chante.

SOLO.

(Air n° 11, tiré d'*Athalie*.)

Avant que d'oublier mes serments solennels,
   L'astre du jour n'aura plus de lumière;
  Avant d'encenser leurs vains autels,
On verra les poissons habiter sur la terre. (*bis*.)

REFRAIN.

Le Dieu que j'ai choisi est le Dieu des combats;
    Non, non, il ne souffrira pas
   Qu'en ce jour jamais je faiblisse.

FIN DU PREMIER ACTE.

DEUXIÈME ACTE

SCÈNE I

SYMPHORIEN.

Non, Seigneur, ce n'est point l'orgueil, c'est ma foi, c'est ma confiance en vous qui m'inspire autant d'audace. O ma mère, qui m'avez tant de fois parlé de la gloire des martyrs, quelle heureuse nouvelle quand je vous dirai que je suis appelé dans la lice! (*Elle entre avec sa suite.*)

SCÈNE II

SYMPHORIEN ET SA MÈRE.

SYMPHORIEN.

(*S'adressant à sa mère.*) Je pensais à vous, aimable mère; et Dieu vous amène ici... Jamais je n'avais tant désiré de vous voir et de vous embrasser!... (*Il l'embrasse.*)

LA MÈRE.

Mais pourquoi, mon cher fils, ce sourire plus gracieux qui brille sur ton front, cet air triomphant, cette sainte ardeur que je trouve sur tes traits? Quel est donc l'objet de ce vif enthousiasme dont tu me parais tout rempli?...

SYMPHORIEN.

O la sainte! ô l'heureuse nouvelle, qui va faire palpiter votre cœur de plaisir! Vous me donnâtes à Dieu, dès mon enfance; et en ce jour, ce Dieu de bonté qui s'est toujours plu à m'environner de faveurs, va mettre le comble à ses bienfaits, en m'appelant à lui, dans le séjour de la gloire! Je vais être martyr, ô ma mère! quel bonheur pour tous les deux! Souvent vous m'aviez entretenu de la mort héroïque de tant de chrétiens, qui versent leur sang pour Jésus-Christ, vous me parliez des enfants de Symphorose et de Félicité. Dernièrement encore, c'étaient les jeunes héros de Lyon, qui faisaient le sujet de notre conversation. Eh! bien, ma mère, cette grâce insigne, Dieu paraît vouloir me l'accorder en ce saint jour! Je viens de comparaître devant le proconsul; et les choses se sont passées de manière à ce que j'aurai mérité la gloire du martyre!

LA MÈRE.

Tant mieux, mon fils chéri! si Dieu vous appelle à combattre pour lui; c'est preuve que vous êtes digne à ses yeux de soutenir sa gloire, digne d'aller régner parmi ceux qui lavèrent leur robe dans le sang de l'agneau! Je vous aimais toujours, mon tendre fils; mais vous m'êtes mille fois plus cher, depuis que Jésus-Christ vous a choisi pour être son soldat et son témoin royal. O jour heureux! ô fils, ô mère fortunée! laisez-moi coller mes lèvres sur cette bouche qui va confesser le divin Maître, mon cœur, sur ce cœur qui va être immolé pour Jésus-Christ! (*Ils s'embrassent.*)

Souvenez-vous donc, ô mon enfant, d'être fidèle à Dieu, jusqu'au dernier soupir. Les tyrans feront tous leurs efforts pour amollir votre courage; mais je compte que vous saurez combattre et triompher. Avec Jésus, votre chef, Marie, votre reine, les saints, votre secours, l'ange gardien votre fidèle guide, la foi, votre bouclier, la prière, votre égide, qu'avez-vous à craindre, et que peuvent-ils contre vous?...

SYMPHORIEN.

Je sais bien, ô ma mère, que de moi-même je ne puis rien; mais je me sens fort par l'appui de vos prières, et la protection du ciel : aussi, loin de faiblir devant le proconsul, je lui ai répondu avec une sainte audace; et plus il multipliait ses promesses et ses menaces, plus grandissaient mon courage et ma confiance au Seigneur. Je vais donc combattre, mourir pour lui, avec l'assurance qu'il me soutiendra jusqu'à la fin.

LA MÈRE.

O Dieu! qui étiez dans la fosse avec Daniel, avec les enfants dans la fournaise, avec tant de martyrs dans les tourments! guidez mon fils dans la lutte suprême qu'il va soutenir pour vous. Allez, heureux enfant; montrez-vous toujours digne de moi, digne du Dieu que vous servez, digne de la palme que vous allez remporter.

SYMPHORIEN.

Ne craignez pas, ô ma mère, pour votre Symphorien; vous l'avez trop bien formé pour les combats du Seigneur. Et si je ne puis vous avoir à mes derniers moments; et si je monte le premier vers le royaume divin, je vous tendrai les bras, ô tendre mère, pour vous arracher à cette terre barbare, et vous faire couronner dans le ciel. Adieu! ma mère, à bientôt dans la patrie.

LA MÈRE.

Adieu! mon fils, adieu! jusqu'en paradis! (*Elle sort.*)

SCÈNE III

SYMPHORIEN.

PREMIER SOLO.

(Air n° 18 : *Descends des cieux*, etc.)

O Dieu! soutiens et le fils et la mère,
Tu nous sépares pour nous réunir;
Ne laisse plus, dans cette triste terre,
La mère que j'aimais; fais-là bientôt mourir. (*bis.*)

DEUXIÈME SOLO.

Quand, pour le ciel, j'aurai quitté la terre,
Quand j'aurai vu la Mère des élus,
Je lui dirai : Souviens-toi de ma mère,
Appelle-la bientôt près de son doux Jésus. (*bis.*)

FIN DU DEUXIÈME ACTE.

TROISIÈME ACTE

SCÈNE I

SYMPHORIEN seul.

Plus je pense au martyre, plus je sens que mon âme brûle d'un feu tout divin. Non, Seigneur, je n'avais pas mérité tant de gloire, mais ce qui me console, c'est qu'une fois dans le ciel, j'aurai toute l'éternité pour vous bénir. C'est de bon cœur que je laisse la terre, cet exil de douleur, cette vallée de larmes, cette Babylone corruptrice et corrompue. Je n'ai qu'un regret, c'est de quitter la mère généreuse qui me donna le jour, et qui mit toujours son plaisir à faire mon bonheur. Mais du moins, j'aurai de plus avec vous, ô divin Jésus, ce nouveau trait de ressemblance; car vous aussi, vous laissâtes ici-bas votre Mère, en montant triomphant vers le ciel.

Toutefois, ô bon Maître, j'espère que vous ne tarderez pas de l'appeler dans votre royaume ; c'est la dernière grâce que j'attends de votre miséricorde infinie ; vous l'accorderez, je pense, à la voix de mon sang, qui va couler pour vous.

(*Il chante*) Quand pour le ciel, etc., p. 16.

SCÈNE II

HÉRACLIUS, SYMPHORIEN.

HÉRACLIUS *entre*.

Et maintenant, Symphorien, tu auras, je pense, ouvert les yeux... tes pensées, tes paroles ne seront plus celles d'un insensé...

SYMPHORIEN.

Et plût au Ciel, Héraclius, que la folie des chrétiens fût plus commune dans le monde ; le vice y serait plus rare et la vertu plus abondante. Je l'aime cette folie, qui produit la seule et véritable sagesse ; voilà pourquoi vous trouverez toujours dans moi le même insensé, toujours les mêmes sentiments, toujours la même foi et la même religion. Plus j'ai réfléchi sur vos paroles, depuis que vous m'avez quitté, et plus en effet mes yeux se sont ouverts sur la beauté du culte chrétien et sur la laideur du vôtre ; sur la puissance de mon Dieu, sur la faiblesse des vôtres ; sur la gloire que je vais trouver dans le martyre, et sur l'opprobre qui suivrait mon apostasie ; sur le bonheur des enfants de Dieu en l'autre monde, et sur les tourments réservés aux infidèles. Je n'ai donc pas changé d'un iota, et personne au monde n'opérera en moi le moindre changement.

HÉRACLIUS.

Mais quel mal pouvez-vous trouver à prendre part à nos sacrifices ? Votre Dieu est-il donc un Dieu si jaloux ? Est-il donc assez cruel, pour vous imposer une morale si sévère, et de si étranges croyances ? Vous nous dites que c'est lui qui vous a créés et vous conserve : et quel est donc son amour pour vous ? Ne vous défend-il pas de jouir des plaisirs et des biens de la vie présente dans l'attente de je ne sais quel bonheur à venir ?

SYMPHORIEN.

On voit bien, Héraclius, que vous ne connaissez pas le Dieu des chrétiens : si vous saviez comme il est bon, doux, miséricordieux ! Oui, c'est lui qui nous donna la vie, et lui seul la conserve. Pour nous, il a fait la terre et les cieux, le soleil et la lune, les oiseaux qui voltigent dans l'air, les poissons qui se jouent dans l'onde. Pour nous, il a créé des milliers d'animaux, depuis l'éléphant jusqu'au petit insecte qui rampe à nos pieds. Pour nous, il charge les arbres de fleurs et de fruits, il donne à nos champs leurs brillantes moissons, à nos prés leur tapis de verdure, à toute la nature enfin sa riche fécondité. Mais en créant toute chose pour nous, il nous a faits pour lui-même, pour une éternité de bonheur, et non pas pour des dieux de pierre ou de bois, ni pour cette vie présente si courte et si méprisable. Voilà pourquoi, il nous a créés à son image et à sa ressemblance, avec une âme capable de le connaître, de l'aimer, de le servir, pour le posséder un jour dans son royaume. Voilà pourquoi, il ne veut pas que nous vivions en bêtes, mais en hommes, mais en véritables enfants de Dieu. Ne comprenez-vous pas, Héraclius, que Dieu étant notre principe et notre fin dernière, nous devons nous attacher à lui, et non point à la créature, et encore moins à de vaines idoles, dont le culte est incompatible avec le culte dû au seul vrai Dieu? Vous voyez en quel sens le Dieu que nous servons est justement jaloux des hommages de notre cœur : c'est son amour pour nous qui le porte à nous défendre ce qu'il y aurait de nuisible dans les choses de ce monde, tout en nous en permettant le légitime usage, sans en abuser à notre détriment. Car chez nous, Héraclius, le bonheur consiste dans la jouissance et non dans l'abus des dons célestes.

HÉRACLIUS.

Tu commences, jeune homme, par me briser la tête, avec tes discours confus et interminables. Il s'agit bien de venir me prêcher tes doctrines absurdes ! Si encore, tu me parlais de nos puissantes et immortelles divinités, je pourrais te prêter une oreille attentive...

SYMPHORIEN.

Mais quoi! ô proconsul, est-ce sérieusement que vous attribuez à vos dieux la puissance et l'immortalité? Donnez-moi le plus fameux d'entre eux; s'il est comme les autres, de pierre ou de bois, je me charge de le briser à vos yeux, et de le faire voler en éclats. Et quelle est d'ailleurs l'histoire de vos prétendues divinités? Que fut votre Apollon, l'un de vos illustres dieux? Il porta la houlette, et marchait à la suite d'un vil troupeau. Et Diane, que vous appelez la mère des Dieux? Qui ne sait qu'on la nommait le démon du Midi? Et votre brillante Vénus? N'est-ce pas le symbole du plus honteux des vices? Et votre grand et incomparable Jupiter? Ne mit-il pas sa puissance à semer autour de lui la haine et la vengeance, la guerre et l'homicide? Je ne vois dans tous vos dieux que des monstres dénaturés, ou une foule de démons incarnés, qui sont sortis des enfers pour venir corrompre le genre humain. Non, non, jamais vos dieux n'auront le moindre hommage de mon cœur.

HÉRACLIUS.

Infâme scélérat! est-ce ainsi que tu te plais à irriter ma colère? Penses-tu vomir impunément contre nos dieux l'outrage et le blasphème? Non, non, ce n'est pas en vain que Héraclius tient dans les mains la puissance et le glaive vengeur ; si j'aime à récompenser les fidèles sujets de l'empire, je mets mon plaisir à punir, selon qu'ils le méritent, les hommes rebelles et profanateurs. Jusqu'ici j'avais trouvé plus d'une tête fanatique dans la secte chrétienne, mais je n'en avais pas vu de semblable à la tienne. C'est pourquoi, je me charge de te faire châtier en conséquence! Licteurs, saisissez à l'instant ce jeune audacieux ; et pour premier supplice, qu'on le batte violemment de verges.

SYMPHORIEN, *pendant qu'on le mène à la colonne.*

Et pourquoi, Héraclius, me faire attendre depuis si longtemps un genre de torture, que je désirais avec tant d'ardeur, et que j'aurai de commun avec mon divin Maître? Ne crains donc pas d'exciter contre moi la colère de tes licteurs ; j'ai les épaules assez fortes pour supporter leurs coups, j'ai de plus pour moi la force de mon Dieu, qui ne manque jamais à ceux qui combattent pour lui.

SCÈNE III

HÉRACLIUS seul.

Je ne sais vraiment ce qu'il y a dans le cœur de ces chrétiens ; mais ils sont plus durs que des rochers, plus solides que des montagnes ; surtout quand ils viennent de manger je ne sais quel pain mystérieux, qui leur donne la force du lion. C'est en vain que j'ai cherché à ébranler le jeune Symphorien par des promesses et des menaces réitérées, je n'ai fait que ranimer son courage et irriter sa bouillante ardeur.

SCÈNE IV

UN SERVITEUR, HÉRACLIUS.

UN SERVITEUR, *entrant.*

Vos ordres, seigneur, viennent d'être exécutés sur la personne du jeune Symphorien ; il a subi le supplice de la flagellation avec un courage vraiment inconcevable : c'est moins un homme qu'un lion, tant il paraît intrépide sous les coups des licteurs. Le Dieu qu'il invoque semble véritablement multiplier ses forces.

HÉRACLIUS.

Allez, qu'on le fasse de nouveau paraître en ma présence : mais je crois qu'on le ramène; le voici ce fanatique insensé !

SCÈNE V

HÉRACLIUS, SYMPHORIEN.

HÉRACLIUS, *s'adressant à Symphorien.*

Eh! bien, jeune héros, seras-tu content de ta

nouvelle campagne? Sont-ils beaux et glorieux les lauriers de ta victoire?

SYMPHORIEN.

Jamais, ô lâche ministre, tu ne gagnas, sur les champs de bataille, des lauriers semblables aux miens! Chaque coup, chaque blessure ont été pour moi autant de perles précieuses, qui orneront ma tête et mon corps pendant l'éternité! Qu'est-ce que le soldat vainqueur vis-à-vis l'athlète chrétien, qui triomphant au milieu des tortures, se voit couronné de la main des anges?

HÉRACLIUS.

Si souffrir et mourir de la façon la plus honteuse, c'est une gloire à tes yeux, nous allons sur le champ immortaliser ta mémoire, et les siècles futurs apprendront que l'illustre Symphorien versa son sang pour le Dieu crucifié! Tu n'as que trop lassé ma patience; il est temps d'imposer un frein à ton orgueil audacieux. Veux-tu, oui ou non, sacrifier à nos dieux, ou bien faire tomber ta tête aux pieds de Cybèle? Ce ne sont pas de vains discours, c'est une réponse que j'attends.

SYMPHORIEN.

Depuis longtemps, tu sais ma réponse et les sentiments de mon cœur : je ne connais que le Dieu tout-puissant, qui m'a donné l'être et la vie; je ne crains et n'adore que lui. Pour le moment présent, mon corps est à toi ; mais mon cœur et mon âme sont à Jésus-Christ, qui saura me ressusciter un jour. J'abhorres tes dieux et tes déesses : je mets toute ma gloire à souffrir, à mourir pour le Dieu des chrétiens ; et c'est par là que j'espère acquérir une gloire immortelle, aux yeux des anges et des hommes à venir.

HÉRACLIUS.

Au nom des dieux et de la loi, nous déclarons Symphorien coupable du crime de lèse-majesté divine et humaine, soit pour avoir outragé les divinités de l'empire, soit pour avoir refusé de leur sacrifier ; en foi de quoi, nous le condamnons à périr sous le glaive vengeur.

SYMPHORIEN.

Au nom du seul Dieu de mon cœur, je me soumets avec joie à l'arrêt que tu viens de porter contre moi : puisse-t-il être promptement exécuté, pour que je puisse m'envoler aussitôt dans le séjour de la gloire !

HÉRACLIUS.

Partez, ministres ; traînez-le sur le champ vers 1 lieu du supplice. (*Il sort.*)

SCÈNE VI

SYMPHORIEN.

Je n'ai pas besoin qu'on me traîne, je suis prêt à marcher, à voler de plaisir vers le théâtre du triomphe ! O bonheur ! ô fils, ô mère fortunés !

SCÈNE VII

LA MÈRE DE SYMPHORIEN.

Elle paraît rapidement et disparaît de même, en lui criant de loin :

Mon fils, Symphorien, mon tendre fils, souvenez-vous du Dieu vivant ; montrez votre courage et votre foi. Pourriez-vous craindre une mort qui conduit sûrement à la vie ? Pour ne pas regretter la terre, portez vos regards vers le ciel et méprisez des tourments qui durent si peu. Si vous avez de la constance, ils vont être changés en une félicité éternelle ! Quel échange, ô mon fils ! quel suave bonheur ! Ne craignez pas le glaive, qui doit être l'instrument de votre triomphe : regardez la couronne... entendez les martyrs qui vous encouragent au combat et à la victoire... encore quelques instants, et votre âme aura été reçue dans la tribu céleste... Mon fils, Symphorien, mon fils !!! (*Ces dernières paroles semblent se perdre dans le lointain.*)

SCÈNE VIII

HÉRACLIUS et sa suite, LE CHOEUR.

HÉRACLIUS.

Ainsi nous saurons châtier les vils contempteurs de nos dieux. Et que deviendrait la gloire de l'empire, si nous laissions pulluler en tout lieu, la race impure des chrétiens? Mais nous saurons couper, tailler sans miséricorde ; nous saurons en extirper jusqu'aux derniers rejetons. Mort, honte au ministre des Césars qui serait infidèle à sa mission.

UN SERVITEUR.

Nous sommes prêts, seigneur, à seconder votre zèle : notre glaive est avide du sang chrétien, et il ne demande qu'à trancher des têtes rebelles à la patrie. Vous n'avez qu'à commander et vous serez en tout obéi.

HÉRACLIUS.

Je lis, sur tous vos fronts, l'ardeur de la sainte guerre ; et j'aime à vous entendre chanter l'air des combats. (*Ils chantent.*)

CHŒUR PAÏEN.

(Air n° 13, tiré d'*Agapit*.)

Guerre au Christ, guerre aux chrétiens,
Guerre à cette race immonde,
Qui souille la terre et l'onde :
Guerre au Christ, guerre aux chrétiens, (*en sortant.*)

SCÈNE IX

LA MÈRE DE SYMPHORIEN, LE CHŒUR.

LA MÈRE, *suivie de jeunes chrétiens.*

L'immolation est faite ! ta chère tête, ô Symphorien, vient de tomber sous le glaive meurtrier !... En voyant jaillir ton sang qui est le mien, j'allais pleurer, mon fils, quand j'ai vu ton âme s'envolant triomphalement vers le ciel. Et maintenant encore, je t'aperçois tout brillant de gloire, parmi les bataillons qui environnent le trône de l'Agneau ! Repose donc, ô mon fils, repose en paix dans le sein de la félicité suprême ! Règne au plus haut des cieux, et n'oublie pas de venir bientôt chercher ta mère ! Pourquoi donc pleurer, en ce jour, mes jeunes amis ? Ne devons-nous pas plutôt nous réjouir, et tressaillir d'allégresse, chanter tous en chœur le triomphe du jeune martyr ?

CHŒUR CHRÉTIEN. (*La mère.*)

(Air n° 27 : *D'un cœur plongé dans la tristesse*, etc.)

SOLO.

Chantons, ô famille chérie,
Chantons du martyr les combats ;
Il est au sein de la patrie,
Marchons et volons sur ses pas :
Il a remporté la victoire,
Et il a vaincu les tyrans.
Voulons-nous acquérir sa gloire ?
Soyons soldats et conquérants.

DUO.

Non, non, ne nous délaisse pas,
Tu veilleras sur nous du haut de la patrie ;
Et parmi tant d'affreux combats,
Aime, guide toujours ta famille chérie.

CHŒUR.

Triomphe donc, jeune héros !
Nous chantons tous en chœur tes combats et ta gloire.
Triomphe donc, jeune héros,
Tire-nous de ces lieux, au sein de la victoire.

FIN.

MARTYRE

DE

SAINTE PERPÉTUE

ET DE SES COMPAGNONS

DRAME EN TROIS ACTES

à l'usage des Etablissements ou des Maisons d'éducation

PAR M. L'ABBÉ J***

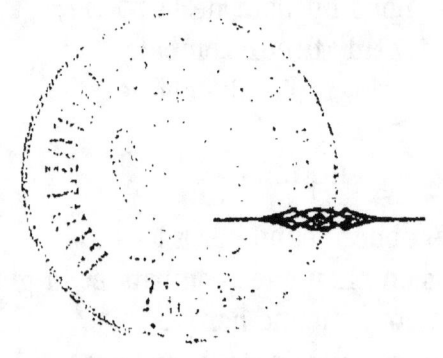

LYON

P. N. JOSSERAND, LIBRAIRE-ÉDITEUR

PLACE BELLECOUR, 3

1867

(Tous droits réservés)

Besançon. — Imprimerie d'Outhenin Chalandre fils.

HISTORIQUE

La persécution allumée par l'empereur Sévère, ayant étendu ses ravages en Afrique, on arrêta à Carthage, en 203, cinq jeunes catéchumènes : Perpétue, Félicité, Révocat, Saturnin, Secondule. Instruits par Sature, ils reçurent le baptême dans la prison, où ils furent consolés par plusieurs visions. Après quelques interrogatoires, ils furent condamnés aux bêtes, et reçurent le dernier coup de la main des gladiateurs. Ces deux jeunes femmes laissèrent deux petits enfants, issus de leur mariage. Félicité était une esclave chrétienne, mais Perpétue sortait d'une illustre famille, et elle eut plus à souffrir de la part de son père païen, que de la fureur des bourreaux. Cependant elle remporta, avec ses compagnons, la plus éclatante des victoires, qui est celle du martyre.

PERSONNAGES

PERPÉTUE, jeune femme de vingt-deux ans.
FÉLICITÉ, esclave chrétienne.
RÉVOCAT, SATURNIN, SECONDULE, jeunes chrétiens.
SATURE, instituteur des chrétiens, et frère de Saturnin.
PUDENS, géolier.
SATURNIN, proconsul.
HILARIEN, procureur.
Le père de Perpétue.
Le pontife païen.
Les soldats et les ministres.

MARTYRE
DE SAINTE PERPÉTUE

ET

DE SES COMPAGNONS

DRAME EN TROIS ACTES

PREMIER ACTE

SCÈNE I

PERPÉTUE, FÉLICITÉ.

PERPÉTUE.

Je ne sais ce qui se passe dans le fond de mon âme ; mais depuis quelque temps, je me sens intimement portée vers la religion du Christ, que mon père poursuit de sa haine, mais que ma mère pratique avec tant de bonheur. Plus on m'en dit du mal, plus je la vois calomniée, persécutée, plus j'aime son culte et ses augustes cérémonies ; plus j'éprouve du dégoût pour les fêtes païennes. Quelle religion que celle qui enfante tant de généreux martyrs ! Quel Dieu que celui qui inspire tant de courage à ses enfants ! Qu'ont gagné les empereurs de Rome, en couvrant le monde du sang des chrétiens ? Ils n'ont fait qu'en multiplier le nombre ; et après tant d'horribles persécutions, ce n'est pas le culte chrétien, c'est le culte des idoles, qui croule de toute part avec la puissance de l'empire romain. O Dieu que j'aime, sans vous connaître encore, refuserez-vous de faire de moi une chrétienne ? et l'enfant que je nourris de mon lait, ne serait-il pas votre enfant ?

FÉLICITÉ.

Me voici, noble dame, car on m'a dit que vous m'appeliez.

PERPÉTUE.

Oui, Félicité, je suis bien aise de passer quelques instants avec toi. Depuis que je te connais, bien que tu ne sois pas de ma condition, j'éprouve pour toi des sentiments favorables : je trouve dans tes yeux, dans ta voix, dans ton langage, je ne sais quoi qui mériterait un meilleur sort.

FÉLICITÉ.

Je suis contente, illustre dame, de la position que le destin m'a faite dans le monde ; l'esclave vit heureux, quand il vit irréprochable. Je n'aurais qu'une seule ambition, ce serait de devenir chrétienne ; car depuis quelques jours la religion du Christ me captive et m'entraîne. On dit d'ailleurs qu'en se faisant chrétien, on échappe à l'esclavage du péché, pour devenir l'enfant libre du père éternel. Et comment ne pas aimer la religion chrétienne, puisque les enfants eux-mêmes ne peuvent s'empêcher de l'aimer ?

PERPÉTUE.

J'admire, ô Félicité, la franchise de tes nobles sentiments : mais puisque tu me parles d'enfants que tu connais, voudrais-tu bien les aller chercher un instant; le bonheur de ma vie, c'est de causer avec eux ; j'aime leur candeur, leur innocence.

FÉLICITÉ.

Ces charmants enfants, Madame, ne doivent pas vous être inconnus; c'est Saturnin, Secondule et Révocat, qui sérieusement désirent se faire chrétiens.

PERPÉTUE.

Je crois en effet les avoir vus passer plus d'une fois dans la ville : je me souviens même de leur joyeuse mine et de leurs nobles traits : va donc les appeler; je vous attends en ce lieu.

FÉLICITÉ.

J'y cours, Madame, et dans un instant, nous serons à vous. *(Elle sort.)*

SCÈNE II

PERPÉTUE.

Quelle est donc cette religion du Christ, puisque tout le monde, et jusqu'aux enfants, éprouve pour elle un attrait irrésistible? Or cependant au lieu de favoriser les passions, sa doctrine est pleine de sévérités et de mystères inconcevables; et d'un autre côté, voilà plusieurs siècles que les grands du monde, au lieu de la favoriser, lui font une guerre incessante. Quelles sont d'ailleurs les promesses que cette religion fait à ses enfants? Elle promet, dit-on, le bonheur en l'autre vie; mais ne demandez pas les biens, les plaisirs, les honneurs en ce monde; elle ne vous parlera que de la pauvreté, de l'humiliation et de la souffrance; et cependant tout court après cette religion, tout cherche à se faire chrétien, et d'un jour à l'autre la solitude se fait dans les temples païens. (*Félicité entre avec les enfants.*)

SCÈNE III

PERPÉTUE, LES ENFANTS, FÉLICITÉ.

PERPÉTUE, *parlant aux enfants.*

Vous voilà, chers enfants; approchez et parlez

en toute confiance, car vous n'avez rien à craindre en ce lieu : j'ai su avec plaisir que des sentiments généreux vous unissaient ensemble, et parce que j'espère trouver dans votre cœur les pensées de mon âme, je suis bien aise de m'entretenir un instant avec vous. Est-il donc vrai que vous avez formé le noble dessein d'embrasser la religion du Christ ? répondez, sans nulle crainte; car moi aussi, je soupire après le même bonheur.

SATURNIN.

On ne vous a pas trompée, très-noble dame, sur les sentiments de notre cœur : depuis assez longtemps nous avons conçu, nous nourrissons la pensée de nous faire chrétiens.

SECONDULE.

Il y a dans le paganisme tant d'abominations et de cruautés.

RÉVOCAT.

Nous trouvons parmi les disciples de Jésus-Christ tant de vertus et de courage.

FÉLICITÉ.

Ils s'aiment comme des frères, ils vivent comme des anges et meurent avec la force du lion, avec la douceur de l'agneau.

PERPÉTUE.

Oui, chers enfants, gloire au Dieu des chrétiens;

puisse-t-il bientôt devenir notre Dieu; mais qui nous le fera connaître? qui nous enseignera sa céleste doctrine?

SATURNIN.

Sature, mon frère, a déjà commencé, et il continuera de nous éclairer dans les voies du salut; car il a pu trouver des ministres chrétiens, qui lui ont donné la doctrine et le baptême de Jésus-Christ; pour vous, bonne dame, il aura des livres qui vous initieront dans les secrets de la religion chrétienne.

PERPÉTUE.

Travaillons, chers enfants, à acquérir promptement cette science qui doit être si belle, si importante, puisqu'elle donne la connaissance et la possession du bonheur éternel; moi aussi je trouverai dans le sein de ma famille une voix amie qui m'a déjà parlé et me parlera encore de la religion de Jésus-Christ. Toutefois, bien chers amis, pour vous comme pour moi, la chose ne sera pas sans danger; car vous savez la fureur de nos maîtres contre les chrétiens.

SECONDULE.

Nous ne l'ignorons pas, noble dame, nous savons qu'on traite les chrétiens comme des bêtes féroces, qu'on n'épargne ni l'enfant ni le vieillard; et c'est pour cela que nous avons caché notre projet, sans oser le mettre à exécution.

PERPÉTUE.

Sans doute, chers enfants, l'imprudence est un mal; mais la lâcheté et la faiblesse sont un mal plus grand encore. Et pourquoi ne pourrions-nous pas ce que peuvent tant d'autres de notre âge et de notre sexe?

RÉVOCAT.

Que peuvent après tout les tyrans contre nous? S'ils nous livrent à la mort, nous serons martyrs et nous irons de suite au ciel.

PERPÉTUE.

Allez, chers amis, et que bientôt nous ayons tous l'insigne faveur d'être les disciples et les enfants de Jésus-Christ.

TOUS LES TROIS.

Adieux, bonnes dames, pensez à nous, nous penserons à vous dans nos prières. (*Ils sortent tous les trois.*)

SCÈNE IV

PERPÉTUE, FÉLICITÉ.

PERPÉTUE.

Tu le vois donc, Félicité, les enfants eux-mêmes nous donnent l'exemple; nous n'avons pas à balancer; nous sommes appelées à la religion chrétienne : nous aurons peut-être de grands obstacles autour de nous; pour moi, si j'ai des chrétiens dans ma famille, j'ai moins à craindre de la part de nos maîtres que de la part de mon père, qui est fortement attaché au paganisme. Mais courage! chère amie, car ne serons-nous pas soutenues par le Dieu au service duquel nous voulons nous consacrer?

FÉLICITÉ.

Comme vous, Perpétue, je m'attends à des combats et au dedans et au dehors de ma famille : mais à votre exemple, je mets toute ma confiance dans le Dieu des chrétiens; il fait des enfants, des héros intrépides; ne nous donnera-t-il pas la force qui nous manque? Je ne désire qu'une chose, c'est d'être bientôt chrétienne.

PERPÉTUE.

Félicité, tu es vraiment digne de l'être : quittons sans regret ces fausses divinités, qui ne favorisent que le crime; allons au seul Dieu véritable, au Dieu vengeur du crime et rémunérateur de la vertu : si les tyrans nous font mourir, il saura nous faire vivre de la vie éternelle : allons, dès l'instant nous faire instruire de la science du Christ, pour recevoir bientôt sur nos fronts l'eau sainte du baptême. (*Elles sortent.*)

FIN DU PREMIER ACTE.

DEUXIÈME ACTE

Le théâtre représente la prison.

SCÈNE I

PERPÉTUE, à genoux et chargée de chaînes.

SOLO.

(Air n° 18 : *Descends des cieux*, etc.)

Venez à moi, soyez-moi favorable ;
Envoyez-moi le Messager des cieux ;
Soyez mon Dieu, ô Sauveur tout aimable !
Je me consacre à vous, loin de moi les faux dieux. (*bis*.)

PERPÉTUE, *debout*.

O le Dieu du ciel et de la terre ! c'est pour vous que je suis enchaînée ! Quelle gloire pour moi d'être votre captive, de porter pour vous les doux fers de l'esclavage ! mais vous le savez, ô le Maître de mon cœur, je n'ai pas encore reçu le baptême ; envoyez-moi donc un de vos disciples pour verser sur ma tête l'eau salutaire. Chère Félicité, tendres enfants, que n'êtes-vous à côté de moi dans ma prison ?...

SCÈNE II

PUDENS, PERPÉTUE.

PUDENS, *geolier*.

Un homme, Madame, demande à vous parler.

PERPÉTUE, *au geolier*.

(A *demi-voix.*) Le ciel vient à mon aide ; ma prière est exaucée. D'où vient-il? que veut-il? quel est enfin son nom?

PUDENS.

Cet homme, Madame, c'est votre père, vieillard respectable, qui veut vous trouver à l'instant : je vais le chercher.

PERPÉTUE.

Mon père ici !... quel coup terrible pour mon cœur! Dieu des chrétiens, venez à mon secours !... (*Le père entrant et embrassant sa fille.*)

SCÈNE III

PERPÉTUE et SON PÈRE.

LE PÈRE.

Quoi ! donc, ma fille, moi te trouver ici !... père

infortuné! pourquoi ai-je vécu jusqu'à ce jour, si je devais être témoin d'une scène si désolante? ô dieux de l'empire, que vous ai-je fait, pour jeter sur mes vieux ans tant d'amertume? et toi, ma fille, que t'a fait ton père, pour lui préparer tant de douleurs?

PERPÉTUE.

Des dons, des bienfaits signalés, l'amour le plus tendre, c'est là, mon père, ce que j'ai toujours trouvé dans vous. Jamais, non, jamais, je ne pourrais comprendre ce que vous avez fait de bien pour moi : jamais aussi, je ne cesserai de vous en témoigner ma reconnaissance.

LE PÈRE.

Et c'est donc en te faisant chrétienne, en désertant les dieux de la patrie, en bravant le supplice des scélérats! et c'est en me deshonorant de la sorte, en m'abreuvant de chagrin, que tu comptes me montrer ta reconnaissance et ton amour?

PERPÉTUE.

Mon tendre père, si je me fais la servante du Dieu des chrétiens, ce n'est pas, croyez-le bien, pour être ingrate et cesser de vous aimer ; c'est pour mieux connaître et mieux pratiquer mes devoirs envers vous : car le Dieu des chrétiens, en se faisant homme, s'est toujours montré soumis à ses parents ; ce qu'il recommande surtout à son disciple, c'est d'honorer son père et sa mère; tandis que j'apprenais tout le contraire dans la conduite de vos dieux. Aussi depuis que je suis enchaînée pour Jésus-Christ, je sens, ô mon père, s'accroître mon amour pour vous. Que sera-ce, quand j'aurai reçu la grâce du baptême, qui délivre de l'enfer, pour procurer le ciel?

LE PÈRE.

Par l'amour que tu me portes, et que j'ai pour toi, tu vas renoncer au projet insensé d'embrasser la religion chrétienne, qu'on ne peut pratiquer sans se couvrir de honte et s'exposer à un horrible trépas. Alors tu nous épargneras à tous un opprobre éternel, et tu vivras contente avec l'époux et les enfants que les dieux t'ont donnés. Alors tu seras ma joie, ma consolation dans mes vieux jours; je trouverai en toi, une main pour fermer ma paupière, des yeux pour me pleurer, un cœur docile et filial, dans lequel je pourrai revivre après ma mort. Mais le temps est précieux, je vais à l'instant m'occuper de ta délivrance : bientôt, j'espère, j'aurai fait tomber tes liens, pour te rendre à ta chère famille qui t'attend les bras ouverts.

PERPÉTUE.

De grâce, mon père, si vous m'aimez, ne mettez pas des entraves à mon bonheur ! Laissez-moi dans ma prison, laissez-moi mes chaînes ! il est si doux de les porter ! Laissez-moi dans la voie du martyre, où Jésus-Christ m'appelle ! Je vois l'ange qui m'apporte d'une main l'eau du baptême, et de l'autre l'immortelle couronne !...

LE PÈRE.

Tu as beau parler, ma fille, le langage des chrétiens insensés, je veux te sauver, et te sauverai malgré toi-même; et dussé-je être maudit de toi pour t'avoir conservé la vie, je veux être deux fois ton père ! et, morte ou vivante, il faut que je t'arrache à ces lieux; il faut que je brise ces chaînes, qui font saigner mon cœur... *(Il sort.)*

SCÈNE IV

PERPÉTUE.

O trop malheureux père ! qui se plaint de mon bonheur, et qui, sans le savoir, va peut-être mettre des entraves à ma félicité ! O douces, ô (*elle baise ses liens*) aimables chaînes, vous ne tomberez pas de mes mains, sans m'unir au divin Maître, sans m'attacher à l'autel de son amour !...

Elle chante ses fers. (Air n° 3 : *Qu'il est doux*, etc.)

Quel sort pour moi glorieux !
Qu'est le sceptre des reines,
Vis-à-vis de mes chaînes ?
Quel bonheur délicieux.

O mon père, qui vous tourmentez si vainement à

mon égard, si vous sentiez ce que j'éprouve dans mon âme! comme vous vous garderiez bien de venir troubler ma félicité! Non, vous ne réussirez pas dans vos projets perfides; non, vous n'empêcherez pas votre fille d'être chrétienne, et d'obtenir, si Dieu la lui accorde, la palme du martyre. La nuit dernière, qui fut la plus belle de toutes mes nuits, j'ai vu, en songe, le sort heureux qui m'était réservé : environnée tout à coup d'une lumière éclatante, j'ai trouvé autour de moi une foule d'anges, qui me jetaient des fleurs et me parlaient un langage divin. Puis, sentant une eau mystérieuse qui me lavait le front et purifiait mon âme, j'ai entendu porter mon nom dans la liste des saints : puis, des airs, des concerts ravissants! Je n'étais plus en prison, j'étais dans le ciel!...

SCÈNE V

PERPÉTUE, FÉLICITÉ, LES ENFANTS.

PERPÉTUE.

Mais j'entends du bruit... serait-ce?... mais non; quel bonheur pour moi! Voilà sans doute la sainte phalange que j'avais vue en songe dans la nuit... (*Elle embrasse Félicité, en baisant ses fers et ceux des enfants.*) Chère Félicité, tendres enfants, vous venez donc partager mes chaînes et mon bonheur! O qu'il est doux de porter des fers sur des bras innocents, d'être ensemble prisonniers pour le Dieu des chrétiens!... Je demandais, j'attendais avec ardeur un messager divin pour verser sur moi l'eau du baptême, et c'est vous-mêmes qui arrivez à l'instant, pour être les compagnons de mon aimable captivité.

FÉLICITÉ.

Nous venions joyeux, nous arrivions en chantant vers la prison; car on nous avait dit, illustre princesse, que vous nous aviez précédés dans ce lieu, et que nous devions partager vos fers. Quel triomphe pour nous, de marcher sur vos traces, de prendre part à votre glorieux sort !

SATURNIN.

O de grâce, soyez donc désormais notre mère à tous !

SECONDULE.

Nous voulons être vos enfants dociles, dévoués...

RÉVOCAT.

Ne jamais nous séparer de vous; vous suivre au combat et à la mort...

PERPÉTUE.

C'est bien trop de gloire et de bonheur pour moi, chers enfants, d'être votre mère : vous remplirez donc la place du jeune enfant dont on m'a séparée, et dont j'espérais faire un chrétien... Pour vous tenir lieu de la mère qui vous donna le jour, vous aurez avez moi Félicité, qui a eu et qui aura toujours pour vous une sollicitude vraiment maternelle. Et puis, la Mère du Christ, qui doit être aussi la vôtre, et le bon Père céleste, qui va bientôt nous adopter pour ses enfants, pourront-ils nous oublier dans les chaînes que nous portons en leur honneur? Mais puisque nous n'avons pas encore reçu la grâce du baptême, l'essentiel en ce moment est de nous y préparer avec ferveur, pour être bientôt purifiés de nos péchés. En attendant, prions ensemble, et chantons l'hymne préparatoire.

PREMIER SOLO.

(Air n° 18 : *Descends des cieux*, etc.)

Descends des cieux, ô seul Dieu de la terre,
Viens effacer de nos cœurs le péché !
Nous implorons ta divine lumière ;
Repands sur tes enfants les dons de ta bonté ! (*ter.*)

DEUXIÈME SOLO.

O Dieux impurs, indignes de nos âmes,
Jamais vous n'aurez l'encens de nos cœurs,
Nous abjurons vos idoles infâmes,
Nous serons de Jésus les pieux serviteurs. (*ter.*)

PERPÉTUE.

Oui, chers amis, le Dieu des chrétiens sera bientôt notre Dieu ; bientôt l'eau régénératrice, en lavant notre front, purifiera nos âmes, et les rendra plus blanches que la neige, plus brillantes que le soleil. Bientôt, bientôt les trois personnes divines viendront fixer leur séjour dans notre cœur ; bientôt nous serons les enfants du Père éternel, les frères, les sœurs, les cohéritiers du Christ, dans son magnifique royaume. Pour moi, j'aurai à lutter contre celui qui fut l'auteur de mes jours, et qui voudrait me tenir enchaînée dans les liens honteux du paganisme; déjà il est venu dans ma prison, et je l'attends hélas! d'un moment à l'autre, pour essayer encore d'ébranler le cœur de sa fille, par la puissance de l'amour paternel; jusqu'ici j'ai pu triompher, et j'espère triompher encore; car mon Père du ciel ne sera-t-il pas plus fort que mon père de la terre? Guerre cruelle, où l'enfant se voit forcé de désobéir à son père! Oui, je vous aime, ô vénérable vieillard, je vous aime plus que vous m'aimez vous-même; et cependant mille fois la mort plutôt que d'abandonner mon Christ par amour pour vous. Grand Dieu! j'entends ouvrir. (*Toute tremblante.*)

SCÈNE VI

SATURE, LES ENFANTS, PERPÉTUE.

SATURE, *entrant joyeux et embrassant ses disciples.*

J'arrive en toute hâte au milieu de mes chers captifs : je pouvais sans doute me soustraire à la fureur des tyrans; mais aurais-je pu vivre sans vous? Mes saintes fonctions auprès de vous n'étaient pas encore entièrement remplies : après vous avoir imbus des principes de la foi chrétienne, il me tardait de vous conférer le sacrement du baptême, et d'avoir part à la gloire de vos fers. Dieu, je le vois, ne vous avait pas oubliés; car je vous trouve sous la sauve-garde de deux femmes respectables, qui désirent autant que vous s'attacher à Jésus-Christ, et qui déjà vous ont communiqué l'ardeur qui les enflamme.

SATURNIN.

Oui, sans doute, tendre frère, Dieu, comme vous le voyez, se plaît à nous combler de faveurs et de consolations bien grandes; mais en venant partager notre captivité, vous mettez le comble à notre bonheur. Dieu soit loué de votre arrivée; puissions-nous être réunis pour ne jamais plus nous séparer.

LES DEUX AUTRES.

Oui, toujours ensemble, et dans les chaînes, et dans ce monde, et dans l'autre, et à la vie, et à la mort!... *(Ils s'embrassent.)*

PERPÉTUE.

Votre Dieu, chers enfants, votre foi, votre sort seront le nôtre : ce n'est pas sans un secret dessein de la Providence que nous sommes réunis dans ce combat. Et puisque, ô Sature, vous êtes l'ange du Seigneur, envoyé de la part du ciel, hâtez-vous de remplir votre mission auprès de nous, en faisant couler sur nos fronts l'eau sainte du baptême. Hâtons-nous de profiter du moment présent; car, qui sait les tourments qui nous attendent?

SATURE.

C'est très-vrai, respectable dame; c'est bien maintenant le moment favorable; et je suis très-heureux d'être le faible instrument de votre salut et de votre félicité : et, pour célébrer une heure aussi solennelle, unissons nos voix et nos cœurs dans un cantique de préparation et d'action de grâce.

CHANT PRÉPARATOIRE.

(Air n° 19 : *A tes peids, vierge Marie*, etc.)

Point d'autre Dieu pour nous, toi seul es notre maître.
O viens prendre nos cœurs, garde-les pour toujours;
Car on trouve en toi seul le mouvement et l'être,
    A toi désormais tous les jours.

REFRAIN.

A tes pieds, Dieu de lumière,
Reçois tes enfants à genoux;
O divin Maître, ô tendre père, } *bis.*
Ouvre le ciel à tous.

(Sature les baptise.)

CHANT D'ACTION DE GRACE. (*Magnificat* à genoux.)

(Air n° 3 : *Qu'il est doux, mélodieux!*)

A Satan nous étions dès notre enfance;
Nous allons être enfants de l'Eternel :
Hier l'enfer, aujourd'hui pour nous le ciel!
Chantons, célébrons notre délivrance.

REFRAIN.

Qu'il est grand et glorieux,
Le bienfait du baptême !
O quel bonheur extrême !
C'est pour nous la clef des cieux. (*bis.*)

PERPÉTUE.

Nous voilà donc marqués du sceau de Jésus-Christ ! Nous voilà revêtus, chers amis, de la robe d'innocence, ornés de tous les dons de l'Esprit saint ! Que mon père revienne quand il voudra, que les bourreaux arrivent avec tout l'appareil de leurs tourments, je serai au divin Maître ; je n'ai plus rien à craindre : qui pourra m'en séparer ? Dans une vision céleste, j'ai connu, chers amis, le sort qui nous était réservé : j'ai vu l'amphithéâtre, les bêtes féroces et le fer des gladiateurs ; mais au-dessus de cette scène horrible, et dans un nuage d'or, j'ai aperçu des anges étalant les couronnes qui nous sont réservées !... J'ai vu !... J'ai entendu !...

FÉLICITÉ.

O puisse le sort des martyrs être bientôt le nôtre !

SATURE.

Je ne suis venu ici que dans l'espoir de mêler bientôt mon sang au vôtre pour Jésus-Christ.

TOUS LES AUTRES.

Oui, le martyre, la gloire du martyre, c'est là notre désir le plus ardent !

PERPÉTUE.

Préparons-nous donc à la mort des héros; car bientôt ce sera l'heure de paraître devant le tribunal du procureur Hilarien. Que pas un d'entre nous ne soit parjure aux serments de notre baptême : ne nous laissons ébranler ni par les promesses, ni par les menaces, ni par les tortures les plus atroces; soyons fermes, invincibles jusque dans la mort, qui doit nous assurer la victoire ! Et pour nous disposer au sacrifice, répétons en chœur le serment de fidélité.

SOLO.

(Air n° 31 : *Sous tes drapeaux*, etc.)

Fils de la croix, jeune milice,
C'est le jour de braver les combats !
Volons gaiment au sacrifice;
De Jésus soyons dignes soldats.

REFRAIN.

Non, non, non, non, non, non, jamais, jamais notre âme
N'osera trahir nos serments;
C'est Jésus qui nous enflamme;
Nous serons ses fidèles enfants; (oui, ses enfants. *bis.*)

FIN DU DEUXIÈME ACTE.

TROISIÈME ACTE

SCÈNE I

SATURNIN, LE PONTIFE PAIEN.

SATURNIN, *proconsul, se promenant.*

Si j'ai de grands pouvoirs, j'en ai surtout contre la race chrétienne. Les exterminer, en purger le sol africain, c'est là ma principale fonction, ce sera ma principale gloire. L'empire fut toujours fort et puissant tant qu'on fit la guerre au Christ, et les dieux cessèrent de nous être favorables quand nous cessâmes de tirer le glaive contre les chrétiens. Serait-il convenable de laisser avilir, par cette secte impie, le noble peuple de Carthage, de laisser élever autel contre autel dans cette illustre ville? Les lois sont formelles, il faut qu'elles soient exécutées : ni l'enfant, ni la femme, ni le vieillard, ni personne ne doit être épargné, dès-lors qu'il y a rébellion contre les dieux de la patrie.

LE PONTIFE PAÏEN.

Je viens, seigneur, de la part de nos divinités outragées; je viens savoir, de votre autorité, si le

Dieu des chrétiens doit faire crouler nos temples, et régner lui seul en ces lieux. En vain y a-t-il des lois, si on les laisse transgresser impunément... Hommes célèbres de Rome et de Carthage, dont le zèle pour le culte des dieux égalait le courage, que diriez-vous si, revenant dans le monde, vous étiez témoins de tant d'audace dans les disciples du Christ, et de tant de faiblesse dans les enfants de Jupiter? Oui, puissant seigneur, les chrétiens nous envahissent de toute part, grâce à la lâcheté de vos timides employés. Les femmes, les enfants eux-mêmes, en naissant à la vie, tournent leurs regards sur le Dieu crucifié. En suçant le lait d'une mère chrétienne, l'enfant est sûr de devenir chrétien. Voyez Perpétue et Félicité, qui ne pensent qu'à mettre des enfants au monde pour les donner au Christ. Il est temps, seigneur, de mettre un terme à de telles infamies.

SATURNIN.

J'ignorais, ô grand-prêtre, que les choses se passassent ainsi. Je vous remercie de vos précieuses révélations; je vais de suite mettre la main à l'œuvre, et on saura au loin si je fléchis devant la loi, si je suis insensible au mépris fait à nos dieux. Déjà j'ai donné des ordres pour sévir contre les chrétiens. Allez, soyez sûr que vous serez content de moi et de mes ministres. (*Ils sortent.*)

SCÈNE II

HILARIEN, procureur.

Pour Félicité, c'est un vile esclave, dont les dieux ne sont pas très-jaloux ; mais Perpétue, une des femmes les plus illustres de la ville ! Perpétue, la fille d'un homme incomparable, d'un homme le plus vaillant défenseur de la religion et de la patrie !... Est-il étonnant que tant d'autres Carthaginois, et des enfants eux-mêmes, soient tous fiers de marcher sur ses traces ? Afin d'effrayer les autres qui sont avec elle dans la prison, j'ai bien fait de la faire appeler la première, pour comparaître à mon tribunal : d'une façon ou de l'autre, il faut que j'en finisse aujourd'hui avec cette femme ; et si elle est insensible à mes promesses et à mes menaces, du moins se rendra-t-elle aux larmes d'un père respectable... (*Elle entre.*)

SCÈNE III

PERPÉTUE, HILARIEN.

PERPÉTUE.

Hilarien, salut ; je viens voir ce que vous me voulez, car on m'a dit que j'étais demandée par vous.

HILARIEN.

Si je vous demande, noble dame, c'est que je souffre de vous savoir dans un affreux cachot; c'est pour briser des chaînes qui sont indignes de vous.

PERPÉTUE.

Vous êtes trop bon, seigneur, de plaindre mon sort dont je suis moi-même très-contente : les fers que je porte, le cachot que j'habite, ont trop de douceurs pour moi, pour ne pas m'en laisser jouir encore; mon divin Maître fut lié, garroté par amour pour moi, je suis trop fière d'être enchaînée pour lui.

HILARIEN.

Mais le noble sang qui coule dans vos veines, mais le nom illustre que vous tenez de votre père, auriez-vous le courage de les profaner ainsi?

PERPÉTUE.

Mon sang et mon nom, au lieu de les avilir, je viens de les illustrer par mon alliance avec Jésus-Christ, le roi du ciel et de la terre; car depuis que je suis chrétienne, je suis la fille, l'épouse, la sœur de mon divin Maître, je suis la sœur des anges et la princesse du ciel.

HILARIEN.

Mais que vous ont fait nos dieux pour les abandonner de la sorte?

PERPÉTUE.

Ils m'ont rempli d'horreur et d'indignation, à cause des vices hideux dont ils prêchent l'exemple; et que peuvent-ils en ma faveur des dieux de pierre ou de bois?

HILARIEN.

Mais la voix de l'illustre vieillard qui est votre père!

PERPÉTUE.

Je l'aime ce bon vieillard, qui me donna le jour; je le chéris plus tendrement que jamais : mais pour lui plaire, dois-je être sourde à la voix de mon Père céleste?

HILARIEN.

Allez, illustre dame, je vous laisse pour quelques instants de réflexion, et qu'on m'appelle Félicité avec les autres qui sont dans la prison.

PERPÉTUE.

Mes convictions sont arrêtées, ma foi est inébranlable. (*Elle sort accompagnée.*)

SCÈNE IV

HILARIEN et LE PÈRE DE PERPÉTUE.

HILARIEN.

Quel courage dans ce jeune et noble cœur! Que n'avons-nous de telles âmes, parmi les adorateurs de nos dieux! Quelques femmes, comme Perpétue, auraient bientôt changé la face de l'empire et rallumé dans tous les cœurs l'amour de nos divinités.

LE PÈRE *entre*.

O douleur! opprobre éternel! Ma fille dans les fers! ma fille sous l'esclavage d'un infâme crucifié! Qui m'eût dit, ô seigneur, que dans mes vieux jours, je serais abreuvé de tant d'amertume?...

HILARIEN.

Je vous plains, bon vieillard ; car vous n'êtes pas fait pour une épreuve si dure. Et ma compassion pour vous est d'autant plus grande, que votre fille est plus fortement attachée à son Christ. Je viens de la voir et de l'interroger, et je suis encore tout stupéfait de sa fermeté et de son invincible courage. Allez la voir vous-même, et peut-être réussirez-vous à triompher de son cœur... En voici d'autres qui seront, je l'espère, plus faciles à gagner... (*Le père sort.*)

SCÈNE V

FÉLICITÉ, HILARIEN, SATURE, LES ENFANTS.

HILARIEN, *s'adressant à Félicité et aux autres*.

Eh! bien, jeunes prisonniers, vous est-il bien agréable le séjour d'un noir cachot? Sont-elles bien douces pour vous les chaînes que vous portez? Si vous voulez que je brise vos liens, vous n'avez qu'à parler.

FÉLICITÉ.

Nous vous remercions, seigneur, de votre bonté pour nous; nous sommes trop heureux dans la prison, pour désirer notre délivrance.

TOUS LES ENFANTS.

Oui, laissez-nous dans la prison, laissez-nous les fers que nous portons pour Jésus-Christ.

HILARIEN.

Mais, ignorez-vous, jeunes insensés, que la prison n'est que le prélude de votre supplice? Ne savez-vous pas que si vous êtes rebelles à ma voix, je vous ferai passer de la prison dans l'ampithéâtre, pour être broyés sous la dent des bêtes féroces, ou égorgés per le fer des gladiateurs?

SATURE.

Nous le savons, seigneur, nous ne connaissons que trop votre fureur contre des hommes innocents, qui n'ont que le crime d'être à Jésus-Christ. Mais pouvez-vous ignorer la force des chrétiens? Ne savez-vous pas que notre gloire est de souffrir, de mourir pour Jésus-Christ, qui doit nous ressusciter un jour? Broyez, déchirez nos corps tant que vous voudrez, vous ne pourrez anéantir nos âmes.

HILARIEN.

Seriez-vous assez fous que de quitter un père, une mère, des frères et des sœurs qui vous aiment tendrement, et qui ne demandent qu'à vous faire vivre heureux dans le sein de votre famille?

SATURNIN.

Si nous les quittons, c'est pour les revoir un jour, c'est pour aller chez nous, là-haut dans la belle patrie; c'est pour aller voir le divin Père, la divine Mère, nos amis et nos frères qui nous attendent dans le ciel.

RÉVOCAT.

Qu'est-ce que la mort que vous nous donnerez, sinon le passage de cet exil à la vie éternelle?

HILARIEN.

Mais toi, mère cruelle, plus dure qu'une lionne, ne devrais-tu pas donner à ces enfants l'exemple de l'obéissance envers les dieux? Et peux-tu bien abandonner l'enfant que tu as mis naguère au monde?

FÉLICITÉ.

Mon jeune enfant est entre bonnes mains; je l'ai consacré à Jésus et à Marie; j'ai chargé une femme d'en prendre soin, jusqu'à ce que Dieu l'appelle avec moi dans le ciel. Quant à mes rapports avec ces jeunes chrétiens, je ne leur apprends et ils ne m'apprennent qu'une seule chose, c'est d'obéir au

11*

Dieu véritable, au souverain Maître de la terre et des cieux. Commandez-nous tout ce qu'il ne défend pas, nous sommes prêts à obéir, mais pour adorer vos dieux, jamais!!!

TOUS LES TROIS.

Jamais, jamais, mille fois plutôt la mort!!!

HILARIEN.

Eh! bien, puisqu'il en est ainsi, je commande la mort, et la mort la plus cruelle. Qu'on les traîne à l'instant dans le cirque, et si les bêtes refusent de les écraser, qu'on les fasse périr par le glaive.

FÉLICITÉ.

O l'heureuse sentence, qui va mettre le sceau à notre félicité suprême!

SATURE.

Merci, Hilarien, nous prierons pour vous dans le ciel.

TOUS.

Merci, merci; vous nous envoyez à la vie éternelle. (*On les entraîne et Hilarien sort de l'autre côté.*)

SCÈNE VI

PERPÉTUE.

Je les ai vu passer, au travers des barreaux de la

prison. J'ai compris leurs voix, ils ont compris la mienne ; je les ai salués, et ils m'ont saluée en me montrant le ciel. Ils étaient gais et triomphants ; leurs lèvres murmuraient une brûlante prière ; j'ai cru voir leur cœur bondir de joie et d'allégresse ; ils m'ont donné rendez-vous ; puissé-je bientôt les aller joindre dans le champ de l'honneur et de la gloire ! (*A genoux*.) O le Dieu des martyrs, suivez-les, protégez-les ! et que dans un instant, je sois sur leurs pas ; mais j'entends venir... O ciel ! à mon secours... (*Elle se lève.*)

SCÈNE VII

PERPÉTUE et SON PÈRE.

SON PÈRE, *il l'embrasse*.

Ma fille, mon enfant, j'ai cru que vous marchiez avec les autres à l'amphithéâtre. Oui, je vois que les dieux veulent vous conserver à la cité, à votre famille, à votre vieux père : d'ailleurs, que ferions-nous sans vous ? Ne serions-nous pas enveloppés dans votre ruine déplorable ? Maudites chaînes, vous serez bientôt brisées !

PERPÉTUE.

Briser mes chaînes, serait briser les liens sacrés qui m'attachent à Jésus-Christ, et qui doivent me conduire en son royaume. Si je ne les ai pas suivis, j'espère les aller joindre bientôt, ces glorieux compagnons de ma captivité !

LE PÈRE.

Mais vous qui êtes mon enfant ! Vous dont je suis le père ! Pourriez-vous être rebelle au cri de ma voix, aux soupirs de mon cœur, qui est affaissé sous le poids de la douleur ? Ma fille ! ma chère fille ! Vous qui fûtes toujours si bonne à mon égard ! ! !

PERPÉTUE.

Mon père ! mon tendre père ! Vous qui m'aimez et que j'aime plus que jamais ! Pourriez-vous vous opposer à mon bonheur ?...

LE PÈRE, *lui baisant les mains et se jetant à ses pieds qu'il baise en pleurant.*

Ma fille ! ô ma très-chère fille ! Ayez pitié de moi ! pitié de mes larmes ! pitié de mes cheveux blancs ! pitié de mes genoux tremblants qui se déroulent à vos pieds ! Au nom de votre père, au nom de votre mère et de votre enfant, renoncez à cette funeste obstination.

PERPÉTUE.

Non, mon père, je ne puis cesser d'être à Jésus-Christ ! De grâce, ne me faites pas un crime de ce que je lui reste inviolablement attachée.

LE PÈRE, *debout.*

Eh ! bien, fille cruelle, si tu résistes à mes supplications, je vais chercher ton enfant ; tu seras bien forcée de te rendre à ses tendres vagissements. (*Il sort.*)

SCÈNE VIII

PERPÉTUE, à genoux.

O Dieu qui êtes la force des martyrs, vous voyez si j'ai besoin de vous, dans cette heure redoutable ! Vous connaissez mes serments, aidez-moi à y être fidèle jusqu'au dernier soupir !!! (*Elle chante d'un air triste.*)

SOLO.

(Air n° 32 : *Priez pour nous qui souffrons,* etc.)

O soutiens-moi, (*bis.*)
Montre-moi ton visage ! (*bis.*)
O soutiens-moi,
Mon divin Roi !
Donne-moi le courage,
Au moment de l'orage,
De triompher,
De remporter,
Dans le champ de la gloire,
L'immortelle victoire !
O soutiens-moi ! (*quater.*)

SCÈNE IX

HILARIEN, PERPÉTUE.

HILARIEN.

Je viens voir, Perpétue, si vous persistez toujours dans les mêmes sentiments, si vous voulez marcher à l'ampihthéâtre, ou rentrer triomphante dans le sein de votre famille, pour faire le bonheur de votre père et de votre enfant.

PERPÉTUE.

Plus que jamais, Hilarien, je brûle de voler au martyre et de partager le sort de mes glorieux compagnons : quant au père et à l'enfant que je suis forcée de quitter, j'espère les revoir un jour : et une fois dans le ciel, je ferai plus pour eux auprès de Dieu, qu'en restant avec eux sur la terre. Ne cherchez donc pas de nouveaux expédients, pour ébranler mon cœur ; je suis et serai toujours irrévocablement à Jésus-Christ.

HILARIEN.

C'est donc en vain, ô fille ingrate, ô mère barbare, que j'ai fait mes efforts pour te conserver à un père, à un enfant malheureux. Puisque tu veux tant mourir, tu mourras bientôt ; nous allons voir si ton Christ saura t'arracher à la fureur des bêtes, ou au fer des gladiateurs. Soldats, qu'on la traîne aussitôt vers le lieu du supplice.

PERPÉTUE.

Plutôt j'y serai, plutôt mon sang priera pour vous et tous ceux qui me font la guerre. (*On l'entraîne.*)

SCÈNE X

PERPÉTUE ET SON PÈRE, HILARIEN.

LE PÈRE *désolé entre en présentant son enfant à genoux.*

Ma fille ! ma fille ! Hilarien, rendez-la moi ! Voici son père, voici son enfant !

HILARIEN.

Soldats, arrêtez, qu'on me ramène Perpétue.

LE PÈRE, *donnant à sa fille son enfant.*

Tenez, ma fille, si vous êtes sa mère ! pourriez-vous laisser ce petit orphelin ? Voyez ses yeux qui cherchent vos yeux, ses petites mains qui vous embrassent ! Ne sentez-vous pas votre cœur se briser d'amour ?

PERPÉTUE, *en embrassant son fils, et le rendant à son père.*

Chère et innocente créature, que j'ai enfantée

pour Jésus-Christ! puisses-tu vivre et mourir sous le joug de sa loi sainte, et me rejoindre bientôt dans le ciel! Recevez, ô mon père, ce précieux dépôt que je confie à votre amour! Le Dieu, pour qui je vais mourir, vous en rendra la récompense; et j'espère qu'un jour vous serez aussi chrétien, pour être ensemble réunis dans la cité bienheureuse!

LE PÈRE.

Mais non, ô mère cruelle! tu l'emporteras avec toi, sous la dent des bêtes féroces!

HILARIEN.

Bon vieillard, gardez l'enfant, et quittez sans regret cette femme inhumaine! Je vous ai bien dit qu'elle avait un cœur de bronze. Soldats accomplissez mes ordres.

LE PÈRE.

O seigneur! ô ma fille! Serait-il possible?... (*On l'emmène.*)

SCÈNE XI

PERPÉTUE, LE CHŒUR.

PERPÉTUE.

Adieu, mon père! Adieu mon enfant!!! (*On l'entraîne. On se retire*).

CHŒUR CHRÉTIEN. *(Derrière la toile.)*

(Air nº 33 : *Les anges*, etc.)

PREMIER SOLO.

Courage, jeune héroïne,
Tu sors du plus dur des combats !
Cours vers la troupe divine,
Qui t'appelle et te tend les bras.

REFRAIN.

Gloria in excelsis Deo.   (bis.)

DEUXIÈME SOLO.

Courez, volez dans l'arène ;
Bravez la fureur des tyrans :
Car bientôt le diadème
Ceindra vos fronts triomphants.

REFRAIN.

Gloria, etc.

TROISIÈME SOLO.

Aux martyrs honneur, victoire !
Ils tiennent la palme à la main :
Et dans le sein de la gloire
Ils vont chanter ce doux refrain :

REFRAIN.

Gloria, etc.

FIN

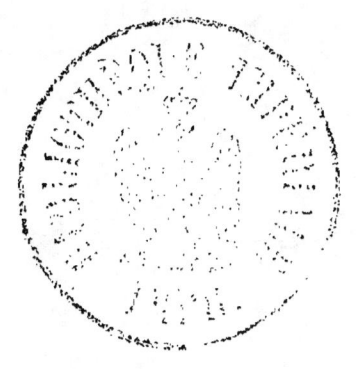

MARTYRE
DE
SAINTE CÉCILE

DRAME EN TROIS ACTES

A l'usage des Etablissements ou des Maisons d'éducation

PAR M. L'ABBÉ J***

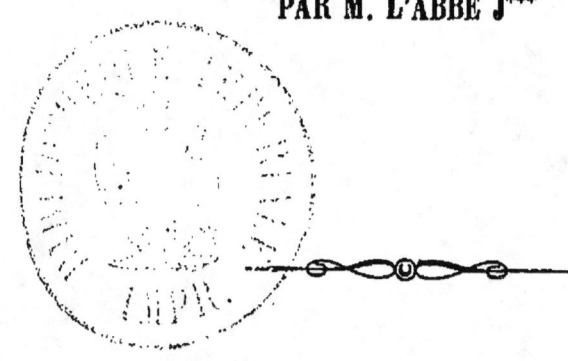

LYON
P. N. JOSSERAND, LIBRAIRE-ÉDITEUR
PLACE BELLECOUR, 3.

1867

(TOUS DROITS RÉSERVÉS)

Besançon. — Imprimerie d'Outhenin Chalandre fils.

HISTORIQUE

Sous le règne de l'empereur Alexandre Sévère, sous le pontificat de saint Urbain, l'an 230 de l'ère chrétienne, vivait à Rome une jeune fille, nommée Cécile. Riche, noble et belle, Cécile unissait aux dons les plus précieux de la nature les dons plus merveilleux encore de la grâce. Elle avait résolu dès l'enfance de rester vierge toute sa vie ; mais ses parents l'obligèrent à entrer dans l'état du mariage. Celui qu'on lui donna pour époux était un jeune seigneur appelé Valérien. Elle sut le gagner à Jésus-Christ, en le faisant renoncer à l'idolâtrie ; elle convertit en même temps son beau-frère Tiburce et un officier nommé Maxime. Après les avoir encouragés tous les trois à souffrir la mort pour Jésus-Christ, elle remporta elle-même la couronne du martyre, sous le cruel Almachius, préfet d'Alexandre Sévère.

PERSONNAGES

CÉCILE, vierge romaine.
VALÉRIEN, son époux.
TIBURCE, frère de Valérien.
MAXIME, serviteur d'Almachius.
ALMACHIUS, préfet d'Alexandre Sévère.
MAXIME, serviteur du préfet.
CHŒUR, formant la suite

MARTYRE DE SAINTE CÉCILE

DRAME EN TROIS ACTES

PREMIER ACTE

SCÈNE I

Les parents de Cécile et de Valérien commencent par le chant de noces.

CHŒUR.

(Air n° 6 : *Enfants rendons hommage*, etc.)

Amour, louange, hommage,
Honneur au couple heureux,
Qui par son mariage,
Illustre ces beaux lieux.
Jamais un jour de fête
N'avait vu célébrer
Union plus parfaite.   } *bis.*
Ne faut-il pas chanter ?

SOLO.

Vit-on jamais d'épouse à Cécile, semblable !
S'unir à un époux plus noble et plus charmant ?

Vit-on, dans une épouse, une âme plus aimable ?
Vit-on, dans un époux, un cœur aussi aimant ?

LE CHŒUR *sort en chantant.*

Amour, louange, hommage, etc.

SCÈNE II

VALÉRIEN seul.

Non, non, ce n'est pas une créature humaine. J'ai beau l'étudier, la regarder de près : ses beaux yeux sont plus brillants que le soleil, ses paroles sont de feu, ses entretiens célestes ; son cœur me paraît embrasé d'un amour secret et divin : vraiment on l'appelle Cécile, mais je crois que c'est un ange terrestre. O dieux ! quel don pour moi, quel don pour ma famille ! Jamais je n'aurais cru trouver tant de merveilles, dans une vierge chrétienne. Dieu de Cécile, je l'espère, tu seras bientôt mon Dieu. (*Il sort.*)

SCÈNE III

CÉCILE seule.

O pompes de ce monde, que vous êtes viles à mes yeux ! plaisirs, joies, festins et noces, vous n'êtes rien pour mon cœur. Parmi les nobles citoyens de

Rome, on m'a choisi, on m'a donné un époux, à moi qui n'en voulais pas d'autre que l'époux des vierges. Et maintenant on rit, on chante autour de Cécile ; et moi je pleure à la vue des tortures qui déciment nos chrétiens, je pleure à la vue des honneurs qu'on rend à la fille des Cæcilius, qui n'a d'autre gloire que celle de la croix, d'autre époux que le Dieu crucifié ; ils chantent de joie, je chante de douleur : (*Elle chante d'un air triste et doux.*)

SOLO.

(Air n° 17 : *J'aime à te voir*, etc.)

Je suis à toi, ô l'Epoux de mon âme ;
Ton nom sacré fait palpiter mon cœur !
Sans toi, Jésus, rien ici ne m'enflamme :
Oui, toi seul es mon Maître et mon bonheur !

REFRAIN.

Soutien de ma vie,
J'ai l'espoir,
Au ciel, ma patrie,
De te voir.

Oui, ô mon Dieu, vous le savez, c'est à vous seul que je donnai mon cœur dès mes jeunes années ; et Valérien est trop bon pour oser vous le ravir... qui sait d'ailleurs si la providence ne nous a pas réunis ensemble pour que je sois l'instrument de sa conversion et de son salut éternel ?... Mais j'entends sa sa voix...

SCÈNE IV

VALÉRIEN, CÉCILE.

VALÉRIEN.

Nous nous cherchions, ma chère Cécile; car tout languit loin de vous : et puisque vous êtes la reine de la fête, hâtez-vous de venir prendre la plus grande part aux joies de la famille : vous êtes pour moi et pour nous tous l'objet d'une ineffable bonheur! Je rends mille actions de grâces à nos dieux, d'avoir uni mes destinées aux vôtres; ah! puissions-nous vivre longtemps heureux ensemble!

CÉCILE.

Oui, cher Valérien, puisses-tu partager bientôt mes glorieuses destinées : puisses-tu goûter avec moi les suaves délices qui surabondent dans mon âme! Ce n'est pas d'une gloire et d'une félicité terrestres que je veux parler; nous avons nous autres chrétiens un sort autrement glorieux : enfants d'une église immortelle, serviteurs du Roi des rois, nous avons un trône, une couronne impérissables au delà de la tombe, et tous ceux d'entre nous, qui conservent leur cœur intact ici-bas, ont une auréole de gloire, et formeront le cortége de l'Eternel, pour chanter éternellement ses louanges. Moi-même qui te parle, pour avoir part à un semblable bonheur, j'ai promis dès mon enfance, de vivre toujours sans tache au milieu des mortels : que je voudrais, cher Valérien, puisque Dieu vient de nous unir en ce monde, te voir un jour avec moi dans le ciel autour de l'agneau divin !...

VALÉRIEN.

Devant votre volonté, je me dépouille de la mienne, ô bien-aimée Cécile : et comment pourrais-je vous contrarier, ne pas vous écouter en tout, vous qui me parlez un langage tout divin, et qui ne désirez que ma propre félicité, comme moi-même je désire vivement la vôtre. Oui, parlez, chère épouse, je ne veux d'autre Dieu que le vôtre, d'autre bonheur que votre propre bonheur; puissé-je bientôt le partager avec vous! dites-moi seulement ce que j'ai à faire pour accomplir les desseins du ciel sur moi.

CÉCILE.

Je vois bien, mon cher Valérien, que la grâce céleste commence à travailler ta belle âme : puisses-tu être toujours docile à ses salutaires inspirations; voici donc les secrètes révélations que j'ai à te faire de la part du Seigneur : Depuis assez longtemps, je ne m'appartiens plus à moi-même, je me suis donnée corps et âme au puissant Maître que je sers ; et depuis lors, pour prix de mon dévouement et outre le bonheur que j'éprouve, je suis sous la tutelle d'un ange que le ciel a établi protecteur de ma virginité, et malheur au mortel qui oserait approcher de ma personne.

VALÉRIEN.

Que dites-vous? ô ciel! et comment comprendre la vérité de vos divines paroles? Je vous l'ai déjà dit, je ne veux avoir d'autre volonté que la vôtre; mais avant tout, vous serait-il possible de me faire voir cet ange mystérieux?

CÉCILE.

Oui, si tu suis mes conseils, si tu te purifies à la piscine salutaire que je t'indiquerai; si tu crois au Dieu que j'adore, au seul Dieu vivant qui règne dans les cieux, ton œil verra cet ange qui veille sur ton épouse.

VALÉRIEN.

Je suis prêt à tout, pour voir cet ange dont vous me parlez ; car s'il vient véritablement du ciel, pour protéger votre vertu, je veux l'honorer et lui rendre mes hommages, comme aussi je le percerais de mon glaive en vous perçant vous-même, si c'était un infâme, qui vint m'enlever le cœur de Cécile.....

CÉCILE.

C'est vraiment un messager céleste; tu le verras bientôt brillant d'un éclat tout divin, et ne voulant mon cœur que pour le conserver à Dieu ; mais avant cette vision merveilleuse, il faut que tu sois entièrement purifié.

VALÉRIEN.

Je ne demande pas mieux que d'être purifié; mais qui me lavera de mes souillures, qui blanchira mon âme et la rendra aussi belle que la vôtre?

CÉCILE.

Non loin d'ici, Valérien, il existe un saint vieillard qui purifie les hommes; et c'est après s'être présenté à ce ministre du Très-Haut, qu'on peut voir l'ange de Dieu.

VALÉRIEN.

Mais où est ce vieillard fortuné? je veux le voir, serait-il à cent lieues.

CÉCILE.

Tu n'iras pas si loin, sors à quelques pas de la ville; à la troisième colonne, tu trouveras des pauvres, que j'aime et qui me connaissent. Tu leur diras: Cécile m'envoie vers vous; conduisez-moi au saint vieillard Urbain. Quand tu auras trouvé le vieillard, écoute bien ce qu'il te dira et sois docile à sa parole. Il te revêtira d'habits nouveaux; et à ton retour tu verras le saint ange devenu ton ami, et tout ce que tu lui demanderas, il te l'accordera... Va, et ne tarde pas de revenir.

VALÉRIEN.

Je pars à l'instant, priez, Cécile, votre Dieu pour moi. (*Il sort.*)

SCÈNE V

CÉCILE seule.

O Dieu de Symphorose et de Félicité, Dieu de Marcelle et de Potamienne, venez à mon secours; pourriez-vous être sourd à la voix de Cécile, qui vous prie pour son époux et pour les siens ! éclairez, dirigez ses pas dans le sentier du ciel, où il ne fait que d'entrer; ouvrez ses yeux à l'éclat des vérités éternelles qui vont lui être enseignées par le saint vieillard, afin que bientôt purifié dans les eaux du baptême, il soit au nombre de vos disciples bien aimés. (*Elle chante la prière suivante.*)

SOLO.

(Air n° 18 : *Descends des cieux*, etc.)

O Dieu puissant, fais éclater ta gloire,
Viens au secours de mon Valérien ;
Viens remporter une prompte victoire,
Viens, sois de mon époux l'espoir et le soutien. (*quater.*)

O ciel! je vois l'ange du Seigneur, qui mène mon époux par la main ! je vois Valérien s'avancer, voler tout joyeux vers les lieux bénis, qui doivent être le théâtre de sa conversion !... je le vois se jeter aux pieds du saint pontife qui le reçoit avec des entrailles de père !... je vois même les cieux s'ouvrir et le grand Paul venant terrasser le jeune romain, comme il fut terrassé lui-même sur le chemin de Damas !... O Dieu qui fîtes un si grand saint de Paul persécuteur, ne feriez-vous rien de mon Valérien qui vous aime déjà sans vous connaître ?... (*Elle sort en chantant le couplet suivant.*)

(Même air.)

Dieu d'Israël, achève ton ouvrage,
Viens dans le cœur de mon Valérien ;
Viens l'éclairer, ranimer son courage,
Viens en faire un héros, un vrai soldat chrétien. (*quater.*)

SCÈNE V

Le chœur de la noce arrive en chantant.

LE CHOEUR.

Amour, etc.

UN CONVIVE.

Où donc sont nos nouveaux époux, les jeunes rois de la fête ? Ce n'est pas souvent, ni pendant longtemps, que nous pouvons jouir de leur présence.

UN AUTRE.

Il y a bien en effet quelques heures que nous n'avons vu ni Cécile, ni Valérien : ce n'est cependant guère le temps de vivre seuls, séparés de leurs parents et de leurs amis.

UN AUTRE.

La dernière fois que j'ai vu Valérien, je n'ai point trouvé sur son front l'air de joie et de sérénité qui y brillait habituellement : il avait l'air sérieux, absorbé comme dans une profonde méditation.

UN AUTRE.

Son épouse est d'un sang noble et illustre; elle ne brille pas moins par les dons du cœur et de l'esprit, que par la douceur et la gaieté de son caractère; mais elle est chrétienne, fortement attachée à sa religion, à son Christ, qu'elle appelle son unique époux. Qui sait si déjà elle n'exerce pas quelque pression sur le cœur de Valérien, qui souffrirait plutôt que de déplaire à son épouse ? Allons, et ne perdons pas de temps : nous n'avons pas uni Valérien avec Cécile pour lui faire épouser la religion du Christ. Que si la même religion doit régner entre les deux époux, ce n'est pas Valérien qui cédera, c'est Cécile qui doit renoncer à son culte superstitieux, pour adorer les dieux de Rome : vivent toujours parmi nous la religion et les divinités de la patrie ! malheur à qui serait parjure et apostat....

Ils chantent tous ensemble.)

CHŒUR.

(Air n° 6 : *Enfants, rendons hommage.*)

Le plus bel héritage
De nos braves aïeux,
C'est le culte et l'hommage,
Que nous rendons aux dieux :
Embrasser la folie
Des malheureux chrétiens,
C'est trahir la patrie, }
C'est passer pour païens. } *bis.* (*Ils sortent.*)

FIN DU PREMIER ACTE.

DEUXIÈME ACTE.

SCÈNE I

Elle s'ouvre par le chant de Cécile, qui est à genoux.

CÉCILE, elle chante.

SOLO.

(Air n° 19 : *A tes pieds, vierge Marie,* etc.)

Je t'ai donné mon cœur, toi seul es mon partage,
Garde-le pour toujours, à la vie, à la mort ;
Mais de Valérien sois aussi l'héritage,
Accorde-nous le même sort.

REFRAIN. (*A genoux.*)

A tes pieds, Dieu que j'adore,
Point d'autres dieux, je n'en veux pas;
Pour mon époux, ah! je t'implore,
Guide vers toi ses pas.
} *bis.*

(*Elle se promène.*) Oui la mort, mille fois la mort la plus cruelle plutôt que d'abjurer ma foi, plutôt que d'être infidèle à l'époux de mon âme ! Et qui donc pourrait briser les liens sacrés qui m'attachent à Dieu ? Ce n'est pas Valérien, qui porte peut-être déjà dans son cœur le bienfait de la foi et de l'amour divin. O cher époux, puisses-tu bientôt m'arriver avec la robe du baptême et la blancheur des anges !

SCÈNE II

VALÉRIEN, CÉCILE.

VALÉRIEN, *se jetant entre les bras de son épouse.*

Me voici, chère épouse, avec le bonheur et la joie dans mon âme, comme jamais je n'en avais éprouvé : me voici enfant de Dieu et de l'Eglise, disciple de Jésus-Christ pour le temps et l'éternité tout entière !

CÉCILE.

Cieux et terre, bénissez, exaltez la bonté du Seigneur, qui vient d'exaucer mes vœux, les vœux de mon cher Valérien! Désormais, ô mon tendre époux, je vivrai, je mourrai contente de te voir partager mon bonheur. Rendons, rendons mille actions de grâces au Dieu de clémence, qui vient de nous combler tous les deux de tant de faveurs.

VALÉRIEN.

Après Dieu, c'est bien vous, chère Cécile, qui m'avez ménagé tant de bonheur; car depuis le moment que je vous ai quittée, je n'ai cessé de sentir l'effet de vos prières, il m'a toujours semblé entendre votre voix suppliante qui plaidait ma cause auprès de Dieu : oui, désormais, je saurai à qui je suis redevable de ma félicité.

CÉCILE.

Sans doute, j'ai prié pour toi, mon cher Valérien; mais à Dieu seul tout honneur et toute gloire; lui seul a éclairé, touché ton cœur, lui seul a pu briser tes liens, laver ton âme et t'ouvrir la porte du ciel, où nous irons un jour, pour le voir face à face et le glorifier dans la société des saints!... Mais parle moi un peu de ce voyage fortuné, qui vient de mettre le comble à notre commun bonheur.

VALÉRIEN.

Non jamais, dans les splendeurs de Rome, dans les plus brillantes fêtes, je n'avais vu, je n'avais entendu ce qui vient de frapper mes yeux et mes oreilles. Jamais mon cœur n'avait goûté tant de délices. Arrivé aux premiers feux du jour dans les catacombes, où je sentais quelque chose du courage et de la gloire des martyrs, dont je baisais les ossements avec un saint respect, je suis introduit auprès du saint pape Urbain, dont j'embrasse les pieds et qui me serre sur son cœur avec la plus vive tendresse : et pendant qu'il m'instruisait de la céleste doctrine, qu'il me parlait de Jésus-Christ, je vois tout à coup un vieillard vénérable, qui paraît au milieu de nous : ses vêtements étaient blancs comme la neige, une vive lumière brillait autour de sa tête, comme une auréole de gloire : il tenait dans sa main un livre tout étincelant d'or. A cette vue si majestueuse, je me sens saisi de frayeur, et je tombe comme mort, la face contre terre. Mais à l'instant, l'auguste vieillard me tend la main, me relève avec bonté, en me disant : « Lis les paroles » de ce livre et crois ; tu mériteras d'être purifié et » de contempler l'ange de la très-fidèle vierge Cé- » cile, ton épouse. » Levant les yeux sur ce beau livre, je lis ce passage : « Un seul Seigneur, une » seule foi, un seul baptême, un seul Dieu, père de » toutes choses, qui est au-dessus de tous et en nous » tous. » Crois-tu, m'a dit le vieillard, crois-tu fermement qu'il en est ainsi ? Et moi de répondre avec transport : Oui je le crois, rien n'est plus vrai sous le ciel, rien que je croie plus fermement. Et à la fin de ces paroles, j'ai vu disparaître le saint vieillard, et je suis resté seul avec le pontife, qui m'a presque aussitôt conduit à la fontaine du salut : et après m'avoir lavé dans l'eau sainte, admis aux saints mystères, il m'a revêtu de la robe des néophytes, en me disant de retourner auprès de Cécile, mon épouse : non jamais, je ne pourrais dire la somme de bonheur dont je viens de jouir dans ce jour de bénédictions.

CÉCILE.

Dieu soit béni, mille fois béni, cher Valérien, pour tant de prodiges d'amour qu'il vient d'opérer pour ton bonheur et le mien. De tant de bienfaits, chantons, publions la mémoire. (*Ils chantent.*)

DUO.
(Air n° 20 : *O Dieu que la gloire couronne*, etc.)
O Dieu dont l'amour nous enflamme,
O règne toujours dans notre âme,
Nous sommes à toi pour toujours :
Reçois nos vœux, nos serments, nos louanges,
Pour toi nos cœurs brûleront tous les jours,
Brûleront de l'amour des anges !

SCÈNE III

UN ANGE, CÉCILE, VALÉRIEN.

L'ANGE. (*Il leur place sur la tête deux couronnes de lis et de roses, en chantant :*)

SOLO.
(Air : *Que ton cœur paternel, ô bon Pasteur*, etc.)
Je suis l'Ange du ciel, messager du Seigneur,
Recevez donc cette double couronne,

Portez-la jusqu'aux pieds de son trône,
Dans la cité du bonheur.

Les deux époux répètent :

O Dieu dont l'amour, etc.

L'ANGE.

Heureux époux, méritez de conserver ces couronnes par la pureté de vos cœurs et la sainteté de vos corps ; puissiez-vous les porter bientôt dans le séjour de la gloire, environnant le trône de l'Agneau. Vous Cécile, vous savez ce que vous avez promis au Seigneur, vos vœux sont écrits dans le ciel ; et toi Valérien, maintenant enfant de Dieu, et disciple du divin Sauveur, parce que tu as acquiescé aux chastes désirs de Cécile, le Fils de Dieu m'a envoyé vers toi, pour exaucer toutes tes demandes.

CÉCILE.

Je l'ai juré, mon serment est irrévocable, je suis tout à Jésus mon divin Maître.

VALÉRIEN.

Le Dieu de Cécile est mon Dieu ; son bonheur, mon bonheur ; ses désirs, mes propres désirs : ma parole est donnée, je prends le Ciel à témoin de ma fidélité. Mais, ô ange du Seigneur, j'ai encore une grâce à vous demander, c'est de ne pas oublier l'âme de mon frère, et de la rendre participante de notre bonheur ; puissions-nous n'être jamais séparés ni à la vie ni à la mort, ni dans le temps ni dans l'éternité !

L'ANGE.

Béni sois-tu, enfant de la vérité, le Seigneur aime ta demande, il t'accorde l'âme de ton frère chéri ; et bientôt tous les deux, vous serez glorifiés de la palme du martyre ; bientôt vous régnerez parmi les phalanges célestes. (*Il sort.*)

CÉCILE.

Eh ! bien, cher époux, t'avais-je dit la vérité ? Tu vois les faveurs dont le Ciel nous environne ; ne sens-tu pas déjà un bonheur qui est comme un avant-goût du Ciel ? Que sera-ce, quand nous serons dans l'éternelle félicité ?

VALÉRIEN.

Non jamais, je n'aurais cru trouver tant de bonheur au service du Dieu des chrétiens ! Il me semble déjà porter le Ciel dans mon âme : ô Dieu incomparable, soyez béni pour tant de bienfaits ! Vivre et mourir d'amour pour vous, c'est la seule gloire que j'ambitionne ! Tiburce, mon tendre frère, si tu savais ce que c'est que d'être chrétien !!! (*Tiburce entre.*)

SCÈNE IV

TIBURCE, VALÉRIEN, CÉCILE.

TIBURCE.

Mais qu'est-ce donc que cette odeur enivrante, ce doux parfum qu'on respire en ce lieu? Quoi! dans la saison présente, des lis, des roses éclatantes de fraîcheur et de beauté! Sur vos fronts radieux, de si ravissantes couronnes! Mon cher frère, ma tendre sœur, puissent les dieux, qui vous montrent leur bonté, leur puissance, vous bénir et vous conserver longtemps à notre amour.

VALÉRIEN.

O sois le bienvenu, cher Tiburce, nous t'attendions avec impatience : et que n'es-tu venu plutôt, pour être l'heureux témoin de tant de gloire et de félicité! O nuit sacrée, nuit sans pareille et qui a été pour nous l'image du ciel! Que ne dures-tu encore, pour donner à mon frère Tiburce une idée du véritable bonheur! Non, l'œil de l'homme n'a pas vu, son esprit ne saurait comprendre ce que j'ai vu dans les catacombes, et dans cette chambre nuptiale!.. là bas, c'était la grande voix de saint Paul, que j'ai vu de mes yeux, et qui est venu en personne m'initier dans les secrets du ciel; ici, j'ai entendu les concerts d'un messager céleste qui nous a parlé de vive voix, qui nous a posé sur la tête les couronnes que vous voyez, c'était l'ange de Cécile, qui nous a promis à tous les deux la protection du Ciel : le bonheur indicible que j'ai goûté, depuis que j'ai reçu la grâce du baptême, depuis que je suis chrétien, enfant de Dieu et de l'Eglise, ce bonheur, je le sens encore dans mon âme, et pour le compléter, je n'attends plus qu'une faveur du Ciel, et que l'ange m'a promise, c'est le salut de votre âme, et votre participation à notre commune félicité.

TIBURCE.

Déjà depuis assez longtemps, j'ai entendu parler de la religion chrétienne et des ineffables consolations qu'elle verse dans les cœurs : j'aime ces chrétiens qui se chérissent comme des frères, qui vivent comme des anges, et qui meurent en héros, bravant les tourments et la mort, et sacrifiant tout à l'amour de leur Dieu ; j'aime à les voir marcher au supplice comme à la victoire. Je ne demande qu'une seule chose, c'est d'être instruit de la doctrine du Christ, et d'être bientôt au nombre de ses fidèles serviteurs.

CÉCILE.

O Dieu ! que de grâces, que de bonheur pour votre indigne servante ! Le salut de mon époux, le salut du généreux Tiburce, qui demande avec tant d'ardeur les bienfaits du baptême ! Eh bien ! oui, heureux Tiburce, en vous voyant, j'ai compris que vous vouliez être chrétien : vous avez le cœur trop bon, l'âme trop grande, trop généreuse pour ne pas embrasser la religion du Christ, la religion de Valérien et de Cécile, cette immortelle religion qui seule peut remplir les facultés de l'homme, le faire triompher du monde et de l'enfer, le préserver des flammes éternelles, et l'introduire dans le séjour du souverain bonheur. Laissez-donc de côté, cher Tiburce, les dieux de pierre ou de bois, pour vous attacher au seul Maître du ciel et de la terre, pour servir Jésus-Christ, le Roi des rois, et aller régner un jour avec lui dans le ciel.

VALÉRIEN.

Non, cher Tiburce, nos cœurs ne sont pas faits pour être séparés; le même amour, la même foi, le même bonheur, doit nous unir à Cécile, nous unir à Dieu en ce monde et en l'autre. Encore quelques instants, et vous serez instruit, et vous serez régénéré dans l'eau sainte du baptême.

CÉCILE.

Allez donc, couple fortuné, allez à une nouvelle conquête, à un nouveau triomphe; vous êtes trop bien faits pour marcher, vivre et mourir ensemble; allez Tiburce, suivez Valérien vers la fontaine du salut, pendant que je prierai pour vous...

VALÉRIEN, TIBURCE, *ensemble*.

Sœur, épouse incomparable, nous partons à l'instant; nous allons vers le Dieu, et le saint vieillard qui règne dans les catacombes; puisse votre ange bénir notre départ et notre prompt retour. (*Ils partent.*)

SCÈNE V

CÉCILE.

SOLO. (*Elle répète le chant.*)

(Air n° 19 : *A tes pieds, vierge Marie*, etc.)

Je t'ai donné mon cœur, toi seul es mon partage,
Garde-le pour toujours, à la vie, à la mort.
De Tiburce, mon frère, ô Dieu, sois l'héritage !
    Accorde-nous le même sort.

REFRAIN. (*A genoux.*)

A tes pieds, Dieu que j'adore,
Point d'autres dieux, je n'en veux pas :
Mais pour Tiburce, ah! je t'implore, ⎫
    Guide vers toi ses pas. ⎭ *bis.*

(*Marchant.*) O Dieu du ciel, je l'espère de votre bonté, cette dernière grâce, le salut et la conversion de Tiburce : vous êtes trop bon pour ne pas le recevoir ; il a trop d'excellentes qualités dans son âme pour ne pas l'admettre au nombre de vos chers disciples et de vos glorieux enfants. Vous avez déjà entendu sa voix, vous connaissez les sentiments de son cœur; hâtez-vous d'exaucer ses vœux, et que bientôt nous soyons tous les trois unis dans votre divin cœur par des liens indissolubles. (*Elle sort.*)

SCÈNE VI

LES PAIENS, chantant en entrant.

CHŒUR.

Le plus bel héritage
De nos braves aïeux, etc., p. 15.

UN D'ENTRE EUX.

Ce n'est pas tout que les beaux mariages et les belles fêtes qu'on célèbre en ces lieux ; le culte de nos divinités, l'honneur de la patrie, voilà ce que ne doivent pas perdre de vue les vrais enfants de Rome. Je ne sais le rôle que remplira Cécile, dans cette illustre maison ; mais depuis le jour de son union avec Valérien, j'ai remarqué que le culte de nos grands dieux n'était pas fort en vigueur dans ces contrées.

UN AUTRE.

Et déjà, dit-on, Cécile aurait gagné le cœur de Valérien, et l'aurait fait renoncer aux dieux de la patrie, pour lui faire adorer le Dieu mort sur la croix !

UN AUTRE.

Déjà même, par les instantes prières de Valérien

et de Cécile, Tiburce aurait embrassé la même religion... Cécile même ne serait pas encore satisfaite, et elle travaillerait, dit-on, à multiplier ses conquêtes parmi nous...

UN AUTRE.

Impossible à nous de garder le silence ; la fidélité avant tout : il faut qu'à l'instant le préfet de Rome en soit averti ; tant pis pour les coupables : nous ne pouvons pas ne pas parler. (*Ils sortent et vont trahir les chrétiens.*)

SCÈNE VII

CÉCILE seule.

Ils sont tous les deux chrétiens, tous les deux disciples du Dieu que j'adore : cieux et terre, astres du firmament, esprits bienheureux, louez, exaltez le Dieu de clémence, qui vient de combler les vœux de mon cœur. Hier encore ils étaient idolâtres, et ils sont les élus du Seigneur, les enfants de la lumière ; un jour donc je pourrai monter avec eux dans le ciel ! (*Ils entrent.*)

SCÈNE VIII

VALÉRIEN, TIBURCE, CÉCILE.

VALÉRIEN.

Le voici, chère épouse, le second enfant de vos prières, le nouveau disciple du Sauveur : il est à nous, il est à Dieu, il est chrétien !...

TIBURCE.

Oui, chrétien, chrétien par vos prières, ô chère sœur, chrétien par la bonté de Dieu qui n'a pas dédaigné de me recevoir parmi les siens; je suis chrétien, et depuis que je le suis, il me semble ne vivre que de la vie des anges; je suis chrétien et le serai toujours !

CÉCILE.

Qu'il soit donc béni, des millions de fois béni, le Dieu débonnaire qui vient de vous faire chrétien : chantons, répétons à l'envi l'hymne de la reconnaissance.

CHŒUR. (*Les trois chantent.*)

O Dieu dont l'amour nous enflamme, etc., p. 19.

SCÈNE IX

ALMACHIUS et SON SERVITEUR.

ALMACHIUS.

Non, ce n'est pas en vain que les préfets de Rome portent le glaive. Si nous avons des lois c'est pour les faire observer ; des dieux, c'est pour les faire honorer ; une patrie glorieuse, c'est pour la défendre au dehors et la purger au dedans de tout ce qui pourrait l'avilir, la dégrader. C'est en vain que la hideuse secte des chrétiens, voudrait se répandre parmi les nobles enfants de Rome; nous saurons toujours la combattre et l'exterminer ; j'aime à faire couler le sang des chrétiens c'est un moyen sacré de venger l'outrage fait à nos dieux ; il faut de ces hécatombes pour purifier le sol romain, et apaiser les divinités de l'Olympe.

UN SERVITEUR.

Mais ce qu'il y a de plus inconcevable, c'est que depuis le mariage de Cécile, Valérien son époux et Tiburce son frère, qui étaient naguère si attachés au culte de nos aïeux, se sont faits non-seulement chrétiens, mais sont devenus tout à coup les avocats et les propagateurs les plus ardents de cette secte infâme.

ALMACHIUS.

Quoi ! Valérien lui-même et Tiburce ce jeune et intrépide romain !... Vite, qu'on les appelle et qu'ils paraissent à l'instant devant mon tribunal... (*Le serviteur va les chercher.*) Nous saurons bientôt s'ils sont vraiment des apostats, ou bien les victimes de la haine et de la calomnie : gloire aux dénonciateurs s'ils ont dit vrai, mais malheur à eux s'ils sont des imposteurs. Si je hais les chrétiens, je hais encore plus les menteurs et les fourbes : mais j'entends du bruit... (*Valérien et Tiburce entrent.*)

SCÈNE X

VALÉRIEN, TIBURCE, ALMACHIUS.

VALÉRIEN, TIBURCE.

Almachius, salut : on dit que vous nous demandez, nous voici prêts à répondre.

ALMACHIUS.

Oui, nobles Romains, c'est moi qui vous demande, pour vous punir si vous êtes coupables, pour vous venger si vous êtes innocents du crime qu'on vous impute.

VALÉRIEN.

Eh ! bien, quel est donc le forfait dont on nous accuse ? Nous n'avons pas à rougir de notre conduite, et nous sommes prêts à répondre de chacune de nos actions.

ALMACHIUS.

Je sais que naguère vous etiez doués d'une probité et d'une grandeur d'âme à tout épreuve ; votre éloge était dans toutes les bouches ; mais depuis quelque temps, on ne vante plus autant votre courage et votre fidélité : depuis que vous êtes avec Cécile, comme Samson, vous auriez, dit-on, perdu toute votre force, devant cette perfide Dalila ; votre cœur aurait lâchement fléchi à sa voix trompeuse, et vous auriez déserté nos dieux, pour embrasser la doctrine du Christ.

TIBURCE.

Et pourquoi ne pas parler plus franchement et sans nous outrager en face ! Craignez-vous de dire les choses par leur nom ? pour nous, nous n'avons pas cette crainte. Oui, nous sommes chrétiens, nous le sommes librement et de bon cœur ; nous nous glorifions de l'être : et depuis que nous le sommes, au lieu de faiblir, nous sentons grandir notre courage : si vous aviez un Dieu comme le nôtre, des femmes comme Cécile, vous seriez autrement forts, autrement grands que vous ne l'êtes.

ALMACHIUS.

Et quel est donc ce grand Dieu auquel vous rendez vos hommages !

VALÉRIEN.

Mais quoi ! vous me demandez quel est notre Dieu, comme s'il y en en avait plusieurs ? montrez-moi, je vous prie, d'autres dieux que le nôtre.

ALMACHIUS.

Ainsi donc, d'après vous, Jupiter lui-même ne serait pas un Dieu.

TIBURCE.

Libre à vous d'appeler Dieu un corrupteur, un libertin, un homicide tel que votre Jupiter ; pour nous, nous ne donnons le nom de Dieu qu'à l'être souverainement parfait, qui possède toutes les vertus, sans avoir aucun vice.

ALMACHIUS.

Ainsi donc, ô jeunes téméraires, l'univers entier sera dans l'erreur, et parmi tous les hommes Tiburce et Valérien seront les seuls à connaître le vrai Dieu !

VALÉRIEN.

Nous les seuls adorateurs du Christ ? mais déjà les chrétiens ne peuvent plus se compter dans l'empire ; et plus vous les décimez par le fer de la persécution, et plus nous les voyons se multiplier d'un jour à l'autre. C'est vous qui êtes le petit nombre, et qui disparaissez à vue d'œil ; pauvres infortunés ! vous êtes comme ces planches qui flottent sur la mer après le naufrage, et qui n'ont d'autres destinées, que d'être mises au feu, ou ensevelies dans les eaux.

ALMACHIUS.

Jeunes audacieux, nous saurons punir votre orgueil, nous saurons bientôt quels seront les plus forts et les plus nombreux; nous verrons quels seront ceux qui seront jetés dans les flots ou dans les flammes.

TIBURCE.

Vouloir nous effrayer par les menaces ou les tortures, ce serait perdre votre temps, Almachius; nous saurons toujours mourir, c'est là notre grande ambition; et depuis que nous sommes chrétiens, notre âme ne craint rien, elle est inflexible. Commandez, hâtez-vous de porter l'arrêt fatal; nous l'attendons avec une sainte ardeur.

ALMACHIUS.

Eh! bien, sur le champ vos vœux vont être accomplis : soldats, soyez fidèles à mes ordres : qu'on les charge de dures chaînes, et qu'après les avoir battus de verges, on les traîne à quatre milles de Rome, pour avoir demain la tête tranchée. Quant à toi, Maxime, tu me réponds sur ta tête de l'exécution de la sentence, ne les perds pas de vue un seul instant, et empêche-les de parler au peuple. (*Il sort.*)

SCÈNE XI

VALÉRIEN et TIBURCE.

VALÉRIEN.

O doux liens, chaînes bénies, vous nous allez mener au ciel!... O belle palme du martyre, déjà vous brillez à nos yeux! (*S'adressant à la foule.*) Chers concitoyens, nobles enfants de Rome, ne sentez-vous pas dans vos cœurs, le feu sacré qui brûle les nôtres?

TIBURCE.

Jusques à quand vous courberez-vous devant les fausses divinités du paganisme? Brûlez, réduisez en poudre les dieux de bois et de pierre, à qui Almachius donne son encens, et sachez que quiconque les adore, brûlera dans les feux éternels. Quant à vous, disciples de Jésus, soyez fermes et inébranlables dans la foi, ne quittez point le Dieu de Cécile, soyons toujours à lui, avec lui bientôt nous allons régner au ciel.

SCÈNE XII

CÉCILE, VALÉRIEN, TIBURCE, MAXIME, LE CHOEUR.

CÉCILE *entre*.

Grand Dieu, que vois-je! Valérien et Tiburce

dans les chaînes ! gloire à Dieu qui nous prépare un si magnifique triomphe : glorieux captifs de Jésus-Christ, salut ! laissez-moi baiser ces liens qui vous rendent si chers à mon cœur, ces liens qui vont vous mener au combat, à la victoire ; Dieu des martyrs et des vierges préparez la palme immortelle !...

TIBURCE.

Oui, chère Cécile, nous allons au martyre : nous allons souffrir et mourir pour le Dieu des chrétiens ; la sentence est portée, l'arrêt sera bientôt exécuté ; bientôt nous allons remporter la couronne des braves !

TRIO.

Armons-nous, la voix du Seigneur... (*Ils chantent ensemble.*)

CÉCILE.

SOLO.

(Air n° 15 : *Armons-nous, la voix*, etc.)

Courage, ô mon époux, mon frère,
Courage, jusques à la mort ;
Courage, vous touchez au port.
Pour le ciel, vous quittez la terre.

TRIO.

Armons-nous, etc. (*Tous ensemble.*)

MAXIME.

Et moi aussi je veux vivre et mourir en chrétien, puisque votre mort est si belle. Divinités de Rome, je vous répudie pour toujours, vous n'aurez plus mon cœur ni mes hommages ; je ne veux d'autre Dieu que le Dieu de Cécile, le Dieu de Tiburce et de Valérien. O qui me donnera les chaînes que vous portez, l'amour divin qui brûle vos cœurs ! qui me donnera de mêler mon sang à un sang si généreux !

CÉCILE.

Ce bonheur ineffable après lequel vous soupirez, cher Maxime, c'est l'Esprit saint qui l'accorde à ceux qui le demandent avec confiance : priez donc, ô jeune homme, et prions ensemble avec vous, pour que bientôt la grâce céleste vienne éclairer votre âme, la remplir de force et de consolation : quittez donc sans regret ces divinités mensongères, qui ne sont que de vains symboles des passions les plus infâmes : donnez-vous à Jésus-Christ ; croyez, espérez en lui, aimez-le de tout votre cœur, et si vous n'avez pas le baptême d'eau, vous aurez toujours le baptême de sang, qui dans un instant fait les martyrs et les vainqueurs du ciel.

VALÉRIEN.

Ainsi donc, ô fortuné Maxime, tu vas partager notre heureux sort.

MAXIME.

Oui avec vous, nobles chrétiens ; avec vous à la vie, à la mort ; avec vous au supplice, avec vous à la conquête des cieux ; si je tremble, punissez-moi, si je recule, frappez-moi. Je sens dans mes membres une sainte ardeur pour le martyre ; mon sang bouillonne dans mes veines, et il brûle de se mêler au vôtre !...

CÉCILE.

Marchez donc, ô trois victimes saintes, marchez courageusement au combat ! que l'ange du Seigneur vous accompagne, et vous donne bientôt la palme immortelle ; allez, passez les premiers ; allez rejoindre les Ignace, les Justin, les nobles fils de Symphorose et de Félicité, ces millions de jeunes Romains qui vous attendent pour assister à votre couronnement ; allez, et n'oubliez pas Cécile, que vous verrez bientôt parmi les bataillons immortels : partez, et n'oubliez pas ces jeunes romains qui envient votre sort, et qui brûlent de marcher sur vos traces : partez en répétant l'hymne du combat et de la victoire.

LES TROIS.

Adieu Cécile, adieu jusqu'au ciel et bientôt au revoir.

CHŒUR.

Armons-nous la voix, etc. (*Ils chantent en partant.*)

FIN DU DEUXIÈME ACTE.

TROISIÈME ACTE

SCÈNE I

CÉCILE seule.

Seigneur, c'est trop de bonté pour votre indigne servante : je vous demandais le salut de mon époux, et vous sauvez son frère, et avec eux, vous sauvez Maxime, et une foule d'autres romains, qui demandent à grands cris la grâce du baptême et la gloire du martyre. Continuez, Dieu de clémence, de multiplier les soldats et les héros de la milice chrétienne ; bientôt vous règnerez partout, et votre saint nom sera glorifié d'un bout du monde à l'autre. Toutefois quand vous verrez que je puis quitter la terre d'exil, de grâce, ne refusez pas à Cécile, la palme du martyre : c'est la seule faveur que j'ambitionne maintenant, et à laquelle je veux me préparer. (*Elle sort.*)

SCÈNE II

ALMACHIUS, se promenant.

C'est réellement inconcevable que le fanatisme

des chrétiens ! Plus vous les menacez, plus ils ont d'audace; plus vous les mutilez, plus ils sont joyeux et contents; plus vous les décimez, plus ils se multiplient, plus ils sont forts et invincibles : semblables à ces maudits insectes, à ces méchantes herbes qu'on ne peut exterminer. Si encore cette infâme doctrine, ne régnait que parmi le peuple; mais ne voilà-t-il pas qu'elle se propage dans tous les rangs de la société, dans les familles les plus illustres, et jusque dans la cour. Qui aurait jamais cru que des hommes comme Tiburce et Valérien, se feraient les disciples d'un Dieu mort sur la croix, et qu'ils entraîneraient dans leur apostasie, mon confident Maxime et plusieurs autres vaillants Romains? Ils tiennent, je pense, le supplice qu'ils ont mérité. Quant à Cécile, cette fanatique insensée, je sais ce qu'elle a fait de mal parmi nous, il est bien temps d'exercer sur elle tout le poids de nos vengeances.

SCÈNE III

UN SERVITEUR, ALMACHIUS.

UN SERVITEUR, *entrant*.

Vos ordres, seigneur, viennent d'être exécutés : Valérien et Tiburce ont subi leur juste sort; leur tête orgueilleuse vient de tomber sous le glaive vengeur. Quant au lâche Maxime et autres qui avaient imité sa honteuse trahison, selon vos ordres, nous les avons assommés avec des fouets armés de balles de plomb. Mais vous n'avez rien fait, tant que Cécile vivra parmi nous : c'est elle qui fait tout, qui commande tout : toutes ses paroles sont regardées comme des oracles ; elle est à leurs yeux, comme une véritable déesse. Si vous ne mettez fin à ses jours, vous n'aurez bientôt que des chrétiens parmi nous.

ALMACHIUS.

C'est aussi sur elle que nous allons exercer toutes nos fureurs ; qu'on me l'amène à l'instant et qu'elle paraisse devant mon tribunal. Nous allons la traiter comme elle le mérite, cette déesse infâme... (*Le serviteur sort.*) Nous verrons si sa puissance et ses charmes pourront la soustraire au feu de notre colère. Paraissez, femme orgueilleuse... (*Elle entre.*)

SCÈNE IV

CÉCILE, ALMACHIUS.

ALMACHIUS.

Il est bien temps de venir me rendre compte de tant de forfaits.

CÉCILE.

La voici donc cette grande coupable qui ne tremblera pas en ta présence.

ALMACHIUS.

Voyons, pas tant d'audace et dis-moi quel est ton nom?

CÉCILE.

Devant les hommes, je m'appelle Cécile, mais chrétienne est mon plus beau nom.

ALMACHIUS.

Et maintenant, dis-moi, quelle est ta condition?

CÉCILE.

Citoyenne de Rome, de race noble et patricienne.

ALMACHIUS.

Je le sais, mais c'est sur ta religion que je t'interroge.

CÉCILE.

Tu n'as qu'à parler, et je suis prête à répondre.

ALMACHIUS.

Et d'où peut te venir une pareille assurance devant un préfet romain?

CÉCILE.

D'une conscience pure et d'une foi certaine au Christ, fils de Dieu.

ALMACHIUS.

Ignores-tu donc quel est mon pouvoir?

CÉCILE.

Et toi, ignores-tu quel est mon époux et mon défenseur?

ALMACHIUS.

Quel est-il?

CÉCILE.

C'est le Seigneur, le Roi des rois.

ALMACHIUS.

Ne sais-tu pas, femme superbe, que nos divins empereurs m'ont donné sur toi le pouvoir de vie et de mort? Et peux-tu ignorer qu'ils ont défendu de professer la religion du Christ?

CÉCILE.

Tes maîtres et toi, vous êtes dans l'erreur : et vos édits de persécution ne prouvent qu'une chose, c'est que vous êtes cruels, et que nous sommes innocents. Car si le nom de chrétien est un crime, c'est à moi de le renier, et à vous de nous le faire confesser dans les supplices : car, notre gloire est de professer hautement notre qualité d'enfants de Jésus-Christ. Et quels sont donc les prétendus forfaits que vous reprochez aux chrétiens? Nous trouvez-vous trop de courage? Mais quand on a la conscience pure, on ne peut pas trembler comme des coupables? Mon crime, si tu veux le savoir, c'est d'avoir sauvé l'âme de mon époux, de mon frère et de plus de quatre cents Romains qui sont, ou qui seront bientôt dans le royaume éternel; mon crime, c'est d'avoir rendu les honneurs de la sépulture aux corps des saints martyrs, c'est d'avoir distribué tous mes biens aux pauvres; mon crime, c'est de prier pour nos tyrans et nos bourreaux; c'est de braver la mort avec tous les plus affreux tourments. Et quel est donc ce grand pouvoir que tu tiens des empereurs? Tu peux bien ôter la vie à ceux qui en jouissent, mais saurais-tu la rendre à ceux qui sont morts? Dis-donc que tu es établi ministre de mort, mais ne dis pas que tu as le pouvoir de vie et de mort; Dieu seul, celui que nous servons, possède cette puissance. Et quand tu nous auras broyés, réduits en cendre, il saura nous ressusciter un jour.

ALMACHIUS.

Malheureuse femme, laisse donc là toutes tes vaines chimères : ne vois-tu pas que toi et les tiens, vous êtes dans l'erreur? Pourquoi donc chercher à en séduire d'autres, pour les envelopper dans ton malheur? Quelle folie que la conduite d'un chrétien! préférer la pauvreté, la souffrance, aux plaisirs et aux richesses, un trépas honteux à une vie d'honneur et de gloire!

CÉCILE.

O la belle philosophie que celle que tu viens me prêcher! Est-il étonnant qu'elle fasse de l'homme un être dégradé? Et pourquoi me parler de la sorte ! Penses-tu, par hasard, que Cécile se laissera prendre à tes doctrines infâmes ? Tu nous crois dans l'erreur, nous, enfants de la lumière, disciples du seul et vrai Dieu ; mais que trouve-t-on dans ton paganisme, sinon un horrible tissu d'erreurs et de superstitions, de faussetés et de mensonges? Tu plains le sort des chrétiens que tu devrais désirer : car, est-ce le bonheur que d'être l'esclave des plus viles passions, de vivre de la vie de la brute, sans espoir d'une félicité future? Nous vivons, il est vrai, à l'exemple de notre divin Maître, nous passons ces quelques jours, dans les privations et la pénitence; mais ne vois-tu pas la joie qui paraît sur nos fronts, à la vue de la couronne impérissable, que nous sommes sur le point de toucher! Souffrir et mourir pour Jésus-Christ, quel bonheur, quel gain immense pour des chrétiens! Bientôt, nous allons dans le sein de Dieu tressaillir d'allégresse, et ils pleureront éternellement, ceux qui rient maintenant et nous insultent dans nos malheurs!

ALMACHIUS.

Ainsi donc, ô impudente femme, nous n'aurons qu'un deuil éternel, nous et les glorieux empereurs de Rome! Ce sera donc à votre tour de régner, et à nous de ramper à vos pieds!

CÉCILE.

Et qui êtes-vous donc, toi et tes princes? N'êtes-vous pas des hommes, et ne devez-vous pas mourir? Auriez-vous depuis quelque temps trouvé le secret d'échapper à la mort? Vous mourrez, et vous serez jugés comme les autres hommes : avec la différence, que les juges de ce monde auront un jugement autrement sévère que le reste des mortels.

ALMACHIUS.

Assez, et déjà trop de discours et d'insolence; il est temps d'en finir avec toi : vois-tu Jupiter, Mars et Romulus qui ont été témoins de ton audace sacrilége, mais qui sauront te pardonner, si tu te prosternes à leurs pieds? Sacrifie donc aux dieux, ou tu vas mourir à l'instant?

CÉCILE.

Là des dieux! et où vois-tu là des dieux? Pour moi, je n'y vois que trois pierres, ou trois morceaux de bois, que la main de l'ouvrier a façonnés sur d'autres modèles : et pour deux talents d'or, je me charge de te faire de ces dieux, tant que tu en voudras. Dieu est au ciel, c'est le seul que j'adore, le seul puissant, le seul éternel. Le Christ est mon unique maître; tu peux commander, je ne demande qu'à souffrir et à mourir pour lui.

ALMACHIUS.

Qu'on m'enlève à l'instant cette vile créature; qu'on l'enferme dans la salle des bains, et là qu'elle soit étouffée dans les vapeurs embrasées de la chaudière ardente.

CÉCILE, *pendant qu'on l'entraîne dit* :

O Dieu, ô mon Christ, je vais bientôt m'envoler vers vous !...

SCÈNE V

ALMACHIUS, CÉCILE.

ALMACHIUS.

Nous verrons si le feu respectera ses ailes, si bientôt elle n'aura pas fini de parler, et d'insulter nos gens et nos dieux. Vraiment ce n'est pas une femme, c'est une véritable furie qui a pris le nom de Cécile. On dit qu'elle aime à chanter : eh ! bien, qu'elle aille chanter dans les flammes. Il serait bien temps pour....... (*Il s'endort sur un siége.*)

CÉCILE. *Elle chante sous la voute ardente, derrière la coulisse.*

REFRAIN.

(Air n° 3 : *Qu'il est doux, mélodieux*, etc.)

> Qu'il est doux, délicieux,
> Le feu de la chaudière !
> Quelle douce atmosphère !
> C'est l'image des cieux.

COUPLET.

> N'ayant été jamais plus à mon aise,
> Je nage au sein d'un suave bonheur :

J'ai le sort des Hébreux, chantant en chœur
Le cantique divin de la fournaise.

REFRAIN.

Qu'il est doux, etc.

O Dieu, c'est trop de faveur pour votre pauvre servante ! Comme les trois jeunes Hébreux, comme le disciple Jean, je reste intacte dans la violence du feu, et au milieu d'une atmosphère toute en flamme, je trouve une rosée rafraîchissante, un air pur et embaumé, qui est comme un avant-goût du ciel : je vous ai demandé la grâce du martyre ; mais vous êtes le maître de me la différer, si je dois encore vous être utile.

ALMACHIUS, *se réveillant.*

Je pense qu'elle a enfin rendu le dernier soupir, cette âme scélérate, que Rome rougira d'avoir vue naître dans son sein. Une mort lente et cruelle, une horrible suffocation, dans des vapeurs enflammées, c'était bien ce qui convenait à sa superbe insolence.

SCÈNE VI

UN SERVITEUR, ALMACHIUS.

UN SERVITEUR, *entrant.*

Maître, je viens vous annoncer un prodige frappant : il faut vraiment que le Dieu des chrétiens ait une puissance que nous ne connaissons point : c'est en vain que pendant toute la nuit nous avons activé la fureur des flammes, Cécile vit encore, elle parle, elle chante avec plus d'audace que jamais : si la chose vient à se connaître, tout le peuple va se soulever pour nous arracher Cécile, et se faire chrétien.

ALMACHIUS.

Quoi Cécile vit encore et vous osez me l'annoncer ! N'avez-vous pas des bras, des armes, pour lui trancher la tête ? Allez à l'instant, et pourvu qu'elle meure, peu importe le genre de sa mort. (*Ils sortent.*)

SCÈNE VII

LES CHRÉTIENS.

UN JEUNE CHRÉTIEN.

Qu'il est grand, qu'il est puissant le Dieu des chrétiens? C'est en vain que les tyrans et les empereurs de Rome veulent lutter contre lui, il sait à son gré se susciter des enfants, et les faire triompher de tous les supplices, et dernièrement encore, il vient de préserver Cécile des atteintes d'une fournaise ardente : je l'ai entendue chanter comme un ange autour de la chaudière en feu.

UN AUTRE CHRÉTIEN.

Mon cher ami, encore un nouveau prodige en faveur de Cécile : trois fois le licteur a frappé la vierge de sa hache cruelle, et trois fois il a donné des coups mortels, sans pouvoir la tuer : fuyant alors saisi de frayeur, il a laissé Cécile baignée dans son sang, mais vivant encore.

LE PREMIER CHRÉTIEN.

Vite, qu'on lui prodigue des soins et qu'on l'apporte ici. (*Le deuxième va la faire apporter.*) Soyez béni mon Dieu, pour ce nouveau miracle : de grâce, laissez-nous encore cette libératrice du peuple romain, cette protectrice, cette mère du pauvre et de l'orphelin : que du moins nous ayons l'insigne faveur d'entendre encore sa voix maternelle, de panser ses plaies, de recueillir son dernier soupir, et de fermer son aimable paupière. Mais voici l'objet sacré de notre amour. (*On l'apporte sur un brancard. — Ils se prosternent à genoux.*)

SCÈNE VIII

LES CHRÉTIENS, CÉCILE.

LE JEUNE CHRÉTIEN.

Salut donc, ô sœur, ô mère vénérable, salut ô

épouse et martyre de Jésus-Christ. (*Ils embrassent ses plaies.*) Laissez-nous embrasser cette tête sanglante et chérie, coller nos lèvres sur ces plaies sacrées, qu'a osé faire le glaive du bourreau : laissez-nous vénérer, recueillir avec respect ces gouttes précieuses d'un sang virginal et chrétien.

CÉCILE, *d'une voix mourante.*

Qu'il est doux, chers enfants, de souffrir pour le divin Maître ! Ces blessures qui sillonnent mon front, sont pour moi une couronne de roses, c'est le symbole de la couronne immortelle, que les anges préparent aux vierges martyres : ces gouttes de sang qui coulent sur mon visage, c'est une rosée céleste qui rafraîchit mon cœur, ce sont autant de perles éclatantes qui doivent orner ma tête dans la splendeur des saints. Louez donc, bénissez avec moi le Dieu qui m'a comblée de tant de faveurs. Et si par sa bonté, je respire encore, et si je puis vous faire entendre les derniers accents de ma voix mourante, c'est pour vous prier d'être fidèles à votre Dieu, à la vie, à la mort, de travailler toujours à la propagation de son règne et au salut des âmes, en priant pour nos persécuteurs et nos bourreaux. (*D'une voix plus faible.*) Adieu donc, mes chers enfants, tendres disciples de mon doux Sauveur; adieu jusqu'au ciel ; je vais joindre Valérien, Tiburce et Maxime ; ils m'appellent, ils me tendent les bras ; je vais m'unir à Jésus, m'unir à Marie, m'unir à tous les chœurs des bienheureux. Je vois les cieux s'ouvrir, et les anges qui viennent chercher mon âme; adieu, je meurs, adieu!!! (*Elle meurt.*)

TOUS *en deuil, à genoux.*

Adieu, Cécile, adieu!!!

FIN

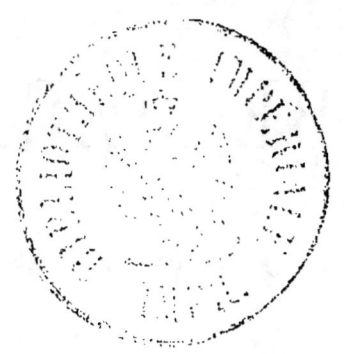

LE
MARTYRE D'AGAPIT

DRAME EN TROIS ACTES

A L'USAGE DES

COLLÉGES, PETITS SÉMINAIRES ET AUTRES MAISONS D'ÉDUCATION

PAR M. L'ABBÉ J***

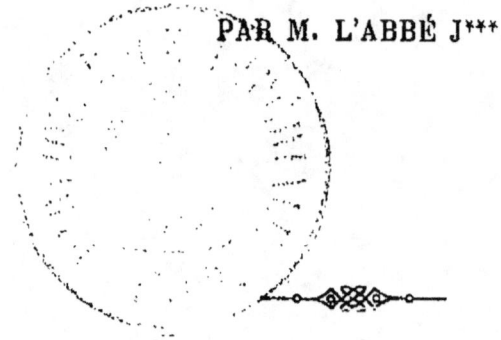

LYON

P. N. JOSSERAND, LIBRAIRE-EDITEUR

PLACE BELLECOUR, 3

1867

(TOUS DROITS RÉSERVÉS)

Besançon. — Imprimerie d'Outhenin Chalandre fils.

HISTORIQUE

C'est avant la dixième persécution, en 274, qu'on place le martyre de saint Agapit. Aurélien se montra d'abord favorable aux chrétiens; mais il ne tarda pas d'hériter de la fureur des anciens tyrans, et huit mois après avoir porté un édit contre l'Eglise de Jésus-Christ, il était puni du ciel, et mourait de la main des officiers de son armée : l'édit cruel de la neuvième persécution, porté par ce lâche empereur, ne tarda pas à se répandre, et produisit, hélas! un assez grand nombre de martyrs et dans les Gaules et dans l'Italie: c'est à Préneste, dans la Palestine, que le jeune Agapit remporta, à l'âge de seize ans, la palme du martyre, et fut décapité, après avoir passé par les tortures les plus affreuses.

PERSONNAGES

ANTIOCHUS, gouverneur de Préneste,
LYSANDRE, ami d'Antiochus, père d'Agapit.
MÉTELLE, grand-prêtre des dieux.
AGAPIT, fils de Lysandre, jeune chrétien.
Plusieurs gardes,
Plusieurs jeunes païens.

LE MARTYRE D'AGAPIT

DRAME EN TROIS ACTES

PREMIER ACTE

Le théâtre représente l'assemblée des païens autour de la table de la déesse Hébé.

SCÈNE I

MÉTELLE, LE CHŒUR.

MÉTELLE.

Vous voici donc, chers enfants, réunis en ce saint lieu, pour rendre à la puissante déesse de votre âge, vos vœux et votre encens. N'ayons donc qu'une voix et un cœur pour fêter un si beau jour.

CHŒUR PAÏEN.

(Air n° 21, tiré d'*Agapit*.)

Amis, à cette aimable fête
Hâtez-vous d'accourir,
A la bénir que tout s'empresse ;
Hâtez-vous d'accourir,
Un même cœur doit tous nous réunir.

DUO.

O toi, déesse secourable,
Toujours accueille notre encens,
Montre-toi toujours favorable
Aux voix de tes faibles enfants.

REFRAIN.

Amis, etc.

SCÈNE II

AGAPIT, MÉTELLE.

AGAPIT, *entrant et suivi de quelques chrétiens.*

Juste ciel! quelle impiété, quel crime abominable! Quoi! nous les entendons toujours, nous les verrons provoquer la colère du Dieu des vengeances par un culte insensé, enfanté par l'enfer!

MÉTELLE.

Qu'entends-je? que vois-je de mes propres yeux?... quelques-uns de ces fanatiques chrétiens; à leur tête un jeune orgueilleux, qui vient souiller notre fête par ses paroles sacriléges et blasphématoires. Quoi! malheureux! et c'est jusque sur nos autels, que vous osez venir profaner la majesté de notre culte et la sainteté de nos dieux immortels!

AGAPIT.

Des dieux saints et immortels, ces statues de bois

ou de pierre, qui sont sourdes à toutes vos prières! Que vous ont-ils donc fait ces dieux immobiles? que peuvent-ils pour vous et pour la patrie? quelle est donc cette prétendue puissance, dont vous nous parlez tant? Voyons s'ils peuvent même résister au bras d'un enfant de quinze ans. Voyez-les là, vos dieux, voyez leur pouvoir. (*Il renverse la statue.*)

MÉTELLE.

Soldats, levez le glaive, frappez cet insensé... Mais non, il faut attendre... et vous grands dieux qu'on vient d'insulter, frappez vous-mêmes, punissez ce sacrilége profanateur; soldats, qu'on le charge de chaînes : je vais de suite trouver le gouverneur; il n'y a que la mort et une mort cruelle pour châtiment d'un pareil forfait. (*Il sort.*)

AGAPIT.

Il pense m'effrayer, ce prêtre des faux dieux! il ne sait pas ce que c'est qu'un chrétien, ce que c'est qu'Agapit. Quel bonheur pour moi, si je pouvais mourir pour Jésus-Christ et remporter la palme du martyre! Mais allons, chers amis, marchons nous-même au devant de la mort, je veux à l'instant m'offrir au gouverneur. (*Ils sortent, Agapit porte la chaîne au cou.*)

SCÈNE III

LYSANDRE, ANTIOCHUS.

LYSANDRE.

Seigneur, bientôt, dit-on, César dans nos murs va entrer : toute la ville est en mouvement, et se dispose à se précipiter sur ses pas ; le temple et l'autel sont préparés à grands frais, pour un nouveau sacrifice. On dit que l'empereur, pour rendre la fortune favorable à son fils, et attirer sur sa tête les bénédictions du ciel, va lui-même présider à cette pompe religieuse. Moi aussi, depuis longtemps, je prie les dieux de Rome, je leur offre mon cœur et mes hommages ! Mais hélas ! mon cher ami, ils restent toujours sourds à mes tristes accents. Franchement, ô Seigneur, j'ai plus de confiance en vous, que dans tous ces dieux qu'on nous fait adorer : Si vous voulez, vous pouvez tout pour moi ; c'est vous seul que j'implore en ce moment solennel.

ANTIOCHUS.

Comptez, comptez sur moi, Lysandre ; c'est trop doux, trop glorieux pour mon cœur de défendre un ami abandonné des dieux, un ami qui mérite à tout égard ma protection ; en tout et partout je suis prêt à vous prouver mon dévouement : Je vous donne ma parole, je suis à vous ; en tout temps et en tout lieu je vous serai fidèle : parlez, ne craignez rien.

LYSANDRE.

Vous connaissez mon unique fils, le cher objet de ma tendresse, mon fils qui vous aime et n'est pas étranger à vos largesses ; c'est pour lui que je veux implorer votre secours. Vous savez que l'empereur va bientôt choisir de jeunes enfants, pour les faire élever avec son fils, l'espoir et la gloire de la patrie : que je serais heureux, si, par votre puissante intervention, le choix pouvait hélas ! tomber sur mon cher Agapit : à vous, à l'empereur je devrais tout le bonheur de ma vie.

ANTIOCHUS.

Votre enfant, cher Lysandre, est vraiment digne de mon amour et de votre tendresse : je connais, j'admire toutes les belles qualités du jeune Agapit, chez qui la sagesse du vieillard a devancé les ans ; je connais ses talents, sa vertu, son excellent et noble caractère : il y a sur son front et dans son cœur, je ne sais quel cachet de grandeur, qui le rend véritablement digne du sang de ses aïeux, digne du sang romain qui coule dans ses veines, digne de la bienveillance de l'empereur, digne de tout notre amour et de toute notre affection. Depuis longtemps j'avais songé à lui ; soyez donc assuré que je ferai tout mon possible pour lui ouvrir la carrière de la gloire et du bonheur.

LYSANDRE.

Je ne m'étais pas trompé, seigneur; je connaissais votre cœur et votre amour pour ma famille; soyez mille fois béni de vos promesses et de votre bonté à l'égard de mon cher Agapit. Quand je vois, dans mon enfant, cette aimable candeur, ce cœur droit, tendre, docile, ce cœur où règne depuis le berceau la pureté des mœurs et la crainte des dieux, je suis tout fier de mon fils, et j'ose vous promettre de sa part fidélité et reconnaissance. Je sais bien que la secte des chrétiens a soufflé son impiété sur la jeunesse romaine, a fait plus d'une victime dans la nation : mais j'ai veillé sur Agapit, je l'ai étudié dans toutes ses démarches, je ne l'ai pas perdu de l'œil, et toujours je l'ai trouvé rempli d'horreur pour le culte des chrétiens, toujours plein de respect pour les dieux, pour son père et pour les lois de la patrie.

ANTIOCHUS.

Oui, ce qui me remplit d'affection et d'estime pour votre enfant, c'est surtout de le voir fuir avec horreur le culte des chrétiens, ce culte impie et sacrilége, qui est si funeste au bonheur de l'empire, et que César a proscrit sous les peines les plus terribles. Soyez donc parfaitement tranquille sur le sort d'Agapit, reposez-vous sur moi du soin de sa grandeur et de son élévation : je vais pour cela faire jouer tous les ressorts de ma puissance et de mon crédit ; puisse un heureux succès couronner mes efforts et répondre à notre mutuelle attente. Mais je veux voir Agapit ; et pourquoi ce cher fils n'est-il pas venu avec vous ?

LYSANDRE.

Seigneur, mon fils serait en ce moment à vos pieds et à mes côtés ; mais vous savez que c'est aujourd'hui une illustre fête ; c'est le grand jour du sacrifice en l'honneur de la puissante déesse du jeune âge : Agapit désirait ardemment m'accompagner, mais son amour pour les dieux de la patrie l'a poussé vers l'autel du sacrifice, et je n'ai pas osé m'opposer à sa pieuse ferveur.

ANTIOCHUS.

Vous avez bien fait, cher Lysandre ; le culte des dieux doit passer avant tout : sa piété me plaît autant que votre indulgence. Puisse la déesse Hébé bénir Agapit et toute notre chère jeunesse.

SCÈNE IV

MÉTELLE, ANTIOCHUS, LYSANDRE.

MÉTELLE, *entre furieux*.

Quel exécrable forfait ! avait-on jamais vu une pareille témérité ? Mort, vengeance à l'audacieux profanateur !

ANTIOCHUS.

Calmez vos esprits, cher Métclle; pourquoi tant de fureur? Quel est donc l'objet de votre bouillante colère? Parlez, expliquez-vous.

MÉTELLE.

Ah! seigneur, ce n'est pas sans raison que je suis violemment irrité : jamais le soleil n'avait éclairé pareil attentat. N'entendez-vous pas la voix des dieux, la voix de la puissante Hébé, qui demande justice et vengeance à l'instant? (*D'un ton plus bas.*) Mais, c'est en vain que je viens chercher chez vous un bras vengeur, je trouve ici Lysandre qui déjà aura su modérer les justes feux de votre colère. Eh bien, si votre bras ne sait plus punir, je vais chercher ailleurs une main vengeresse et inexorable.

ANTIOCHUS.

Mais quelle frénésie subite s'est emparée de votre âme? Quoi! le glaive d'Antiochus ne sait plus frapper! Protecteur de la vertu, vengeur du crime, depuis quand ai-je laissé violer impunément les droits de la religion et de la patrie? Parlez plus clairement, car vos paroles sont une insulte à mon nom, à mon honneur.

LYSANDRE.

Et qui donc inspire au grand prêtre cette étrange folie? Quoi! moi Lysandre, moi ennemi implacable de la scélératesse et de l'impiété, moi protecteur zélé des dieux et de la justice, je viendrais faire tomber le glaive de l'autorité des mains d'Antiochus! mais pourquoi me prêter de pareils sentiments?...

MÉTELLE.

S'il n'y a pas entre vous deux connivence pour protéger le crime, pour pardonner à l'impiété, pourquoi restez-vous lâchement les bras croisés? Pourquoi sur vos deux fronts trouvé-je tant de sérénité, après la hideuse insulte qu'on vient de faire à la déesse Hébé?...

ANTIOCHUS.

Quoi! dans un jour où le pieux Agapit, entouré de ses compagnons d'enfance forme autour de la déesse une joyeuse couronne et un cortége d'honneur! Quel crime pourrait-on commettre dans cette aimable fête? Quel est l'audacieux?...

MÉTELLE.

Oui, seigneur, c'est en ce jour, qu'un forfait inouï, qu'un horrible attentat... je n'ose parler; cette seule pensée fait frissonner mon âme de honte et d'horreur... Je crains de faire moi-même un crime, en vous le racontant.

ANTIOCHUS.

Mais pourquoi tant de détours? à qui le direz-vous, si vous le cachez à mes yeux?

LYSANDRE.

Parlez-donc, ô Mételle ; car Antiochus ne veut vous entendre, que pour venger et punir.

MÉTELLE.

C'était au moment même du sacrifice solennel ; un jeune téméraire, escorté d'une jeune troupe de fanatiques chrétiens, a osé porter ses pas jusqu'au sanctuaire ; et bravant la majesté de nos dieux, il a d'une main sacrilége, foulé aux pieds la vénérable statue d'Hébé, en vomissant les plus noires infamies contre cette déesse et ses fidèles disciples ! N'est-ce pas là un crime abominable et digne de mort, un forfait capable d'attirer sur nos têtes les malédictions célestes, si on le laisse impuni ?

LYSANDRE.

O ciel ! est-ce croyable ? un pareil attentat dans les murs de Préneste ! mais quel est donc cet infâme scélérat ? l'avez-vous vu ? est-il en vie ? et s'il vit encore, pourquoi une mort prompte et cruelle ne viendrait-elle pas laver dans le sang un forfait dont jamais nous n'avions entendu parler ? Seigneur, c'est vous qui portez le glaive en main ; ô de grâce, la mort, la mort pour le coupable, quels que soient son âge, son rang, sa distinction.

ANTIOCHUS.

Connaissez-vous ce jeune insensé ? son nom, Mételle ? je veux le savoir à l'instant.

MÉTELLE.

Son nom, seigneur, n'est que trop remarquable ; mais je ne veux, je ne puis le dire ici : ailleurs, quand vous voudrez, mais non pas dans ce lieu.

LYSANDRE.

Et pourquoi le cacher aux oreilles du prince ? parlez, c'est lui qui commande.

MÉTELLE.

Quoi ! faire connaître ce jeune homme et le nommer ici, ici ?...

ANTIOCHUS.

Mételle, je le veux, j'ai droit de l'exiger ; parlez, je vous l'ordonne.

LYSANDRE.

Et moi, au nom des dieux, je désire connaître le coupable, pour aider à venger leur gloire outragée.

MÉTELLE.

Vous le voulez, Lysandre ; eh ! bien, c'est Agapit !

LYSANDRE.

Quoi ! mon fils !.. Agapit !..

MÉTELLE.

Oui, votre fils, Lysandre ; c'est lui-même ; Agapit !...

ANTIOCHUS.

Métella, est-ce possible? que venez-vous nous apprendre? quoi! dans ce jour, dans ce moment solennel, vous venez glacer mon âme!...

LYSANDRE.

Agapit, mon fils Agapit... c'est lui qui viendrait d'outrager les dieux!... lui, qui d'un bras sacrilége, viendrait de profaner leurs autels, de briser leurs statues?... non, mille fois non. Je connais trop le fond de son cœur et de ses sentiments les plus intimes : je sais quel est son zèle pour tous les dieux de la patrie et pour la déesse de son âge; je sais qu'il ne m'a quitté, que pour aller brûler l'encens sur son autel; non je connais trop mon fils, et je pourrais prendre à témoins les dieux de son innocence.

MÉTELLE.

Le crime est trop public, les témoins trop nombreux; et déjà tout Préneste en frémit d'indignation.

SCÈNE V

AGAPIT, LYSANDRE, MÉTELLE, ANTIOCHUS.

AGAPIT, *entrant.*

Le voici, le coupable; vous n'avez pas besoin

d'autres témoins que moi. Oui, Agapit est ce grand criminel, si c'est un crime de refuser, à vos prétendus dieux, un culte abominable...

LYSANDRE.

O ciel! fallait-il me réserver pour un pareil sort?

MÉTELLE.

Vous le voyez, malheureux père, vous l'entendez vous-même; c'est Agapit qui parle, c'est votre fils qui est devant vous; jugez sur sa parole s'il peut être innocent.

LYSANDRE.

Que vois-je? qu'entends-je? mes yeux, mes oreilles assurément doivent me tromper.

ANTIOCHUS.

Grands dieux! quelle scène lamentable! un crime!... un enfant!... un père!...

LYSANDRE.

Où suis-je? Je ne sais plus ce que je fais; ma langue est tremblante et muette.

ANTIOCHUS.

Agapit, le coupable?... Je frissonne d'horreur...

LYSANDRE.

Mes genoux chancellent, tous mes sens sont

frappés d'interdit... Est-ce bien là le sang, mon sang, qui bouillonne dans mes veines? est-ce bien là mon fils? est-ce bien vous, Agapit?

MÉTELLE.

Oui, c'est là cet impie qui ose déclarer la guerre à nos dieux immortels, qui ose les maudire et braver leur tonnerre!

AGAPIT.

Et vous osez les appeler des dieux puissants, des dieux immortels, ces fragiles statues de pierre ou de bois, qui sont l'œuvre de l'homme! ô les charmantes divinités, qui ont des yeux et ne voient rien, des oreilles et n'entendent pas, une bouche et sont muettes, des mains et des pieds, et ne font pas le moindre mouvement! Non, non, ne croyez pas que jamais Agapit veuille adorer des dieux, qui n'existèrent jamais, des dieux que des hommes sensés ne regardent qu'en riant, des dieux qu'un enfant de quinze ans peut écraser et réduire en poudre, des dieux qui ne peuvent venger l'injure qu'on leur fait. Et quel est le châtiment que m'a infligé votre déesse Hébé, depuis que d'une faible main, j'ai fait croûler sa vaine idole? Allez voir si même elle a pu se relever de ses ruines.

LYSANDRE.

Que dis-tu, misérable? est-ce bien là mon fils qui parle de la sorte? as-tu perdu la tête? ou bien serait-il vrai que la secte infâme des chrétiens serait venu empoisonner et ton cœur et ton esprit?

MÉTELLE.

Son audace fait rougir et la terre et les cieux... O vous père des dieux, vous qui lancez la foudre, frappez, que tardez-vous? frappez et réduisez en poussière cet audacieux scélérat.

AGAPIT.

Parlez plus haut, Mételle; vous vous ferez mieux entendre de vos divinités : mais non, vous avez beau crier; vous savez bien qu'elles sont insensibles et sourdes à toutes vos prières.

MÉTELLE.

A de tels blasphèmes les cieux frémissent d'indignation, et nous les entendons avec calme et tranquillité : vous avez le glaive en main, seigneur, et vous le laissez dans le fourreau : je ne m'étais pas trompé, et je vois bien que j'ai à faire à...

ANTIOCHUS.

Allez, retirez-vous, Mételle ; je saurai tirer le glaive... les dieux seront contents, vous serez satisfait. Pas de milieu pour nous : ou Agapit va offrir de l'encens à nos dieux, ou bien il va payer son impiété par l'effusion de son sang. (*Mételle se retire.*)

SCÈNE VI

AGAPIT, LYSANDRE, ANTIOCHUS.

ANTIOCHUS.

Choisis, jeune insensé... tu viens d'entendre ma parole ; ou la mort, ou le service des dieux... et pour punir ces bras sacrilèges, qui viennent de renverser la statue de la déesse, gardes, en attendant, enchaînez-lui les mains.

AGAPIT.

C'est votre amour, ô mon Dieu, qui m'offre cette nouvelle chaîne : merci Antiochus ; merci, ô mon Sauveur, pour un bienfait si précieux. (*Et il la baise avec amour.*)

LYSANDRE.

Quoi, des fers, des fers cruels sur mon cher Agapit! de grâce, ô mon fils, épargnez-vous la honte et la rigueur de ces chaînes ! vos bras ne sont point faits pour être liés de la sorte...

AGAPIT.

Non, non, ô mon père, je puis les porter ; je les reçois avec reconnaissance. (*Il baise ses liens.*) O fers, suaves liens, je vous désirais, je vous embrasse de bon cœur ! vous êtes pour le chrétien un fardeau doux et léger, pour Agapit vous êtes pleins de charmes : je vous aime et je vous embrasse cordialement ; j'espère que vous me menerez à la mort des braves, et que bientôt mon sang...

LYSANDRE.

Mais, seigneur, vous que j'aime, vous qui aimez Lysandre et son fils, permettez que je lui parle en secret, et laissez-nous un instant tous les deux.

ANTIOCHUS.

Oui, j'y consens volontiers ; je vais vous laisser seul avec lui : j'espère qu'il ne pourra résister à votre voix de père ; (*à voix basse :* n'épargnez ni les promesses ni les menaces, pour le porter à sacrifier aux dieux : vous avez sur lui tous mes pouvoirs et de plus grands encore, les pouvoirs d'un père tendrement aimé. Hâtez-vous de lui dessiller les yeux, de lui faire adorer la déesse qu'il vient de trahir ; c'est dans ce doux espoir que je me rends auprès de l'empereur, pour suspendre, si je puis, son bras irrité. Mais si aux vives sollicitations d'un vieux père, il reste insensible ; s'il hésite un seul instant à réparer son crime, ne comptez plus sur moi, Lysandre ; car ni vous, ni moi, ni personne au monde ne pourrait l'empêcher de tomber sous les coups de la justice romaine. Hâtez-vous, le temps presse ; qu'on lui ôte ses fers, et qu'on le laisse seul ici avec son père.)

AGAPIT.

(*A Antiochus.*) Seigneur, vous saurez que je suis inflexible, et que j'abhorre tous vos dieux dans le fond de mon âme... (*Aux soldats.*) Ah! laissez-moi ces liens, l'objet de ma tendresse... (*A lui-même.*) Mais non, les voilà, j'en suis indigne, je n'ai point mérité une si grande faveur. (*Antiochus sort.*)

SCÈNE VII

LYSANDRE, AGAPIT.

LYSANDRE.

Mon fils! puis-je encore t'appeler de la sorte, après les attentats qu'on vient de me révéler? toi, que j'ai vu toujours plein de respect pour nos dieux; toi qui puisas dans mon sang et dans le lait de ta mère, l'amour qu'on doit aux divinités de l'empire, par quelle fatalité as-tu pu en ce jour leur refuser ton encens et tes hommages?

AGAPIT.

Hélas! oui, trop longtemps mon âme aveugle et criminelle a brûlé d'un zèle insensé pour une vaine idole : toutefois je sentais la folie de prodiguer à de faux dieux mes vœux et mon amour; mais à présent, ô mon Dieu, mon Sauveur et mon maître, reconnaissant mon erreur, je vous aime et vous adore ; à vous seul j'appartiens ; pour vous seul je veux vivre et mourir.

LYSANDRE.

Quoi ! sur tous nos dieux, un juif, un infâme juif aura la préférence ! Mais ce Dieu des chrétiens, peux-tu l'aimer, mon fils ? ne sais-tu pas quel a été son sort ? ignores-tu qu'il a expiré sur le gibet entre deux vils scélérats ?

AGAPIT.

Que dites-vous, mon père ? est-ce ainsi que vous osez traiter le seul libérateur du genre humain ? Si vous connaissiez ce grand Dieu que j'adore, vous l'aimeriez vous-même et vous tomberiez à ses pieds. Fils adorable du père éternel, égal à lui en toute chose, créateur des cieux et de la terre, ce Verbe divin descendit un jour du sein de son éternité ; et pour nous arracher aux puissances de l'enfer, il prit notre chair, se fit notre frère, naquit dans une pauvre crèche ; et après nous avoir enseigné sa doctrine, par sa parole et ses exemples, il voulut bien s'immoler pour nous sur la croix. Et quand on croyait l'avoir enseveli pour toujours dans la tombe, on le vit ressusciter glorieux, vainqueur de la mort et de l'enfer ; on le vit s'élever majestueusement vers le ciel, où il règne à la droite de son Père, d'où il reviendra à la fin des temps, pour juger les Césars et les peuples, les vivants et les morts. C'est lui qu'on adore d'un bout de l'empire à l'autre ; lui qui gouverne tout, qui commande à tout; lui qui est le grand remunérateur de la vertu et l'éternel vengeur du crime; lui qui entend nos prières, qui sonde les cœurs et les reins; lui qui a la véritable foudre en main, qui sait frapper les tyrans, de son bras invisible : le voilà, ô mon père, le seul Dieu que je crains et que j'adore, le Dieu que vous aimeriez vous-même, si vous le connaissiez.

LYSANDRE.

Mais d'où vient dans ton esprit un changement si étrange ? un tel langage, de tels sentiments sont-ils dignes d'Agapit ? Quoi ! mon fils, tu te laisserais prendre aux superstitions chrétiennes ? et où iras-tu en suivant cette pente fatale, toi que je comptais d'élever bientôt aux honneurs ? Déjà même avec Antiochus, mon ami, je m'occupais de te faire arriver à la cour; et voilà que, par un noir attentat, dont les chrétiens seuls t'ont pu donner l'idée, tu viens de me jeter dans le désespoir, et nous couvrir tous les deux d'un éternel opprobre !...

AGAPIT.

Que sont pour un chrétien, pour Agapit, tous ces vains honneurs, et ces grandeurs puériles, que briguent à l'envi les païens ? c'est un peu de fumée, un pur néant. La gloire est dans la vertu, dans le Dieu que nous servons, dans la brillante félicité qu'il destine à ses fidèles serviteurs. Si vous saviez, mon père, combien c'est glorieux de servir le Seigneur!

LYSANDRE.

Et toi, mon fils, si tu savais quelle honte c'est pour un romain de se courber devant la religion du Christ. Mais que dis-je? peux-tu bien ignorer que les chrétiens chez nous sont méprisés, abhorés, proscrits, traqués comme des bêtes fauves; que toi-même bientôt tu vas subir?..

AGAPIT.

Je connais, ô mon père, les fureurs et les iniquités de nos tyrans; mais que peuvent toutes les puissances de l'enfer et du monde contre le chrétien qui aime et sert son Dieu?

LYSANDRE.

Mais la mort, ô mon fils, la honte d'une mort barbare!

AGAPIT.

La mort, ô mon père, la mort pour son Dieu, voilà ce que désire le chrétien, voilà pour Agapit l'objet de sa joie et de son bonheur.

LYSANDRE.

Tu veux mourir, mon fils; mais tu ne mourras pas seul. César, dans sa colère, voudra bien mêler le sang du fils à celui de son père; et quand même tu parviendrais à me soustraire à ses fureurs, je mourrai, ô mon fils ; car après ton supplice pourrais-je survivre à ma honte et à ma douleur ?

AGAPIT.

Mon Dieu ! mon père ! vous, mourir pour moi, mourir avec moi ! ô douleur, douleur inexprimable !

LYSANDRE.

Malheureux enfant d'un père plus malheureux encore, tu trembles pour mes jours, et tu me traînes au supplice ! tu m'aimes tendrement, et de ta propre main tu présentes le poignard qui doit m'immoler avec toi !...

AGAPIT, (*abattu.*)

Ciel ! soutenez-moi !... venez à mon aide !... mon Dieu !... mon père !...

LYSANDRE.

(*A voix basse :* Je sens que son cœur fait tressaillir le mien ; son cœur s'émeut, son âme s'ouvre au repentir : je vois couler ses larmes...) merci mon fils, je vois que tu veux vivre encore, et faire vivre avec toi ton malheureux père.

AGAPIT.

Le repentir que vous trouvez dans moi, mon tendre père, c'est de ne vous avoir pas aimé autant que j'aurois dû le faire, c'est d'avoir quitté trop tard le culte des idoles, et d'avoir trop tardé de servir Jésus-Christ : ces pleurs, que vous voyez sur ma paupière, sont pour mon Dieu, pour vous mon père ; mais pour mon père, c'est trop peu que des larmes : ma vie, ô mon père, ma vie, je vous la donnerais mille fois, si je pouvais ouvrir vos yeux à la véritable lumière, vous faire embrasser la croix et vous faire vivre un jour avec votre Agapit de la vie éternelle.

LYSANDRE.

Fils barbare, traître Agapit ! peux-tu bien dire que tu m'aimes en me proposant de braver la mort, pour abandonner nos dieux et devenir impie ? est-ce donc les leçons parricides que t'ont donnés tes maîtres infâmes ?

AGAPIT.

Pourriez-vous, ô mon père, douter de mon amour ? et c'est parce que je vous aime, que je voudrais vous rendre heureux : votre bonheur toujours sera le mien, mon bonheur sera le vôtre ; et c'est dans Jésus-Christ seul que j'ai pu le trouver : je vous en conjure donc, ô mon père, adorez notre Dieu...

LYSANDRE.

Moi, adorer ton Christ !... loin de mes yeux, fils ingrat et perfide ! sinon de mes mains je plonge ce fer vengeur dans ton cœur criminel...

AGAPIT.

Grand Dieu ! où fuirai-je ? dans le cœur de mon père faut-il trouver tant d'amour et de fureur ?...

LYSANDRE.

Va, fuis, quitte ce père qui te donna la vie et que tu forces à te donner la mort. Va, si non dans l'instant, je vais être moi-même ton propre bourreau !...

AGAPIT.

Fuir devant un père que j'aime et qui m'aimait tant, trouver un glaive barbare dans ses mains qui m'environnèrent de tant de caresses ! s'il faut mourir, mon père, j'aime mieux mourir entre vos bras ; mon sang du moins vous prouvera que je vous aime !...

LYSANDRE.

Ah ! mon fils !... peux-tu me parler de ton amour, en venant trahir ton père, tes dieux, ta patrie ?

AGAPIT.

Je vous aime, ô mon père, et les battements de mon cœur ne sont-ils pas pour vous ? demandez, commandez, et vous verrez l'amour d'Agapit.

LYSANDRE.

Eh bien ! si tu m'aimes, viens adorer nos dieux;

c'est César qui l'ordonne, c'est moi qui le prescrit ; c'est là que je connaîtrai ton amour pour moi.

AGAPIT.

Je ne le puis, mon père... si César le commande, mon Dieu me le défend ; et il vaut mieux déplaire aux hommes que de déplaire à Dieu.

LYSANDRE.

Grand Dieu ! quel fils barbare !... quel cœur dénaturé ! il résiste à ma voix et il aime mieux me voir mourir de douleur à ses pieds : eh bien ! fils ingrat, puisque ni mes gémissements, ni mes larmes ne peuvent t'ébranler, je vais boire ce calice mortel que tu viens de m'apporter, je vais mourir pour toi : tu sauras, Agapit, que tu coûtas la vie à ton vieux père : va, je le veux, prends aussitôt la fuite ; car bientôt le glaive doit châtier ton forfait...

AGAPIT.

Ce n'est pas vous, mon père, qui mourrez pour Agapit ; c'est moi qui veux mourir, moi seul ai mérité la mort ; mais puisque vous l'ordonnez, je vais quitter ces lieux, je vais me préparer au glorieux martyre, prier pour vous, mon père, et mourir pour vous. (*Il sort.*)

SCÈNE VIII

LYSANDRE seul.

Mon cher fils, mon tendre Agapit, me sera-t-il donc impossible de t'arracher au trépas où tu cours avec tant d'impatience? Jamais à cet âge, je n'avais trouvé tant de courage et d'intrépidité. Je sais que pour lui-même, il est inaccessible à toute crainte; mais il m'aime trop et il craint pour moi. C'est donc par ce côté là qu'il faut l'attaquer et ébranler son cœur; je vais me concerter avec Antiochus : j'espère que par ce stratagème nous pourrons le faire consentir à nos desseins : il ouvrira enfin les yeux, quand il verra qu'on va immoler non pas lui, mais son père; et toi, grand Jupiter, témoin de mon sort déplorable, sur nous daigne jeter les yeux.

FIN DU PREMIER ACTE.

DEUXIÈME ACTE

SCÈNE I

AGAPIT, LES CHRÉTIENS.

AGAPIT, *suivi de jeunes chrétiens.*

Nous venons, chers amis, dans cette aimable solitude, au pied de cette croix, implorer le secours du Ciel pour un malheureux père. Il est trop bon ce vénérable vieillard, pour le laisser à l'idolâtrie, pour ne pas le recevoir dans nos rangs. Prions, prions avec ferveur pour que Dieu éclaire son âme; adressons tous ensemble au Ciel nos accents et notre prière.

CHŒUR. (*A genoux.*)
(Air n° 22, tiré d'*Agapit.*)

O Dieu plein de bonté, dont la loi salutaire
D'aimer un père en fait un aimable devoir :
Pour son père Agapit adresse sa prière ;
A nos vœux réunis daigne enfin t'émouvoir.
      Tu nous vois tous
      A tes genoux ;
      Sois avec nous :
      Exauce-nous.
      Tu nous vois tous
      A tes genoux.

SOLO.

A nos vœux réunis daigne enfin t'émouvoir ;
Daigne aujourd'hui, Seigneur, signaler ton pouvoir.

UN CHRÉTIEN.

L'enfant chrétien n'a pas d'autres alarmes, que de sentir son père dans les ténèbres de l'idolâtrie. Pour ce père, ô Seigneur, nuit et jour, il t'adresse des supplications; pourrais-tu ne pas exaucer tant de soupirs et de larmes?

CHŒUR.

O Dieu, plein de bonté..., etc.

AGAPIT.

Allons, mes chers amis, allons nous préparer à de grands combats, à de grandes victoires ; confiance au Ciel : s'il est pour nous, qui pourra jamais nous abattre? A qui craint le Seigneur, rien ne saurait résister. (*Ils sortent.*)

SCÈNE II

ANTIOCHUS, LYSANDRE.

ANTIOCHUS.

Je connais Agapit, je sais que son courage et son audace sont de beaucoup au-dessus de ses ans; la mort avec les plus affreuses tortures ne saurait le faire reculer d'un pas : mais je sais aussi combien vif est son amour pour vous. Voilà pourquoi je ne puis qu'approuver et admirer l'innocent stratagème que nous allons employer. Toutefois, cher Lysandre, ne vous abusez pas ; vous savez quelle est la tenacité et l'insensibilité d'une âme chrétienne. Nous l'avons vu plus d'une fois; et les soupirs, et les sanglots et les larmes, sont souvent des armes impuissantes sur le cœur d'un enfant chrétien. Un fantôme de dieu que l'on n'a jamais vu, un Dieu crucifié et qu'ils appellent Christ, est venu s'emparer de tout Préneste : tout le monde court vers lui et vers sa croix ; et si César n'avait pas pris en main le parti de nos dieux, il n'y aurait bientôt plus parmi nous que le Dieu des chrétiens : mais ce qu'il y a pour moi de plus surprenant dans cet odieux fanatisme, c'est que malgré la sévérité de ces lois, ce Christ est adoré partout, invoqué jusqu'au milieu des plus cruels tourments.

LYSANDRE.

On dit hélas ! qu'Agapit vient de se faire chrétien : mais je ne crois pas qu'il soit prêt, malgré son courage, à s'immoler pour son nouveau Dieu : j'espère bien que dès ce jour, nous pourrons le faire renoncer à son Christ, et invoquer nos divinités.

ANTIOCHUS.

Comme vous, je l'espère, mon cher Lysandre, et

je le désire aussi ardemment que vous; mais si, sourd à notre voix, il refuse de rendre à nos dieux l'encens qui leur est dû, n'en doutez pas, cher Lysandre, vous perdrez votre fils, et sa mort est certaine.

LYSANDRE.

Ah! loin de ma tête infortunée un malheur si épouvantable : la seule pensée m'en fait frémir de honte et d'horreur...

ANTIOCHUS.

Je ferai de mon côté, tout ce qui dépendra de moi, pour gagner votre fils; c'est ici que je l'attends; qu'on le fasse venir : mais si à ma voix il est rebelle...

LYSANDRE.

Ah! seigneur, souvenez-vous d'un père infortuné, conservez-moi mon fils et vous nous sauvez tous deux. (*Il sort.*)

SCÈNE III

ANTIOCHUS seul.

Oh! que la voix du sang est forte dans le cœur d'un père ! Quelle scène désolante a frappé en ce jour mes tristes regards ! un fils coupable et un père au désespoir : j'ai vu l'infortuné Lysandre;

ses larmes, ses sanglots, son âme flétrie, déchirée par la douleur, ont laissé dans mon cœur une empreinte ineffaçable ; il tremblait, il chancelait, et rien ne pouvait suspendre ses frayeurs, relever son courage abattu. Mais que faire ? Pour un ami, dois-je pactiser avec le crime et désobéir à mon prince ? Je déplore le sort de ce fils insensé, je diffère sa mort, je voudrais le délivrer, mais la voix de César... mais la fureur de Mételle... en perdant Agapit, je sauverai peut-être une province, j'éloignerai de ce pays les satellites de l'empereur. Mais en voulant le sauver, ne vais-je pas attirer sur moi, sur Lysandre, sur toute la contrée, la fureur des dieux et des Césars, la plus horrible des tempêtes ?... Ah ! je vois Agapit, quelle beauté, quelle aimable candeur ! (*Agapit entre.*)

SCÈNE IV

ANTIOCHUS, AGAPIT.

ANTIOCHUS *à Agapit.*

Qui me l'eût dit, jeune insensé ! qu'en ce jour même, où ton père et moi, nous travaillons à tes plus chers intérêts, toi, tu nous préparais un drame si triste à tous les deux ! Approche, et parle-moi donc, ô fils infortuné ! Quelle folie, quelle fureur, dis-moi, se sont tout à coup emparées de ton âme ? Toi, l'orgueil, l'espoir et l'appui de ton vieux père ! Et dans cette journée néfaste, tu viens te dégrader et te perdre avec lui ! Tu viens avilir ton nom et le sien dans un éternel opprobre ! Qu'as-tu fait, malheureux ? tu as outragé la puissante déesse ; et en la foulant à tes pieds, tu as osé, par le plus horrible des blasphèmes, tu as osé dire que Jésus était le seul Dieu de ton cœur !

AGAPIT.

Je l'ai dit, je le répète ; Jésus est le seul Dieu que j'aime et que j'adore.

ANTIOCHUS.

Et en l'adorant ce Dieu d'ignominie, tu crois être innocent ?

AGAPIT.

Si c'est un crime de reconnaître et d'adorer Jésus-Christ, je suis coupable, seigneur, et je suis fier de l'être : jamais mon cœur ne battra pour d'autre Dieu que pour lui. C'est en vain que vos juges désireraient trouver chez nous d'autres crimes que celui d'être chrétien. Vous savez que notre vie est intacte et glorieuse. C'est en vain qu'on voudrait noircir notre front des empreintes du vice ; jamais il ne porta que les livrées de l'honneur et de la vertu. Nous vit-on jamais infidèles à l'empereur, infidèles à la patrie, infidèles à ses drapeaux ? Parmi vos scélérats et dans toutes vos prisons, trouverez-vous un seul chrétien coupable d'un autre

crime que de celui d'appartenir à Jésus-Christ!
Eh! bien, c'est pour ce grand et unique crime que
nous sommes fiers d'endurer les tourments et la
mort : mais vous et tous les agents de César, êtes-
vous innocents de faire ainsi notre procès ?

ANTIOCHUS.

Mais est-ce bien à toi, que le glaive va frapper,
de juger, de censurer notre conduite ? Est-ce à un
jeune homme de quinze ans de venir faire la loi
aux maîtres du monde ? Oui, nous sommes innocents dans la sainte guerre que nous faisons aux
chrétiens. Ne sais-tu pas que c'est un devoir, une
gloire pour nous, d'exterminer la secte impie qui
fait tant de mal à l'empire ? A la déesse Hébé que
tu viens d'outrager, je veux qu'on offre de l'encens,
je veux qu'on l'adore, ou qu'on perde la vie.

AGAPIT.

L'adorer ? jamais. Mourir pour Jésus-Christ, répandre pour lui le sang qu'il m'a donné, quelle
gloire, quel bonheur pour Agapit !

ANTIOCHUS.

Modère, ô jeune homme, les transports de ton
zèle et de ta fureur... Cette mort que tu ambition-
nes avec tant d'ardeur, nous pouvons te la faire désirer encore, et te la refuser pour le moment, afin
de la donner à celui que ton cœur aime...

AGAPIT.

Mais sur qui donc, Seigneur, feriez-vous tomber les coups de votre colère? Et quel autre que moi?...

ANTIOCHUS.

Tu ne crains rien pour toi : mais crains pour ton malheureux père...

AGAPIT.

Grand Dieu! pour mon père? Et pourquoi?

ANTIOCHUS.

Tu sauras que l'empereur vient de condamner ton père à la mort. A la première nouvelle de ton crime, c'était d'abord toi seul qui devais périr au milieu des tourments les plus atroces ; mais sachant que tu méprisais la mort, et soupçonnant que ton père avait été complice d'un si noir attentat : « Que Lysandre, a-t-il dit, soit d'abord exécuté, et que l'orgueilleux Agapit soit condamné à recueillir dans ses mains le sang de son père. »

AGAPIT.

Quoi! mon père, complice de mon crime! Ah! si j'avais suivi ses exemples et ses conseils, je serais en ce jour le plus fidèle adorateur de vos dieux! Faire mourir mon père, mais il est innocent : moi seul, je suis coupable; moi seul, à son insu, j'ai renversé l'autel de la déesse. Je vois qu'on a trompé

César ; mon père ignorait entièrement mon crime ; jamais il n'en fut le complice : c'est moi, moi seul, qui suis coupable. Mais, seigneur, comment concevoir le moindre soupçon sur mon père, qui déplore mon crime, qui dans le feu de la colère, allait m'immoler de ses mains, s'il ne se fût souvenu que j'étais son enfant? Quoi ! un père innocent mourrait à la place d'un fils coupable ! Quelle abomination ! quelle iniquité ! Ah ! si du moins mon père adorait le Dieu que j'aime, je bénirais le Ciel de son glorieux martyre. Mais qu'il meure pour des dieux qu'il adore, et qu'il m'apprit toujours à vénérer ! Qu'il meure en blasphémant le seul Dieu que je sers et qu'il me défendait d'adorer, quelle cruauté ! Quelle douleur indicible ! Seigneur, j'embrasse vos genoux, c'est un chrétien à vos pieds ; immolez-le sur-le-champ, mais épargnez son père !

ANTIOCHUS.

Mon cœur est un cœur d'homme ; il ne saurait résister... Fils généreux de mon ami Lysandre, vos larmes, vos soupirs désarment ma colère.

AGAPIT.

Au nom de la justice, pour l'amour de mon père, protégez l'innocent, daignez sauver ses jours.

ANTIOCHUS.

Sois tranquille, Agapit, ton père vivra, il ne saurait périr. (*Il le relève.*) On lui pardonnera ; mais pour remercier le ciel de sa délivrance, il faut, rien de plus juste, il faut que vous offriez aux dieux les honneurs qu'ils réclament pour l'expiation de votre forfait.

AGAPIT.

Je vous l'ai déjà dit, seigneur, jamais vos dieux ne recevront de ma part un hommage sacrilège; mon cœur, mon encens sont à Jésus seul et pour toujours.

ANTIOCHUS.

Par Jupiter ! c'en est donc fait. Ton père, ô fils dénaturé, va laver de son sang ton audace et tes forfaits.

AGAPIT.

Pour moi, pour moi seul la mort; grâce, grâce, seigneur, pour mon père innocent !

ANTIOCHUS.

L'arrêt est porté, Lysandre périra; et tu verras, barbare, couler son sang sur ton sein sacrilège ! *(Il sort.)*

SCÈNE V

AGAPIT, LYSANDRE.

AGAPIT.

Mon père, serait-il vrai que les tyrans viennent

de lancer contre vous l'arrêt fatal? O les monstres! non, non, vous ne mourrez point...

LYSANDRE, *entrant*.

Oui, je meurs, Agapit! et c'est toi, fils barbare, qui de ton propre bras, viens me plonger le poignard dans le sein. Cette noire trahison de ta part, est-ce là le prix de ma tendresse pour toi? Privé de ta mère et de mes autres enfants, je mettais sur toi tout mon espoir et mon amour. Le voilà, me disait-on, le fidèle héritier de votre sang et de votre nom, le digne rejeton de Lysandre et de ses aïeux, l'heureux bâton de votre vieillesse, celui qui doit vous fermer la paupière et recueillir votre dernier soupir. Mon cœur ne cessait de m'annoncer ce brillant avenir, et me voilà tout à coup cruellement déçu de toutes mes espérances!... Je suis trahi... et c'est mon fils qui est le seul auteur de cette lâche trahison... Je meurs... et c'est Agapit qui m'a préparé, qui va me donner le coup de la mort!... Approche donc, parricide! pourquoi d'autre bourreau que toi? Tiens, voilà ma poitrine, voilà le cœur qui te donna le jour... prends ce glaive, et que mon sang coule à tes pieds... Quoi! tu détournes les yeux, tu restes morne et silencieux! Regarde-moi, perfide! ne connais-tu plus ton père? Frappe sans pitié, monstre d'ingratitude!...

AGAPIT.

Vos paroles, mon père, transpercent mon âme

d'un glaive déchirant... elles étouffent mes soupirs et mes sanglots... je sens que tout mon sang se glace dans mes veines. Moi le meurtrier de mon père, moi la cause de sa mort que j'appréhende tant? Quoi! mon tendre père, vous que je chéris, après mon Dieu, beaucoup plus que moi-même! Auriez-vous oublié les sentiments que j'ai toujours eus pour vous? Ne connaîtriez-vous plus votre fils Agapit?... J'attendais sans effroi la mort que j'avais moi seul méritée, et je me consolais de votre cruelle séparation par l'espoir que dans l'autre vie je ne cesserais de prier le bon Dieu pour vous. Mais depuis le moment fatal que j'ai appris les desseins barbares de César à l'égard de mon père, je n'ai cessé d'en frémir d'indignation, et le jour et la nuit, je n'ai pu détourner de mes yeux cet arrêt exécrable. Ah! pour sauver mon père, pour prolonger des jours si précieux, que ne m'est-il donné d'expirer à vos pieds, et de répandre pour vous la dernière goutte de mon sang!!!

LYSANDRE.

Enfant perfide, tous tes discours frivoles, tous tes dehors flatteurs ne sauraient m'en imposer. Je sais ce que ton Dieu fait dans le cœur des enfants; je sais que ton âme endurcie par les eaux du baptême, insensible à la perte d'un père, soupire peut-être après le moment de mon trépas : eh! bien, tu seras satisfait; je veux mourir, mourir pour toi, ingrat! Mourir pour un chrétien parricide! tu pourras te réjouir et triompher de ma mort ; tu sauras à quel prix Lysandre te donna deux fois la vie. Et vous, grand Jupiter, je vous laisse mon fils : daignez lui ouvrir les yeux.

AGAPIT.

O de grâce, mon père, cessez d'implorer les idoles : et que peuvent sur nous ces vaines déités ? Celui que j'aime et que j'adore, voilà le seul Dieu qui tient en ses mains le cœur des hommes et peut le changer à son gré. Si vous le vouliez, dans un instant, il ferait tomber le bandeau qui vous couvre les yeux ; et aussitôt vous briseriez ce que vous adorez, pour implorer le Dieu d'Agapit : heureux alors de mon bonheur, comme moi, vous ne voudriez vivre et mourir que pour le seul Dieu des chrétiens.

LYSANDRE.

Hélas ! je connais trop la puissance de ton Dieu ; avant d'en avoir fait la triste expérience, je te voyais en tout docile à mes ordres, fidèle aux dieux de la patrie. Mais depuis que ce Christ, ce Dieu impitoyable s'est emparé de ton cœur, il en a banni tout sentiment de piété et d'amour filial.

AGAPIT.

O les belles leçons que peuvent donner vos divinités ! Voyez votre grand Jupiter : n'a-t-il pas eu l'audace de détrôner son père pour prendre sa place ? Non, non, Agapit ne saurait adorer un dieu de la sorte; il faut à mon cœur un Dieu qui me prescrit d'aimer mon père, et depuis que j'ai honoré Jésus-Christ, j'ai senti mon amour pour vous s'accroître de jour en jour.

SCÈNE VI

ANTIOCHUS, LYSANDRE, AGAPIT.

ANTIOCHUS, *entrant*.

Et où est cet amour qu'il t'inspire pour Lysanpre? ingrat Agapit, peux-tu dire que tu aimes ton père, toi qui le pousses à la mort, plutôt que de le délivrer par un léger sacrifice fait en l'honneur des dieux !

LYSANDRE.

L'arrêt en est porté, pourquoi tarder encore de l'exécuter? Je veux périr, je périrai pour ce fils indigne de tous mes bienfaits; je sens que mon sang brûle de couler sur ce cœur rebelle et ingrat. Venez, seigneur, daignez me suivre jusqu'au lieu du supplice.

AGAPIT.

Ah ! mon père, de grâce, vivez, ne mourez pas...

LYSANDRE.

Non, non, je ne puis vivre; tes forfaits m'ont rendu la vie trop amère et odieuse. Venez, Antiochus, partons à l'instant et que j'expire bientôt à vos yeux.

AGAPIT.

Arrêtez, seigneur... au nom d'Agapit qui gémit à vos pieds, sauvez votre ami, sauvez-moi, mon père.

ANTIOCHUS.

Conserver Lysandre, c'est ce que je désire ; mais, enfant ingrat, ce n'est pas moi, c'est toi qui seul peux le sauver ; cesse d'être chrétien, et sa délivrance est certaine.

AGAPIT.

Grand Dieu ! témoin de mes angoisses, venez à mon secours ! mon père va mourir, je me meurs de douleur de ne pouvoir...

LYSANDRE à *Antiochus*.

Partons, seigneur, laissons-le dans ses soupirs et ses larmes...

ANTIOCHUS.

Si je vous suis, Lysandre, c'est à regret, mais je crois en cela contenter votre fils.

AGAPIT.

Que dites-vous, seigneur ? ah ! que viens-je d'entendre ? vous déchirez mon cœur ; quoi ! je serais content, et vous menez mon père à la mort...

LYSANDRE.

Marchons, seigneur, l'heure a sonné, c'est l'heure de mon sacrifice...

AGAPIT, *se couchant devant la porte.*

Pour marcher au trépas, mon père, il faut auparavant passer sur le corps d'Agapit; foulez-moi sous vos pieds, écrasez cette tête : ce n'est qu'à ce prix là que vous irez à la mort.

SCÈNE VII

MÉTELLE, LYSANDRE, AGAPIT, ANTIOCHUS.

MÉTELLE, *entrant.*

Que tardez-vous? l'heure a sonné, l'autel est préparé; tout le peuple est furieux d'une pareille lenteur; et si vous tardez encore de verser le sang qu'il demande à grands cris, il est à craindre qu'il ne vienne vous enlever la victime pour l'immoler.

LYSANDRE.

Mais déjà plus d'une fois, j'ai dit que j'étais prêt. Marchons sans délai vers l'autel du sacrifice.

AGAPIT, *se relevant vivement.*

Non, non, ce n'est pas vous, mon père; c'est moi qui dois mourir; la mort, je l'attends avec joie.

Qu'on me mène à l'instant, ou je vole au martyre, qui est ma gloire et mon bonheur.

LYSANDRE.

Oui, mon fils, c'est pour toi seul que mon sang va couler : pour sauver Agapit, Lysandre va être immolé.

AGAPIT.

C'est moi qui vais mourir ; ce n'est pas vous qui êtes coupable ; c'est moi, moi seul de nous deux qui déteste vos divinités : pourquoi porteriez-vous la peine de votre fils ?

MÉTELLE.

Le crime d'Agapit peut amener la perte de son père; mais le sang du coupable doit couler le premier : partez-donc, ô fils scélérat; allez aux pieds d'Hébé que vous avez si étrangement outragée ; c'est là que vous trouverez la grâce ou la mort selon votre choix.

AGAPIT.

Point de grâce, mais la mort, mais le martyre, tel est l'objet de mes vœux. Cessez donc, Antiochus, d'ébranler ma foi par de vain est erreurs; et vous, mon cher père, vous vivrez : je veux seul mourir pour vous, pour moi, pour mon Dieu, à qui je vais gaiement m'offrir en sacrifice.

ANTIOCHUS, *à demi-voix.*

Grand Dieu ! il résiste à tout... j'espérais le gagner

par la crainte de voir périr son père à sa place ; et malgré tout son amour pour Lysandre, c'est à peine s'il a tremblé devant une telle perspective ; faut-il que le Christ endurcisse à ce point l'âme d'un enfant ? Tu veux donc périr, ô fils dénaturé, eh bien ! tu périras, et avant la fin du jour, ta tête... ou plutôt hâte-toi de venir pleurer ton crime aux pieds de la déesse qui ne demande qu'à pardonner.

AGAPIT.

N'y comptez pas, seigneur, jamais mes yeux ne pleureront, jamais mes genoux ne fléchiront devant une vaine idole.

ANTIOCHUS.

Je le veux, César l'ordonne.

AGAPIT.

Non, Jésus me le défend, je ne puis obéir.

ANTIOCHUS.

Eh bien ! tu mourras.

AGAPIT.

Je mourrai ; quel bonheur !

LYSANDRE.

Non, non, c'est moi, moi seul qui vais mourir.

MÉTELLE.

Mais quoi ! la vie pour l'impiété, et la mort à l'innocence ! jamais.

ANTIOCHUS.

Lysandre, quittez-nous.

LYSANDRE.

Si je sors, je veux Agapit ; je connais son cœur, et je réponds de le rendre docile à ma voix.

ANTIOCHUS.

Je le veux, Lysandre ; pour un moment, quittez ce lieu.

LYSANDRE.

Moi, quitter mon fils... pouvez-vous m'imposer un ordre si sévère ? ne connaissez-vous plus le cœur et la tendresse d'un père ? de grâce, laissez-moi ici. Approche, embrasse-moi, mon fils ; je veux vivre et mourir avec toi.

ANTIOCHUS.

Je l'ordonne sortez : et vous, gardes, qu'on l'emmène et qu'on veille sur lui.

LYSANDRE.

Seigneur, je ne m'attendais pas à tant de cruauté de votre part ; pour un ami fidèle, pouvez-vous être sans pitié ? à qui donc recourir dans ma détresse ?

Grands dieux! c'est vers vous seuls que je tends mes mains tremblantes; du malheureux Lysandre venez terminer la vieillesse. Avant que mon Agapit tombe sous le fer du bourreau, précipitez-moi donc, ensevelissez-moi dans le fond du cercueil. (*Il sort.*)

SCÈNE VIII

ANTIOCHUS, AGAPIT, MÉTELLE.

ANTIOCHUS.

Pourriez-vous plus longtemps résister à la douleur d'un si bon père? Il est temps de parer le coup qui va frapper et le fils et le père : hâtez-vous donc d'obtenir une grâce si facile et si précieuse à tous les deux. Mais point de temps à perdre : ou renoncez à votre Christ, ou vous allez mourir.

AGAPIT.

Renoncer à mon Dieu! non, mille fois jamais! jamais la mort la plus barbare ne fera d'Agapit un apostat, un infidèle...

ANTIOCHUS.

Eh bien! tu vas périr.

AGAPIT.

Vous ne savez, seigneur, ce que c'est qu'un chrétien ; mourir, à ses yeux, c'est un bonheur et un triomphe : pour châtier Agapit, il faudrait lui ordonner de vivre et non pas de mourir.

MÉTELLE.

On saura contenter ton aveugle ambition ; on te fera souffrir mille morts au lieu d'une.

AGAPIT.

Et par les tourments qui font notre bonheur, pourras-tu arracher Jésus-Christ de notre âme ? Toutes tes tortures sont à nos yeux le signe de la victoire : et plus elles sont cruelles, et plus elles font palpiter notre cœur de joie et de triomphe.

MÉTELLE.

Vous voyez, Antiochus, son orgueil indomptable : croyez-moi, employons les plus affreux tourments pour essayer d'ébranler ce cœur farouche.

ANTIOCHUS.

Oui, puisque tous les autres moyens sont inutiles, il faut en venir à la torture. Vous, Mételle, ayez soin de faire les apprêts les plus formidables ; les charbons ardents, les eaux bouillantes, les chevalets, les ongles de fer, les bêtes féroces, essayons de tout ; telle est la volonté de l'empereur : et toi, reste en ce lieu, misérable Agapit ; tu vois déjà l'appareil des tortures ; prépare-toi, car tu n'as plus que quelques instants à vivre. (*Mételle sort.*)

AGAPIT,

Abrégez-les, seigneur, ces moments qui me paraissent trop longs, tant je brûle de souffrir et d'être broyé pour Jésus-Christ.

ANTIOCHUS.

Sois content, ô indigne fils de mon ami Lysandre, tu vas être satisfait. (*Il sort.*)

SCÈNE IX

AGAPIT seul.

Enfin voici le jour, jour tant désiré, où le Seigneur va m'appeler à monter vers les cieux. Viens, ô mort, viens, ne tarde plus. Métalle, aiguise les couteaux : tiens, prends mon sang ; qu'il coule en abondance. N'épargne aucun tourment, et fais-moi longtemps jouir du bonheur de souffrir pour mon Dieu. Aimables tortures, venez briser mon corps, venez me faire expirer dans vos chastes délices. Et vous, saints martyrs, qui portez sur le front la palme des braves, daignez du haut des cieux, soutenir le jeune Agapit dans les combats du Seigneur. Grand Dieu ! vous dont j'ai le bonheur de connaître et l'amour et la loi : je vais combattre pour vous en vrai soldat chrétien ; soutenez-moi, fortifiez-moi dans la lice, et ne m'abandonnez pas un seul ins-

tant. Mais quel spectacle vient s'offrir à ma vue !
Je vois les cieux s'ouvrir ; des légions de martyrs
m'encouragent au combat et me montrent le
prix des vainqueurs : les anges, les archanges descendent en triomphe et viennent jusqu'à moi ; je
vois mon divin Sauveur qui abaisse son trône jusque
vers Agapit. Je vois dans ses mains adorables, juste
ciel ! une couronne... c'est la mienne. (*Il tombe à genoux*). Attendez, Seigneur, je n'ai pas combattu,
laissez-moi remporter la victoire ; (*il se relève*) laissez-moi voler au martyre, mériter la palme que
vous m'offrez, et m'envoler bientôt dans le sein de
la gloire.

FIN DU DEUXIÈME ACTE.

TROISIÈME ACTE

SCÈNE I

AGAPIT, suivi de jeunes chrétiens.

AGAPIT.

O jour béni ! heure sainte ! quelles délices vous
apportez à mon âme, en m'annonçant mon glorieux
combat, mon bienheureux triomphe ! Voici donc,
chers amis, le moment fortuné où je vais offrir à
notre Dieu mon sang et ma vie : je pars, je monte

vers la patrie, pour voir notre bon Jésus et le prier pour vous.

CHŒUR.
(Air n° 23, tiré d'*Agapit*.)

Marchons tous au combat, allons à la victoire :
Agapit nous appelle à le suivre aujourd'hui :
Chrétiens, courons, volons au martyre, à la gloire :
Soyons, du même glaive, immolés avec lui.

AGAPIT.
SOLO.

Salut, ô Croix, mon espérance,
Etendard sacré de mon Roi ;
De tes soldats sois la défense,
Et le soutien de notre foi.
Et lorsque le fer homicide
Sur ma tête se lèvera,
A ton abri, céleste égide,
Oui, mon cœur se rassurera.

CHŒUR.

Marchons, etc.

UN CHRÉTIEN.
SOLO.

Cher Agapit, au combat Dieu t'appelle ;
Il nous invite à mourir avec toi.
Nous désirons cette palme si belle ;
Nous donnons notre sang pour notre foi.

CHŒUR.

Marchons, etc.

SCÈNE II

ANTIOCHUS, MÉTELLE.

ANTIOCHUS.

Mételle, auriez-vous pu le croire? vous l'avez vu vous-même, rien ne saurait ébranler le cœur d'Agapit. Quelle ardeur dans cette âme! quelle intrépidité! quel courage!

MÉTELLE.

Dites quel fanatisme et quelle fureur aveugle! et de tels sentiments pourraient vous surprendre, vous qui savez ce que c'est qu'un cœur de chrétien?

ANTIOCHUS.

Il y a bien vraiment chez Agapit de quoi me surprendre; et ce qui m'étonne le plus, c'est d'avoir vu les fers tomber subitement de ses mains, au moment de la prière; c'est de l'avoir vu tout rayonnant de joie et de lumière, au milieu des plus affreux tourments : les bourreaux eux-mêmes en ont été interdits, stupéfaits; et leurs bras tout à coup immobiles, sans force et sans vigueur, n'ont retrouvé le mouvement qu'à la prière d'Agapit, qui se plaignait de ne pas assez souffrir; de pareilles scènes, Mételle, ne feraient-elles rien sur votre cœur?

MÉTELLE.

Un rien vous étonne, ô Seigneur ; mais ne savez-vous pas que l'enfer seul, qui agit chez les chrétiens, peut produire tous ces prestiges et ces enchantements ?

ANTIOCHUS.

J'ai beau regarder les chrétiens, je les trouve toujours fortement attachés au seul Dieu qu'ils adorent : est-il possible qu'ils invoquent ce Dieu pour leur perte et leur malheur.

MÉTELLE.

Vos sentences, seigneur, ne sont pas dignes d'Antiochus ; vous avez un faible pour les chrétiens, qui me fait trembler pour vous et pour la nation...

ANTIOCHUS.

Vous feriez bien, Mételle, de me parler autrement ; ne pas vous dire que vous m'insultez, c'est contraindre l'indignation de mon âme. Sachez que je révère les dieux autant que vous. Mais peut-on voir, sans regret, le sang que vous faites couler avec tant d'abondance, sans distinction d'âge ni de sexe ? Il suffit à vos yeux d'être chrétien, pour mériter la mort, et à quoi bon tous vos efforts inhumains ? Ne voyez-vous pas que ce sang, que vous versez sans pitié, est une semence féconde de nouveaux chrétiens ? plus vous mutilez cette secte, plus elle est fière et nombreuse. Qu'avez-vous fait en torturant Agapit? vous avez multiplié les témoins de son supplice, les adorateurs de son Dieu. Que gagnerez-vous par le fer et le feu? Nous faisons blasphémer nos dieux en notre présence, nous ne faisons qu'irriter des âmes indépendantes et grandir leur courage. Croyez-moi, cher Mételle, suspendons le glaive de la vengeance : laissons-les s'énerver dans une paix honteuse : tel est intrépide au combat, qui, dans le sein du repos, devient faible et sans courage.

MÉTELLE.

Laissez-moi, seigneur, vous contredire : les maux prennent souvent racine quand on ne les combat pas avec énergie : si une troupe mutine se jette sur les traces du fanatique Agapit, si elle envahit Préneste et devient plus fougueuse, depuis qu'elle voit couler le sang, ce n'est pas par excès, mais par défaut de châtiment. Avec votre clémence et vos ménagements, nous verrons croître leur audace : si nous restons les bras croisés, le Christ va régner en maître parmi nous. Ne vaut-il pas mieux, pour arrêter le monstre, achever en ce jour d'immoler Agapit, et son père avec lui : c'est un sang trop impur, pour n'en pas tarir la source ; et Lysandre serait-il entièrement innocent d'avoir donné le jour à de tels rejetons?

ANTIOCHUS.

Non, Lysandre vivra, et quels sont ses crimes,

pour l'immoler avec son enfant ? Agapit est seul criminel à mes yeux : encore, pouvez-vous dire que cet enfant est inexcusable ? peut-on bien, à cet âge, reconnaître et son crime et son erreur ? calmez un peu, Mételle, les feux de votre colère ; votre âme, contre Agapit, pourrait-elle nourrir tant de fureur?

MÉTELLE.

Quoi ! vous voulez donc excuser et le fils et le père ?... pouvais-je attendre cela de vous ?.

ANTIOCHUS.

Je suis Romain, Mételle ; je suis homme, et mon cœur plaint un enfant dans un âge si tendre ; je plains surtout ce noble vieillard, que la mort de son fils va plonger dans un deuil éternel...

MÉTELLE.

Mais l'intérêt des dieux, leur gloire si indignement outragée, l'image de la déesse foulée à mes pieds, l'insulte faite à un prince, à ma patrie, à mon rang ; tout cela, seigneur, n'est-ce rien à vos yeux ?

ANTIOCHUS.

Mais qui vous a donc dit que les dieux sont si fort altérés de sang ?

MÉTELLE.

Et vous les croyez donc insensibles à l'offense ?

ANTIOCHUS.

Je les ai toujours crus et les crois indulgents.

MÉTELLE.

Mais ne songez-vous pas qu'ils aiment à punir les coupables?

ANTIOCHUS.

Lysandre n'a qu'un fils, et Lysandre m'est cher.

MÉTELLE.

Et vous abandonnez donc les dieux pour vos amis! sont-ce là, seigneur, les ordres qu'on vous donne! pensez-vous que César?...

ANTIOCHUS.

Je pense que César n'a pas l'âme d'un tigre. C'est à moi, non à vous, de savoir ce qu'il ordonne.

MÉTELLE.

Vous trahissez Hébé, vous trahissez l'empereur : de cette double infamie on saura tirer une vengeance éclatante. Je cours... je vais...

ANTIOCHUS.

Où irez-vous, Mételle? ralentissez votre ardeur et vos pas ; qui vous a dit que je voulais être infidèle à César? mon dévouement pour lui, Mételle, peut égaler le vôtre : si Agapit est coupable, je ne refuse pas de le livrer à la mort, mais je veux lui parler, j'espère l'ébranler par un dernier effort...

MÉTELLE.

Le glaive de la justice est mal placé chez un homme qui tremble, dans une main qui craint de frapper.

ANTIOCHUS.

Je n'ai pas besoin de vos ordres, je sais ce que j'ai à faire. Gardes, qu'on ramène Agapit; s'il se montre docile, il est sauvé; sinon, il est perdu.

MÉTELLE.

On dirait, seigneur, que vous ne connaissez pas le jeune Agapit; ne savez-vous pas que c'est un cœur inaccessible?

ANTIOCHUS.

S'il ne se laisse fléchir, je le condamne à la mort : mais je vous le demande, Mételle, ne vaudrait-il pas mieux gagner à nos dieux le cœur d'Agapit? et au lieu d'une vaine colère, ne vaudrait-il pas mieux m'aider de remporter ce glorieux triomphe?

MÉTELLE.

Ah! le monstre, il n'a que trop vécu. (*Il sort.*)

SCÈNE III

ANTIOCHUS et UN GARDE.

ANTIOCHUS.

Que la religion est puissante dans l'âme des mortels! Si les hommes du moins avaient le même culte, les mêmes dieux; mais quelle guerre religieuse dans l'empire romain! que de courage, que d'intrépidité dans ces chrétiens; plus on les moissonne, plus ils se multiplient. Dieu d'Agapit, quelle est donc ta puissance?... mais non, tu ne seras pas mon Dieu; les dieux de César seront toujours les miens. J'entends du bruit, que vient-on m'annoncer?

UN GARDE.

C'est Lysandre qui m'envoie : il demande à voir son fils.

ANTIOCHUS.

Oui, j'y consens; allez dire à Lysandre qu'il peut voir Agapit. (*Le garde sort.*) Ciel! quelle cruelle alternative! je dois perdre ce fils, ou me perdre avec lui! si je livre Agapit, je suis un traître aux yeux de Lysandre... si je viens le sauver, l'impitoyable Métélle va me dénoncer à l'empereur... Mais pourquoi chercher à conserver cet enfant dont le crime est connu? c'est folie, c'est impossible : mais j'aperçois Lysandre. (*Lysandre entre.*)

SCÈNE IV

ANTIOCHUS, LYSANDRE.

ANTIOCHUS.

Infortuné Lysandre, que je plains votre sort ! c'est une âme inflexible, rien n'a pu le dompter ; il court, malgré nous, il veut voler au dernier supplice.

LYSANDRE.

Vous plaignez, dites-vous, mon sort vraiment déplorable ; mais que me font vos soupirs et vos plaintes, lorsqu'au lieu d'un ami, d'un protecteur généreux, je ne trouve chez vous qu'un juge inexorable ? ô cruelle amitié ! sont-ce donc là tes fruits ?

ANTIOCHUS.

Mon cher Lysandre, vous n'en sauriez douter, j'ai tout fait pour vous et votre enfant, j'ai attiré sur ma tête, et la fureur de César, et la colère des dieux, et l'insolence du grand prêtre. Je n'aurais jamais tant fait pour d'autres, et je crois vous avoir prouvé ma sincère amitié.

LYSANDRE.

Vous avez beaucoup fait, seigneur, j'aurais tort de me plaindre ; mais toutes vos faveurs ne seront rien pour moi, si vous ne daignez les couronner par une dernière grâce.

ANTIOCHUS.

Que pourrais-je de plus, Lysandre? est-il possible que je brave pour vous de plus grands périls? quand on expose son avenir, son honneur, sa vie même, peut-on sacrifier davantage?

LYSANDRE.

Mourir pour mon cher Agapit; voilà ce que j'attends, daignez me l'accorder.

ANTIOCHUS.

Quand vous parliez de mourir à sa place, vous le savez, Lysandre, c'était un artifice ; et nous voulions par là gagner le cœur de votre enfant.

LYSANDRE.

La ruse alors pouvait jouer un certain rôle dans ce stratagème qui ne nous a pas réussi, mais en ce moment, seigneur, c'est la seule tendresse qui parle et agit dans moi. Je veux mourir, laissez-moi mourir pour mon fils.

ANTIOCHUS.

Y pensez-vous, Lysandre ? quoi! vous voudriez mourir pour un enfant coupable! non, non, je ne puis y consentir.

LYSANDRE.

Et moi, seigneur, je sais que vous ne me refuserez point cette faveur : laissez-moi voir mon Agapit, afin de l'embrasser pour la dernière fois.

ANTIOCHUS.

Votre fils, Lysandre, le voici ; vous pouvez l'embrasser, mais mourir pour lui...

SCÈNE V

LES PRÉCÉDENTS ET AGAPIT couvert de sang,
soutenu de deux gardes.

LYSANDRE.

Que vois-je ? juste ciel ! quel spectacle affreux pour les regards d'un père ! Agapit, mon Agapit, est-ce bien toi ? (*Il l'embrasse.*) Barbares satellites ?... cruel Antiochus ?... et dans ce déplorable état, on ose me le rendre !...

AGAPIT.

Mon père, c'est bien moi, moi toujours votre Agapit, pourquoi vous alarmer ?

LYSANDRE.

Mon fils, mon Agapit !... puis-je te voir et ne pas mourir ?

AGAPIT.

Cessez, mon tendre père, cessez, par vos soupirs, de troubler un cœur rempli de charmes. Grand Dieu ! que les tourments sont doux, pour l'âme d'un chrétien ! je ne pouvais le croire, jamais on ne croira à un pareil bonheur. Merci, seigneur, merci de tant de délices que m'ont procurées tous vos fers et vos feux. (*Il se tourne vers Antiochus.*)

LYSANDRE.

Hélas ! je les ressens en moi les feux que tu viens de souffrir !... Je comprends ton bonheur...

AGAPIT.

Si vous brûlez, mon père, ah ! que ce soit pour le Dieu que je sers : que tardez-vous encore ? c'est Jésus qui frappe à votre cœur, daignez le lui ouvrir : laissez toutes ces fausses divinités : puissé-je bientôt vous voir au pied de la croix, rejeter, briser vos idoles, et moi-même à vos pieds mourir de bonheur et d'amour !

ANTIOCHUS.

Par tes vaines fureurs crois-tu anéantir nos divinités, et entraîner les tiens dans ta ruine sacrilége ? qu'espères-tu de ta coupable audace ? calmant les transports de ta rage insensée, ne vaudrait-il pas mieux songer à te sauver, sauver les jours d'un trop malheureux père ? au nom du sang romain

18*

qui coule dans tes veines ; au nom du saint vieillard qui mérita toujours si bien de la patrie, vis, Agapit, et laisse vivre ton père, en offrant cet encens, que tu dois à nos dieux.

AGAPIT.

J'adore Jésus-Christ.

ANTIOCHUS.

Adore, ô insensé ! ce que ton cœur te dit d'aimer; mais au moins fais ce qu'on t'ordonne ; car mourir de la main du bourreau, serait-ce un honneur et pour ton Christ et pour toi-même ?

AGAPIT.

J'adore Jésus-Christ.

LYSANDRE.

Dieux! qui que vous soyez, ne calmerez-vous point la douleur qui m'oppresse ? mon cœur ne trouvera-t-il pas d'écho dans le cœur d'un fils? ainsi donc, Agapit, tu ne m'aimerais plus ?... (*Il tombe à ses genoux.*) Par la double voix de ton cœur et du mien, mon fils, je t'en conjure, écoute, écoute ma prière, s'il est vrai que tu m'aimes, si tu sens pour Lysandre quelqu'un des transports que je ressens pour Agapit, sois touché de mes maux, laisse, laisse ton Dieu pour ton père qui t'aime.

AGAPIT.

J'adore Jésus-Christ.

ANTIOCHUS.

A quoi bon le presser? Croyez-vous qu'Agapit voudra jamais quitter son Christ? il l'aimera toujours, il l'aimerait jusqu'à la mort. Mais tu ne mourras point, si tu veux tant mourir pour lui. Laissons-le, Lysandre, adorer son Christ en secret; ayons seulement soin qu'en public, il respecte nos dieux : par là nous sauverons malgré lui ce jeune fanatique.

AGAPIT.

J'adore, et j'aime Jésus-Christ. (*Energiquement.*)

ANTIOCHUS.

Qu'on l'ôte de mes yeux! je ne puis plus le voir, je ne puis lui parler. Va, va, malheureux fils, péris et contente ta rage : gardes, qu'on me l'enlève...

AGAPIT.

Je pars, seigneur; mais avant je vous demande une dernière grâce : laissez-moi embrasser... mon père; ô mon père, pourquoi ce visage sévère, ces yeux qui fuient les miens? un regard, ô mon père, un regard sur ce fils qui vous aime tendrement, et qui vous demande en grâce de vous embrasser pour la dernière fois...

LYSANDRE.

Quoi donc, Agapit, tu oses me demander cette grâce?

ANTIOCHUS.

Gardes, j'ai parlé; qu'on obéisse à l'instant.

AGAPIT, *sortant*.

Adieu ! mon père ! adieu ! adieu !...

SCÈNE VI

LYSANDRE, ANTIOCHUS.

LYSANDRE.

Adieu ! adieu ! mon fils ! puis-je te voir sortir, et rester dans ce lieu ? mais non, je vais suivre Agapit... j'ai refusé de l'embrasser...

ANTIOCHUS.

Restez Lysandre : je l'ordonne, restez...

LYSANDRE.

O dieux ! je sens que tout mon sang se glace dans mes veines, un indicible effroi vient de s'emparer de tous mes membres. Parlez, seigneur, y a-t-il encore une lueur d'espoir, ou bien a-t-on porté l'irrévocable sentence ?

ANTIOCHUS.

Vous m'avez vu, vous m'avez entendu ; vous avez vu, vous avez entendu votre rebelle enfant: vous voyez donc à quoi votre fils me contraint.

LYSANDRE.

Mais dites-moi enfin, ne le verrai-je plus ?

ANTIOCHUS.

J'ai voulu, je voudrais le conserver à votre cœur de père : mais la gloire des dieux, pour quoi la comptez-vous ?

LYSANDRE.

Etes-vous si sensible à l'intérêt des dieux ? les dieux n'ont-ils pas fait les cœurs des pères, les cœurs des enfants ?

ANTIOCHUS.

César et les lois, qui règnent en ces lieux, veulent qu'on honore les dieux, et qu'on livre à la mort quiconque les outrage. Agapit doit mourir, son crime est abominable : et malgré vous, malgré moi, il doit être condamné.

LYSANDRE.

Que n'êtes-vous, seigneur, le père de mon Agapit ! vous sentiriez le poids douloureux qui m'accable, vous sauveriez enfin ce fils infortuné.

ANTIOCHUS.

Je conçois la douleur qui doit navrer votre belle âme ; mais je crois que si j'étais père d'un enfant ingrat, rebelle, qui se joue des lois de la religion et de la patrie, qui a flétri son nom et mon propre sang, je saurais, je pourrais lui refuser les larmes dont il est indigne.

LYSANDRE.

Hélas! si les destins qui furent toujours cruels à mon égard, ne m'avaient pas ravi deux de ses frères, qui périrent cruellement entre mes bras, je les aurais encore pour consoler leur malheureux père, et lui faire oublier un peu la perte d'Agapit. Mais je n'ai plus que ce fils : hélas! qui désormais pourra le remplacer? qui sera mon espoir, mon appui et le soutien de mes vieux ans? Sans toi, cher Agapit, la vie me serait insupportable; non, tu ne mourras point ; ou si tu meurs, je veux mourir avec toi!...

ANTIOCHUS, *se détournant*.

Ciel! rendez à cet illustre ami, rendez à ce bon père le malheureux enfant que je ne puis lui rendre moi-même.

LYSANDRE.

Où donc a-t-on traîné mon fils? puis-je être tranquille sur son sort?

ANTIOCHUS.

Pour tâcher de fléchir ce courage indomptable, on a dû le confier aux mains du grand prêtre.

LYSANDRE.

A Métellé, au sanguinaire Métellé? Ah! seigneur,

l'avez-vous pu permettre? Quoi ! donc, cher Agapit, te voilà sous la dent de ce léopard impitoyable, ce tigre altéré de notre sang et du sang de toute âme innocente ! Ah ! qui me donnera de t'arracher à ses mains barbares? Rendez-moi, seigneur, rendez-moi mon cher Agapit, ou laissez-moi voler à son secours : je veux le délivrer, ou périr avec lui.

ANTIOCHUS.

Non, cher Lysandre, attendez, restez ici...

LYSANDRE.

On égorge mon fils, et vous voudriez, seigneur, me laisser en ce lieu? je veux voir, je veux défendre mon fils, l'arracher mort ou vivant des mains de ce scélérat; du moins mon sang ira se mêler au sang d'Agapit...

ANTIOCHUS.

Attendez, Lysandre, voici Mételle qui vient; il va vous donner des nouvelles de votre fils.

LYSANDRE.

Juste ciel ! le tigre est sans l'agneau ; ô mortelles alarmes !..

SCÈNE VII

LYSANDRE, MÉTELLE, ANTIOCHUS.

LYSANDRE.

Et mon fils, où est-il?... qu'as-tu fait d'Agapit?... as-tu fini par l'ébranler? a-t-il abjuré son Christ?...

MÉTELLE.

Oui enfin, ô Lysandre, on a fini par vaincre le fier Agapit... et dans son cœur criminel, le Christ ne règne plus : nos dieux sont contents...

LYSANDRE.

Mais dis-moi donc!... est-il encore en vie?...

MÉTELLE.

Il est mort.

LYSANDRE.

Il est mort!... et c'est toi, perfide, qui viens m'apporter la sanglante nouvelle! Il est mort!... et tu vis encore, ministre infâme! et tu triomphes de sa mort! et vous, Antiochus, c'est ainsi que vous laissez trahir un ami, un père!... Il est mort!... mais je suis là pour le venger... mon glaive est prêt pour assouvir ma colère. Bourreau, rends-moi mon fils, rends-moi mon Agapit!

ANTIOCHUS (*lui prenant son glaive.*)

Gardes, séparez-les; prenez cette arme : et vous, Mételle, retirez-vous.

MÉTELLE.

Et vous osez pleurer ce fils infâme! et pourquoi m'accuser ? les dieux vous l'ont ravi : demandez-le aux dieux, demandez-le à son Christ qui n'a pu le protéger...

ANTIOCHUS.

Sortez, retirez-vous, Mételle : pouvez-vous irriter ce malheureux, et vous jouer de son chagrin? allez, quittez ces lieux.

SCÈNE VIII

LYSANDRE, ANTIOCHUS.

LYSANDRE.

Tu ne m'échapperas pas, monstre hideux... on me désarme en vain; tôt ou tard, cette main vengeresse saura te demander le sang de mon fils... il faut que tes entrailles soient la proie des vautours; il faut que ton corps mutilé soit offert en holocauste à la mort de mon fils : mon fils, je vous le dois, cette dette sacrée sera payée...

ANTIOCHUS.

Gardes, je vous confie ce père infortuné; veillez

sur lui et le jour et la nuit : c'est un dépôt sacré, je vous en demanderai compte ; malheur à qui l'insulterait dans son angoisse... je vais dire à César qu'une prompte vengeance vient d'apaiser les dieux dans le sang de la victime. Adieu, mon noble ami, je sens votre douleur, et vais m'occuper d'en soulager le poids. (*Il sort.*)

SCÈNE IX

LYSANDRE seul.

Mon fils, mon Agapit, cher objet de mon amour ! tu as cessé de vivre, et moi je vis encore ! moi, qui te refusai le dernier baiser, moi qui n'ai pu recueillir ton suprême soupir !... Eh bien ! pour me venger de ta mort douloureuse, j'abandonne mes dieux, j'adorerai ton Christ ! Divinités perfides, vous n'aurez plus mon cœur. Je ne veux pas d'autre Dieu que le Dieu d'Agapit. Mais que dis-je ? déjà je suis chrétien ; j'adore mon Sauveur, le Dieu de mon enfant, ce Dieu dont Agapit me parlait avec tant d'amour. « Ce Christ, me disait-il, c'est le seul » vengeur du crime, le grand rémunérateur de la » vertu : un jour, il viendra dans tout l'éclat de sa » gloire rendre à chacun selon ses œuvres. » C'en est fait, je me rends... Dieu d'Agapit, soyez mon Dieu, soyez mon maître, j'embrasse votre loi ; j'abjure mes erreurs, pardonnez tous mes crimes, pardonnez à Mételle, pardonnez aux bourreaux qui viennent d'immoler mon fils : ma vengeance, Seigneur, je la remets entre vos mains ; rendez-moi digne de mon fils, digne de mourir pour vous comme lui, digne d'aller un jour l'embrasser dans la gloire. Et toi, ô saint martyr, qui en mourant triomphas de ton père ; toi l'artisan de ma conversion, de mon bonheur, dors en paix, cher enfant, jouis tranquillement des célestes délices ! ton père est à toi, ton père est à Jésus-Christ sans retour : tes vertus, tes leçons, ton sang, ta prière, ont apaisé le ciel et m'en ouvrent la porte ; au revoir cher Agapit ! je pars, je te suis, je vais m'asseoir à côté de toi : je suis chrétien, je veux mourir chrétien, mourir martyr ! demande-moi cette dernière grâce au ciel ; je cours moi-même la demander au gouverneur ; puissions-nous dans un instant nous réunir, nous embrasser, et vivre ensemble dans la bienheureuse éternité !...

CHANT SUR LA TOMBE D'AGAPIT.

PREMIER COUPLET.
(Air de la pièce d'*Agapit* en vers.)

Salut, ô froide pierre,
Salut, saints ossements !
Reçois notre prière,
O martyr de seize ans !
Que ton noble courage,
Pour affronter la mort,
Soutienne le jeune âge,
Et nous conduise au port.

CHŒUR.

Héros de la milice,
Guide toujours nos pas,
Rends-nous vaillants soldats.

DEUXIÈME COUPLET.

Un juge te menace,
Un père t'attendrit;
Mais d'une sainte audace
La grâce te remplit.
Même de la nature
Tu as été vainqueur;
Un bourreau te torture,
Tu braves sa fureur.

CHŒUR.

Héros, etc.

TROISIÈME COUPLET.

Sur cette froide pierre
Nous viendrons en tout temps,
Offrir notre prière
Au martyr de seize ans.
Les chrétiens de notre âge
Apprendront en ce lieu
La vertu, le courage,
Et l'amour de leur Dieu.

CHŒUR.

Qu'un pareil sacrifice
Nous réunisse tous :
Saint martyr, aidez-nous.

Au lieu de ce dernier chœur, on pourrait répéter le précédent.

FIN

MARTYRE
DE JULIA

DRAME EN TROIS ACTES

à l'usage des Etablissements ou des Maisons d'éducation

PAR M. L'ABBÉ J.

―――◆◆◇◆◆―――

LYON
P. N. JOSSERAND, LIBRAIRE-ÉDITEUR

PLACE BELLECOUR, 3

1867

(Tous droits réservés)

Besançon. — Imprimerie d'Outhenin Chalandre fils.

HISTORIQUE

On trouve, dans des manuscrits du dixième siècle, les documents historiques qui suivent, sur la vie et le martyre de Julia ou Julie. Originaire de Troyes, elle vivait retirée et solitaire dans la maison paternelle, où elle vaquait fidèlement à la pratique de la piété et de toutes les vertus chrétiennes. Précieuse aux yeux du Seigneur, chère à ses concitoyens, plus encore par son esprit de sainteté, que par les belles qualités naturelles dont elle était ornée, elle n'avait d'autre ambition que de plaire à son divin Epoux, lorsque Claudius, empereur des Barbares, vint s'emparer du pays, et la fit son esclave. Epris de sa beauté, mais ayant toujours conservé pour elle le plus profond respect, il la conduisit dans ses états, croyant en faire son épouse; toutefois il ne tarda pas à connaître son amour inviolable pour la virginité, et il se contenta de la combler d'honneur et de vénération. Un jour, dans une vision mystérieuse, Julia est appelée à la palme du martyre, et fait part à Claudius de son glorieux sort. L'empereur demande à marcher avec elle jusque dans la ville de Troyes, qui doit être le théâtre de sa mort. Là, il périt du même supplice que Julie, et verse son sang pour Jésus-Christ. C'était en 275, sous le règne d'Aurélien, qui avait, pour préfet des Gaules, Elidius, l'auteur de la mort de nos deux martyrs.

PERSONNAGES

CLAUDIUS, empereur des Barbares.
JULIA, vierge de Troyes.
Les compagnes de Julia.
CÉSAR, empereur romain,
ÉLIDIUS, préfet des Gaules.
Les soldats.

LE
MARTYRE DE JULIA

DRAME EN TROIS ACTES

PREMIER ACTE

SCÈNE I

JULIA seule.

REFRAIN. (*Elle chante assise.*)

(Air n° 36.)

Jésus, soyez mon époux,
Le Dieu de mon âme :
O Maître aimable et si doux,
Je ne veux que vous.

PREMIER SOLO. (*Elle se lève.*)

Vous êtes mon père,
Mon divin Sauveur,
Mon ami sincère
Et mon seul bonheur.

REFRAIN.

Jésus, etc.

DEUXIÈME SOLO.

Sous votre assistance,
Jésus, mon Sauveur,
On a l'innocence,
La paix dans son cœur.

REFRAIN.

Jésus, etc.

Oui, je l'ai trouvé celui que mon cœur aime : je suis à lui sans partage et sans retour ! Biens, honneurs terrestres, allez vers d'autres cœurs : je possède en mon Jésus le comble de tous mes vœux. Heureux qui dès ses jeunes ans s'attache au vrai Dieu et en fait son unique partage ! Avec Jésus, les jours coulent paisibles et heureux. On trouve tout en lui. Que sont, devant ce roi glorieux, tous les potentats du monde ? N'est-ce pas lui qui donna toujours à ses enfants la force et la victoire ? (*Une compagne de Julia entre.*)

SCÈNE II

JULIA et SA COMPAGNE.

LA COMPAGNE.

Heureuse Julia, comment pouvez-vous bannir la crainte de votre cœur ? Avez-vous bien le courage de rire et de chanter ? Et ne savez-vous pas qu'un chef] de barbare vient exercer ses fureurs parmi nous, après avoir ravagé bien d'autres contrées? L'enfant, la femme et le vieillard, tout va tomber sous son glaive impitoyable.

JULIA.

Mais quel que soit ce monstre, que fera-t-il donc à des chrétiens? S'il peut broyer nos corps, que peut-il sur notre âme? A la vie, à la mort les disciples de Jésus sont toujours invincibles. Qu'elle arrive quand elle voudra cette bête barbare : nous saurons triompher de sa force et de sa rage. En attendant, mes chères sœurs, le moment de la lutte, allons nous armer et nous disposer au combat. (*Claudius et ses satellites arrivent en chantant.*)

SCÈNE III

CLAUDIUS ET SES SATELLITES arrivent en chantant.

CHŒUR PAÏEN.

(Air n° 5 : *Jésus paraît en vainqueur.*)

Chantons le dieu des combats,
   Qui dirige nos bras,
Contre de lâches soldats;
Chantons le dieu des combats,
Qui sème les palmes sur nos pas.
   Rois de l'univers,
    Vous aurez des fers;
   Rentrez aux enfers;

Fuyez comme des éclairs.
De vos cris amers
Remplissez les airs,
A nous l'honneur, les joyeux concerts.

SOLO.

Vous vous disiez en vain les maîtres du tonnerre,
C'est le temps de trembler, ô peuples de tyrans :
A nous de maîtriser les tribus de la terre,
A vous d'être écrasés sous nos pas triomphants.

CHŒUR.

Chantons, etc.

CLAUDIUS.

Dans leur insolent orgueil, les Romains avaient dit : Il faut que tous les peuples fléchissent sous le joug de nos lois. Il est bien temps d'imposer un frein à leur superbe ambition : je viens lutter contre eux, anéantir, s'il est possible, jusqu'à la trace de leur nom. Oui, de tant de forfaits Claudius veut enfin tirer vengeance ! Peuples, relevez la tête, voici l'heure du salut, l'heure de la liberté ! Trop longtemps on vous a fait traîner les fers, c'est le moment de régner avec moi et de goûter les douceurs de mon diadème. Dans la mêlée, je suis terrible ; mais je suis bon vis-à-vis des vaincus : envers nos ennemis, je veux donc qu'on use d'indulgence après le combat. Epargnons les enfants, les femmes et les vieillards; surtout protégeons cette vierge candide que je vous ai montrée, et dont le noble front brille d'un éclat ravissant : conservons pur et sans tache ce dépôt précieux. Mort, honte au criminel qui laisserait flétrir et profaner cette rose naissante ! Je veux qu'elle soit le principal ornement de ma maison royale. Salut et gloire à Julia... (*On amène Julia chargée de chaînes.*)

SCÈNE IV

JULIA, CLAUDIUS et un de ses soldats.

UN SOLDAT DE CLAUDIUS.

Voici, César, une orgueilleuse enfant qui semble mépriser notre glaive triomphateur : toute dévouée à son Christ, et fuyant nos autels, elle outrage nos dieux par l'impiété de ses discours.

JULIA.

Je n'adore qu'un Dieu : c'est mon Créateur et mon souverain Maître. C'est ce Dieu seul que je crains, et n'ai point d'autre crainte. A défaut d'âge, je me sens la vertu d'un soldat invincible.

CLAUDIUS.

Et qu'auriez-vous à craindre en ma présence, ô intrépide Julia ? Serais-je donc un barbare envers les innocents ? Depuis longtemps mon glaive fait trembler les tyrans et les scélérats ; mais aux cœurs qui sont bons, il inspire la confiance : courage donc, ô ma chère enfant, vous pouvez compter sur l'appui de mon bras... *(On lui ôte ses fers.)* Soldats, pourquoi ces fers iniques? Est-ce ainsi qu'on ose déshonorer ces innocentes mains? Julia, je suis votre soutien; et malheur à l'infâme qui oserait contrister votre cœur!

JULIA.

J'attends tout mon secours du ciel; mon espoir est en Dieu, qui a les yeux sur moi : je m'appuie sur son bras puissant et inébranlable, et jamais sur un bras de chair qui n'est qu'un roseau fragile : je m'appuie sur mon ange gardien, qui est plus fort pour moi que tous les bataillons des empereurs du monde.

CLAUDIUS.

Julia, je suis maître de mes dons et de mes faveurs : je veux que vous deveniez l'honneur de ma maison, qu'on vous traite partout comme ma véritable fille. Soldats et serviteurs de mon palais, vous aurez à lui rendre les honneurs de la cour : je veux la faire vénérer cette perle précieuse : qu'on lui mette à la main une palme étincelante; qu'une couronne de laurier orne son front virginal. Elle sera la gloire de ma maison, l'orgueil de mon peuple, et le bonheur de mes vieux jours. Julia, vous trouverez chez moi un père dévoué, un père, chère enfant, qui sera pour vous plein de tendresse. *(Il sort avec ses serviteurs.)*

SCÈNE V

JULIA seule.

Suis-je donc orpheline ? Non, non ; j'ai dans le ciel un père, une mère incomparables, dont le regard toujours propice veille sur moi dès le berceau. Qu'on m'entraîne où l'on voudra, je ne serai jamais abandonnée. Et si les auteurs de mes jours ne sont plus avec moi pour veiller sur leur enfant, toujours Jésus sera mon soutien et Marie mon espoir. (*Elle sort.*)

SCÈNE VI

CLAUDIUS se promenant seul.

Plus je jette les regards sur ce divin miroir, plus je sens naître en mon âme la grandeur, la noblesse ; non, vous ne l'aurez pas ce trésor pur et céleste, ô Romains orgueilleux ! Cette fleur si brillante, je vais la soustraire pour toujours à votre souffle impur ! Vous n'aurez point Julia ; je la tiens en ma puissance ! Il faudra m'écraser pour pouvoir me la ravir ! C'est le plus beau trophée de toutes mes victoires. Elle sera pour moi plus forte qu'un bataillon ; par elle je vaincrai : sa foi sera ma foi, et son Dieu sera mon Dieu. Et puisque les Romains persécutent si cruellement les disciples du Christ, guerre, guerre incessante à tout ce peuple de tyrans; c'est le moment d'en délivrer la terre... Et que sont donc les chrétiens pour les exterminer de la sorte? Des héros glorieux qui méritent notre amour et notre respect. Pourquoi partout s'armer contre eux d'une injuste colère, et en faire un horrible carnage? Monstres inhumains, vous en avez trop bu, trop profané de ce sang généreux! Hélas! nous avons trop tardé d'en tirer une vengeance éclatante! (*Il chante en quittant le théâtre :*)

SOLO.

(Air n° 13, tiré d'*Agapit*.)

Mort, guerre à tous les Romains;
Guerre à cette race immonde,
Qui souille la terre et l'onde;
Gloire au Christ, gloire aux chrétiens!

FIN DU PREMIER ACTE.

DEUXIÈME ACTE

SCÈNE I

JULIA seule, assise, chante en sommeillant.

SOLO (*à demi-voix*).
(Air n° 37 : *Dors mon vaisseau*, etc.)

Ange gardien, ami sincère,
O viens adoucir ma douleur;
Viens, répands ton baume en mon cœur,
Porte mes adieux à ma mère.

REFRAIN.

O sol béni de ma patrie,
Champs et vallons aimés des cieux,
Heureux climat, terre chérie,
Recevez mes derniers adieux. (*bis.*)

(*Julia se réveillant.*) O Ciel! où suis-je?... et que vois-je?... Une terre étrangère... un palais magnifique... des lambris tout dorés... et moi-même suis-je bien Julia?... Quelle transformation soudaine!... des vêtements royaux... des bracelets étincelants... une brillante couronne... Qu'es-tu donc, Julia?... De toutes parts les honneurs m'environnent... Mortels, je foule aux pieds toutes vos pompes mondaines... Je suis à Jésus... je n'appartiens qu'à lui seul...

SOLO.

(Air n° 36 : *Le voici l'Agneau si doux*, etc.)

Jésus est mon père... (p. 5.)

REFRAIN.

Jésus, soyez mon époux... (p. 5.)

Me voilà donc en exil... O l'étrange esclavage! pour des fers que je voudrais, on me donne tous les ornements d'une princesse... Mais, ô Jésus, vous le savez, pas d'autre royauté pour moi que la vôtre! On ne me donnera pas d'autre époux que vous; on ne me fera pas sacrifier mon cœur à d'autre beauté qu'à la vôtre !...

SCÈNE II

JULIA et SES COMPAGNES, qui arrivent.

JULIA.

Vous aviez bien tardé, chères compagnes... ô qu'ils m'ont duré ces instants que je viens de passer sans vous !... Venez donc voir votre Julia... Me reconnaissez-vous?... (*Elle les empêche de tomber à ses pieds.*) O non, relevez-vous... Sous ces vains ornements, je ne mérite pas de vous recevoir à mes genoux... rassurez-vous cependant... Car sous cet éclat trompeur qui m'environne, vous trouverez le même cœur, la même foi. Oui, toujours je suis

Julia, comme toujours vous êtes mes dignes sœurs. Vous êtes plus pour moi que toutes les pompes et la gloire du monde. Ensemble nous avons choisi le même et céleste époux; ensemble nous lutterons pour lui, et nous remporterons la palme immortelle.

UNE PREMIÈRE COMPAGNE.

Sans vous, ô Julia, notre sort serait déplorable; mais votre douce présence remplit notre exil de charmes. A la vie, à la mort, nous serons toujours avec vous; et toujours nous aurons le même cœur, la même âme, les mêmes vœux, le même sort.

UNE AUTRE.

Nous savons, ô Julia, le mépris souverain que vou faites de toutes les grandeurs du monde. C'est en vain, qu'à pleines mains, on vient vous prodiguer des faveurs, répandre des fleurs sous vos pas, et vous traiter en princesse; votre cœur est trop grand, Julia, pour la vanité et le mensonge. Comme nous, vous ne voulez d'autre royauté que celle de Jésus.

JULIA.

Allez, soyez tranquilles, sœurs bien-aimées; comme vous je serai toujours fidèle à mes serments, fidèle à celui qui a reçu les engagements de notre cœur.

UNE TROISIÈME COMPAGNE.

Toujours dociles à votre aimable voix, nous espérons couler près de vous les tristes jours de l'exil, et régner ensemble dans le séjour fortuné. (*Elles sortent.*)

SCÈNE III

JULIA seule.

Non, non, jamais Julia ne sera parjure et sacrilège... et tous leurs brillants honneurs ne seront qu'un vain stratagème... O Dieu! mille fois plutôt mourir! (*Et s'asseyant, elle murmure à demi-voix son refrain en sommeillant,*)

REFRAIN.

Jésus, soyez mon époux...

SOLO.

Vous êtes mon père...

SCÈNE IV

CLAUDIUS, JULIA.

CLAUDIUS *entre et parle à voix basse.*

Juste Ciel! que vois-je?... C'est un génie céleste, et non un enfant de la terre... Ses ravissants concerts, et sa voix mélodieuse, sa figure angélique, son front noble et serein, tout chez elle m'annonce que sur un corps mortel, elle porte l'empreinte d'un cachet tout divin : et que serait son cœur, si on pouvait pénétrer?... Heureux, mille fois heureux celui qui en sera le maître !

JULIA, *sommeillant encore, chante à demi-voix.*

REFRAIN.

Jésus, soyez mon époux...

CLAUDIUS, (*à voix basse.*)

Ciel ! quelle voix !.. quel chant !...

JULIA, *chantant.*

Vous êtes mon Père...

CLAUDIUS *à Julia, qui se relève.*

Quel est donc, ô Julia, ce fortuné mortel dont la puissante flamme a pénétré votre cœur? Je vous croyais parfaitement libre dans vos affections... Insensé ! je me trompais... Une si belle âme devait nécessairement ravir... captiver...

JULIA.

Que vous connaissez peu, César, les sentiments qui dominent mon âme... Non, non, vous êtes dans l'erreur; mon cœur est toujours libre, ou plutôt il est certain que je possède un maître : c'est celui qui m'a donné, qui me conserve le mouvement et la vie; c'est le premier Roi de la terre et le Souverain des cieux; c'est celui qui a reçu mon serment irrévocable : lui seul est mon époux, lui seul est digne de mon âme. Je chantais ce Dieu de clémence, quand vous êtes entré. Et comment refuser mon cœur à Celui qui est la bonté même et qui m'a prodigué tant de bienfaits ? O oui, je l'aime et veux l'aimer jusqu'à mon dernier soupir. Grands et puissants de ce monde, vous ne serez jamais rien pour moi.

CLAUDIUS.

Le choix que vous venez de faire, ô Julia, est vraiment digne de votre cœur ; car quel mortel pourrait porter ses prétentions jusqu'à vous ? Mais cet époux divin, incomparable, que vous ne voyez pas, veut-il donc vous priver d'un appui protecteur ? Tendre et faible roseau, ne fléchirez-vous pas devant l'orage, si pour vous soutenir, vous n'avez pas un bras robuste ?

JULIA.

Si des yeux du corps je ne vois pas l'époux qui est mon seul partage, je sais qu'il règne au ciel; je sens qu'il me soutient et remplit mon âme de ses célestes ardeurs. Quoi ! donc, ô Claudius, celui qui, d'un seul mot, créa les mers et les terres, celui qui, de son doigt, soutient et gouverne le monde, ne serait-il pas assez fort pour garder Julia ? Je puis donc tout en celui qui me fortifie ; je puis même affronter la mort. Du reste, ce n'est pas un maître injustement jaloux : il me commande même d'aimer mes sœurs et mes frères, d'aimer ses ennemis qui sont les nôtres : mais en tout et partout il veut être le premier dans mes affections.

CLAUDIUS.

J'admire, Julia, la sublimité de votre langage, l'excellence de ce céleste hymen dont vous m'entretenez : mais parmi vos sœurs chrétiennes, combien qui font le bonheur d'un époux terrestre, tout en plaisant à leur divin époux, et en pratiquant fidèlement sa loi ! O si j'osais vous parler, Julia, et vous ouvrir mon cœur !... vous verriez la chaleur et la pureté de mon zèle !... déjà je connais votre Christ et son aimable doctrine... Oui, j'aime les chrétiens comme mes frères; j'en ai fait le serment : je leur apporte l'appui de mon bras, je veux les arracher au joug de la scélératesse. Ah! cette race de Romains, ce peuple de tyrans, j'ai reçu la mission de l'exterminer et d'en purger la terre... Mais si un heureux destin venait, ô Julia, unir votre main à la mienne, et votre cœur au mien, quelle gloire pour vous ! quel bonheur pour moi ! quel triomphe pour le Dieu des chrétiens ! Si je deviens votre époux fortuné, j'en prends les cieux à témoin, je le jure sur mon épée... vous me verrez, comme un lion, voler à la défense de la croix et de ses disciples... Vous me verrez tomber le premier aux pieds de votre Jésus pour l'adorer et le faire adorer. Fuyez, fuyez loin de mes yeux fausses et hideuses divinités, idoles de bois et de pierre... Je ne veux qu'un seul Dieu sous mon sceptre, c'est le Dieu des chrétiens. Oui, désormais, Julia, votre Dieu sera mon Dieu; je veux qu'il règne en souverain dans tous mes Etats. Puis quand revêtue de la couronne, vous serez assise auprès de moi, vous ferez tout ce que vous voudrez pour les chrétiens, qui sont à l'avenir mes enfants et mes frères.

JULIA.

Dieu bénisse et soutienne votre bras puissant, qui vient prendre enfin la défense de la sainte Eglise ma mère, dont vous voulez être l'enfant docile et l'intrépide protecteur ! Oui, Claudius, si vous tirez l'épée pour Jésus-Christ, si vous vous en servez pour venger la gloire de son nom et propager son règne, ce Dieu ne sera pas ingrat envers vous; il soutiendra, et consolidera lui-même votre trône; il vous donnera la victoire sur tous vos ennemis qui sont les siens. Moi-même et tous les miens, nous ne cesserons de faire des vœux pour le succès de vos armes; en tout temps et en tout lieu et surtout dans les combats, vous êtes sûr d'avoir les accents de notre prière. Puissiez-vous donner à Jésus l'univers entier, et en recevoir le ciel pour prix de vos travaux ! Pour de pareils desseins, ô empereur, vous pouvez compter sur toute la puissance de mon âme; mais ma main, ni mon cœur d'épouse ne sont plus à moi. Dès mes jeunes années, je fis vœu d'être vierge; mon serment fut sacré, il est irrévocable : Jésus est mon époux et mon unique partage. Je n'ai plus la liberté de me donner à personne; et personne ne peut jeter les yeux sur moi. L'ange du Seigneur, qui fut témoin de mon vœu, veille sur moi sans cesse et le jour et la nuit. Malheur à tout mortel qui oserait toucher à l'épouse du Sauveur.

CLAUDIUS.

En face de tels serments, je n'ai, Julia, qu'à courber la tête avec un respectueux silence... Mais si je ne puis être votre époux, je serai votre père : et malheur, mort à celui qui viendrait porter sur vous des yeux de convoitise !... Je veillerai sur vous, comme sur mon trésor le plus précieux : ayant fait alliance avec le Tout-Puissant, que de faveurs n'obtiendrez-vous pas sur Claudius et son empire ! par vous je pourrai vaincre l'enfer et triompher de tout. Vivez donc longtemps dans mon palais, ô vierge chérie des cieux, vivez tranquillement joyeuse et contente : vous aurez toujours avec vous un brillant cortège de vierges chrétiennes, qui formeront votre couronne : vous aurez toute liberté pour honorer votre Dieu ; et partout mon glaive saura vous défendre et protéger. (*Il sort.*)

SCÈNE V

JULIA seule.

O le Dieu de mon cœur, que vous êtes bon, que vous êtes aimable ! De combien de faveurs ne m'avez-vous pas environnée dès le berceau ! au foyer paternel, votre regard veilla sur moi avec plus de sollicitude que celui de ma mère elle-même : je vous ai rencontré partout, et je vous trouve en exil faisant tout mon bonheur ! D'un empereur barbare vous en faites un père, qui a pour moi des soins tout maternels : défenseur de ma foi et de ma liberté, Claudius a promis d'être le protecteur de ma virginité. Mon Dieu, soyez son Dieu ! et que bientôt votre divin soleil vienne réchauffer son cœur, et illuminer son âme. Il avait trop de bonté pour demeurer païen ; vous en ferez, ô Seigneur, un de vos vaillants capitaines.

SOLO.

(Air n° 18 : Descends des cieux, etc.)

Entends mes vœux, toi que mon cœur adore,
Fais de mon maître un soldat de la Croix ;
Pour lui, Seigneur, je te prie et t'implore,
Donne-lui d'accomplir de glorieux exploits. (*quater*.)

SCÈNE VI

CLAUDIUS, JULIA.

CLAUDIUS.

Je vais, ô Julia, commencer la guerre sainte, qui doit délivrer le monde d'un peuple de sauvages et de tyrans : mais avant de marcher au combat, je viens vous demander de prier pour moi, et de mettre dans mon cœur le feu divin qui vous enflamme ; et dans vos saints entretiens avec le grand Maître qui possède votre âme, dites-lui, ô Julia, j'en fais le serment ; dites-lui bien que s'il me donne la victoire, je brise mes idoles et je me fais chrétien ! et partout je fais briller la croix !

JULIA.

Empereur, vous avez bien raison de recourir au ciel, de confier le sort de vos armes au Maître des armées ; vous faites bien de lui promettre votre cœur et vos hommages. Que le Seigneur bénisse vos vœux, ô vaillant capitaine ! Si le ciel est pour Claudius, la victoire est à vous. Allez, marchez sans crainte ; et que le Dieu des combats vous donne sa force et sa puissance : que bientôt les fiers bataillons de Rome tombent écrasés sous votre bras et mordent la poussière ! Allez et revenez bientôt sain et sauf du combat : nous bénirons ensemble le Dieu qui vous aura donné la victoire.

CLAUDIUS

Vous aurez, Julia, la moitié de mes lauriers !
(*Il sort.*)

SCÈNE VII

JULIA et SES COMPAGNES.

UNE COMPAGNE DE JULIA.

Quel bonheur pour nous, ô Julia, de pouvoir former votre cortège ! vivre sous vos yeux et accomplir vos volontés, c'est la plus belle partie de notre sort.

JULIA.

Dites que notre commune félicité est de passer nos jours ensemble sous les regards du divin roi. Et puisque Claudius marche au secours de nos chrétiens, c'est le moment favorable de faire monter vers le ciel nos chants et nos prières ; c'est le moment de répéter quelques refrains des beaux cantiques de Sion.

CHŒUR.

(Air n° 11 : *Le Dieu que nous servons*, etc.)

Le Dieu que nous servons est le Dieu des combats :
    Non, non, il ne souffrira pas } *bis.*
    Que l'espoir du brave périsse.

SOLO.

Avant que nous perdions, Seigneur, ton souvenir,
    L'astre du jour interrompra sa course ;
    Avant de cesser de te bénir,
L'on verra les ruisseaux remonter vers leur source. (*bis.*)

CHŒUR.

Le Dieu que nous servons, etc.

Vous savez, aimables sœurs, le vœu solennel et sacré que l'empereur Claudius vient d'exprimer à Dieu, avant de livrer son premier combat aux Romains : il a promis et il en a fait le serment, il a juré de se faire chrétien, et de mourir pour Jésus-Christ, s'il obtient la victoire. Prions donc, mes sœurs, car déjà les armées sont en présence; prions pour que notre Dieu se déclare en faveur de Claudius et de ses soldats.

SCÈNE VIII

UN MESSAGER, JULIA, CHOEUR.

LE JEUNE MESSAGER.

Je viens vous annoncer, ô l'heureuse nouvelle !... Je viens vous annoncer la complète défaite des Romains : dans un instant et au premier choc, leurs soldats tout tremblants, leurs bataillons rompus, sont tombés sous notre glaive triomphateur : nous avons vu les Romains orgueilleux saisis d'une frayeur mystérieuse, et se jeter à nos pieds !...

CHŒUR.

(Air n° 6 : *Enfants rendons hommage*, etc.)

Chantons, chantons victoire;
Les tyrans sont vaincus.

Le Seigneur de la gloire
Vient venger ses élus.
Tremblez, bourreaux du monde,
Tremblez à votre tour,
Puissiez-vous, race immonde, } *(bis.)*
Disparaître en ce jour!

JULIA.

Vous le voyez, sœurs bien aimées : est-elle grande la puissance de la prière? Le bras de notre Dieu a fait dans un instant triompher notre nouvel empereur; gloire à Dieu, honneur à Claudius : et reprenons ensemble le refrain triomphateur. (*On répète le Chœur.*)

CHŒUR.

Chantons, etc.

JULIA.

Qui sait, mes sœurs, si cette première victoire n'est pas l'annonce fortunée du règne de Jésus-Christ?... Qui sait si tout ce peuple barbare ne va pas avec Claudius se jeter aux pieds du divin Maître qui vient de le faire triompher?... O Dieu, je vois partout de nouveaux temples et de nouveaux autels s'élever à la gloire de Jésus-Christ!... Mais voici l'heure sainte et silencieuse de la nuit; allez dormir en paix; laissez-moi seule avec le bien-aimé de mon âme : veiller sous les yeux de Jésus, converser avec lui, quelle félicité! Allez, et que pendant le sommeil, notre esprit s'élève délicieusement vers la céleste patrie... Vous me raconterez votre divin rêve, je vous dirai le mien : adieu, jusqu'à demain... (*Elles sortent*)

SCÈNE IX

JULIA seule.

Qui m'aurait dit, ô Dieu clément, qu'un jour dans l'esclavage, je trouverais un maître généreux, vaillant, armé d'une sainte audace, vouant son bras païen à la défense de vos autels, et jurant de venger l'honneur de vos enfants? Dirigez son bras, Seigneur, dans cette guerre sacrée, et qu'il soit dès ce jour l'enfant le plus dévoué de l'Eglise ma mère. Vous fîtes un héros d'une Saul inhumain, que ne ferez-vous pas d'un magnanime capitaine?...

PREMIER SOLO. (*Elle chante assise.*)
(Air n° 18.)

O Dieu puissant, fais éclater ta gloire,
Viens conquérir cet empereur païen :
Viens remporter une prompte victoire,
Viens, sois de Claudius l'espoir et le soutien. (*quater.*)

DEUXIÈME SOLO. (*Elle chante à demi-voix, en sommeillant.*)

Dieu d'Israël, achève ton ouvrage,
Viens dans le cœur de ce jeune païen ;
Viens l'éclairer, ranimer son courage;
Viens en faire un soldat et un héros chrétien. (*quater.*)

(Elle s'endort.)

SCÈNE X

UNE VOIX CÉLESTE, JULIA.

VOIX CÉLESTE (*derrière la coulisse.*)

Dors, ô ravissante enfant, dors d'un paisible sommeil; car bientôt pour toi va sonner l'heure sacrée, l'heure de voler au combat et à la victoire! Fleur naissante et d'un matin, tu vas quitter cette terre aride, ce sol étranger, pour briller dans un jardin nouveau! Je sais bien que les honneurs de ce monde t'accompagnent dans l'exil; mais je veux te donner une couronne céleste. Non, la terre n'est plus digne de Julia; il faut qu'elle aille régner avec le Roi des rois! Bientôt moi-même je ceindrai ton front d'un diadème...

JULIA (*en sommeillant et à demi-voix.*)

SOLO.

(Air n° 17 : *J'aime à te voir*, etc.)

Jésus, ô ma vie, \
J'ai l'espoir, \
Au ciel, ma patrie, \
De te voir.
} *bis.*

VOIX CÉLESTE.

Elle dort; mais son cœur est au ciel... Elle entrevoit déjà la palme radieuse... Oui, ange terrestre, bientôt tu chanteras avec les séraphins; et c'est pour hâter ce moment fortuné, que je viens t'appeler à l'honneur du martyre. Va, quitte donc ce palais, qui te protége contre la fureur des tyrans; va, cours au devant d'une mort glorieuse qui doit t'ouvrir le ciel!

JULIA, *se réveillant.*

Jésus, mon amour!... quelle heureuse nouvelle!... C'est bien vous, mon Jésus!.. C'est bien votre aimable voix, qui, pendant que je dormais, est venue retentir à mon cœur, plus douce que le miel. O belle, ô sainte vision, ô céleste message!... Je suis invitée aux noces de l'Agneau sans tache! C'est Jésus lui-même qui vient m'appeler! Verser mon sang pour lui, quel honneur! quelle félicité! O aimables tortures, ô mort tant désirée, hâtez-vous d'immoler la victime! O tyrans, bourreaux que j'aime! pourquoi n'arrivez-vous pas?... Je cours à votre rencontre... mon sang brûle de couler... mon âme est impatiente de monter au ciel!... (*Ses compagnes rentrent.*)

SCÈNE XI

JULIA et SES COMPAGNES.

UNE DE SES COMPAGNES.

Salut, ô Julia, nous venons voir si, comme nous,

vous avez goûté les douceurs du sommeil. Qu'elle a été délicieuse pour nous cette heure de repos ! Nous avons vu, Julia, nous avons vu toutes ensemble, ce que jamais l'œil de l'homme ne peut voir ici-bas !... Un ange au radieux visage nous a montré la divine couronne qui doit bientôt ceindre votre front !... Nous avons vu votre âme s'élevant vers le ciel !... Nous avons entendu !... O les concerts ravissants !...

JULIA.

Ce que vous avez vu, chères sœurs, je l'ai rêvé, je l'ai vu moi-même... C'est la voix de Jésus qui m'a parlé, et qui est venue m'annoncer l'heure sainte de mon martyre. Que le Seigneur soit mille fois béni pour une telle gloire ! Prêtez-moi donc vos voix et vos cœurs, pour témoigner au Ciel ma reconnaissance, et me préparer pour l'heure du divin combat.

CHŒUR.

(Air n° 11 : *Le Dieu que nous servons*, etc.)

Le Dieu que nous aimons est le Dieu des combats;
   Non, non, il ne souffrira pas
   Que sa chère épouse fléchisse. } *bis.*

SOLO.

Avant d'être parjure à mon serment sacré,
L'astre du jour interrompra sa course;
Avant d'oublier mon Bien-aimé,
On verra les ruisseaux remonter vers leur source. (*bis.*)

CHŒUR.

Le Dieu, etc. (*On répète le refrain en sortant.*)

SCÈNE XII

CLAUDIUS et sa suite.

CHŒUR. (*En arrivant.*)

(Air n° 6 : *Enfants, rendons hommage.*)

Enfants de la victoire,
Triomphateurs des rois,
Conquérants de la gloire,
Célébrons nos exploits :
Ils mordent la poussière,
Ces Romains orgueilleux,
Qui, maîtres de la terre,   } bis.
Faisaient la guerre aux cieux.

CLAUDIUS

Nous les avons vaincus, terrassés ces tyrans homicides : c'est en vain qu'ils travaillaient à nous forger des fers, et à nous courber sous leur joug infâme ; levant enfin la tête, et armés d'une sainte colère, nous avons marché contre eux, et dans quelques instants nous avons écrasé leurs fiers bataillons. Mais à qui sommes-nous redevables de ces glorieux lauriers ? C'est moins à la vigueur de nos bras, qu'à la puissance du Dieu des chrétiens. Oui, c'est à Julia, c'est à son Dieu que nous devons le succès de nos armes. Et tant que nous aurons de tels protecteurs, nous ne cesserons de voir les Romains tomber à nos genoux.

UN DE SES SERVITEURS.

O gardez-la longtemps cette grande héroïne, ce divin personnage que vous tenez des cieux... mais qui sait si bientôt?...

SCÈNE XIII

JULIA, CLAUDIUS.

JULIA, *rentre.*

Salut, ô empereur. Je viens vous féliciter de votre noble et prompte victoire.

CLAUDIUS

Recevez vous-même, vierge illustre, tous les vœux de mon cœur : car c'est vous et votre Dieu qui m'avez donné de triompher. Et dorénavant ce sera toujours par vous, que je saurai vaincre et enchaîner la fureur de nos ennemis.

JULIA.

Ce qui vous fera triompher, ô César, ce sera la vertu de mon sang : car Dieu me le demande, et de grand cœur je vais bientôt l'offrir pour vous et pour lui.

CLAUDIUS.

Votre sang, chère enfant, ah! il est trop précieux, pour en laisser verser une seule goutte! Quoi! donc, et c'est au sortir d'une brillante victoire, que vous venez me parler de mort! Qu'ils meurent les barbares Romains; mais vous vivrez, Julia, pour moi et pour vos frères. Non, le Dieu qui vous aime, et que vous aimez, n'est pas assez cruel pour exiger le sacrifice de votre vie. Et malheur au monstre inhumain qui viendrait briser le fil de vos jours précieux! il tomberait à l'instant même sous le glaive de mon bras vengeur! Vous vivrez!... non, vous ne mourrez pas!...

JULIA.

L'arrêt en est porté; Jésus vient de m'apporter cette heureuse nouvelle : aujourd'hui même, de la main des bourreaux, je dois monter au ciel!

CLAUDIUS.

Mais quoi! Julia, vous mourir en ce jour, vous devenir la pâture de ces tigres romains! de telles idées peuvent-elles surgir dans votre âme? Mais ne savez-vous pas que vous êtes l'appui des chrétiens, la force de mon bras, et le bras de ma puissance? Sans vous que pourrais-je? Et que deviendraient vos frères et vos sœurs infortunés?

JULIA.

Dieu n'abandonne jamais ceux qui mettent en lui leur confiance, et c'est parce qu'il est souverainement bon, qu'il ne faut pas craindre d'obéir à ses ordres paternels. Empereur magnanime, laissez-moi donc partir, quand le Seigneur m'appelle;

laissez-moi voler au ciel, pour m'unir à mon divin époux. Et quand je serai à côté de son trône, je lui dirai : « O Dieu, souvenez-vous des chrétiens mes frères, souvenez-vous de l'illustre Claudius qui a tant fait pour vous et votre épouse. Continuez de lui donner la victoire sur ses ennemis qui sont les vôtres; et préparez-lui bientôt la céleste couronne... »

CLAUDIUS.

Sans vous, je ne pourrais vivre! et vous ne mourrez pas sans moi! Si vous partez, je pars; si vous allez au martyre, je vous y accompagne : je ne veux d'autre sort que celui de Julia.

JULIA.

O bonté divine! achevez votre ouvrage! Et à vous, ô empereur, amour, force et fidélité ! Non, ce n'est pas en vain qu'on espère en notre Seigneur. Quand vous avez compté sur lui pour la victoire, ne vous l'a-t-il pas donnée? Et si vous lui demandez de conquérir le ciel par le martyre, ne peut-il pas vous accorder cette nouvelle faveur? Qui sait si dans le même jour, mon Jésus ne voudra pas vous rendre et vainqueur des Romains, et possesseur du royaume éternel?...

CLAUDIUS.

Je me sens dévoré d'un feu intérieur et mystérieux!... Je veux me mesurer avec le farouche Aurélien : ou lui trancher la tête, ou mourir en héros de Jésus-Christ. Julia, partons, volons à un glorieux combat...

JULIA.

Allons ravir en vainqueurs la couronne immortelle... (*Ils sortent.*)

FIN DU DEUXIÈME ACTE.

TROISIÈME ACTE

SCÈNE I

AURÉLIEN et SA SUITE.

CHŒUR PAÏEN.

(Air n° 13, tiré d'*Agapit.*)

Guerre au Christ, guerre aux chrétiens;
Guerre à cette race altière,
Qui souille l'onde et la terre.
Guerre au Christ, guerre aux chrétiens.

AURÉLIEN.

Serviteurs, je suis content de vous; j'aime votre courage. Faut-il hélas! qu'un soldat barbare ait en ce jour flétri la gloire de nos aigles victorieuses? A vous de relever l'honneur de notre drapeau. Précipitons-nous sur Claudius et les siens, comme sur un vil troupeau de bêtes féroces : hâtons-nous d'en faire un horrible carnage. Parmi les lâches chrétiens qui se vantent d'avoir contribué à notre défaite, n'épargnez personne, et réduisez tout en poussière : plus vous en immolerez, plus vous mériterez de l'empereur et de la patrie; plus vous vous rendrez les dieux propices et favorables.

ELIDIUS.

Vous serez content de nous, empereur. Le début va être magnifique : vous savez que bientôt et à l'heure présente, une femme célèbre, l'orgueil de Claudius, la fière Julia, va paraître à votre tribunal. Je ne sais comment elle tombe en nos mains ; mais c'est là une brillante capture, c'est un héros parmi les chrétiens; c'est une divinité pour Claudius et les siens. Si nos bataillons viennent de plier dans le dernier combat, si Claudius est sorti vainqueur de la mêlée, n'est-ce pas à Julia qu'on en attribue la gloire? Déjà partout on connaît leurs complots et leurs desseins perfides : n'avaient-ils pas juré d'exterminer tous les Romains? Et pour un léger échec que nous venons de subir, ne s'étaient-ils pas figuré que tous nos bataillons allaient être anéantis? Il est temps, empereur, de châtier ce couple abominable, et de l'offrir en holocauste à la gloire de nos dieux !

AURÉLIEN.

Que ne puis-je à l'instant exercer ma vengeance

sur ces deux monstres, et les voir tomber à mes pieds ! Mais puisque Julia est déjà entre nos mains, nous ne tarderons pas, j'espère, d'avoir Claudius ; et pour les couvrir aux yeux du public d'une juste confusion, je veux qu'on ajoute à leur mort la honte d'un procès régulier. Je compte sur vous, Elidius, la mission est importante.

SCÈNE II

AURÉLIEN, UN SERVITEUR.

UN SERVITEUR *vient annoncer l'arrivée de Claudius.*

Empereur, salut, et bonne nouvelle : l'illustre Claudius vient d'arriver en toute hâte, et il veut à toute force parler à Julia...

AURÉLIEN.

Quoi ! les dieux nous amènent encore Claudius... la proie en vaut la peine, ne la laissons pas échapper. Et pourquoi donc vient-il cet insolent barbare? Est-ce pour nous arracher Julia, ou bien pour lui servir d'avocat et de caution? Je l'ignore. Quoi qu'il en soit, défense expresse de leur permettre la moindre communication. Point de pitié, mais prompte justice pour l'un et l'autre : je porte le même arrêt de mort contre les deux, et je veux, Elidius, qu'ils passent promptement du tribunal au trépas. (*Il sort.*)

SCÈNE III

CHOEUR, ÉLIDIUS.

CHŒUR PAÏEN.

Guerre au Christ, guerre aux chrétiens... (p. 35.)

ELIDIUS.

Qu'on commence par m'amener cette orgueilleuse enfant dont on semble vouloir faire une véritable déesse : je veux la voir enfin, je veux l'interroger ; mais je crois qu'elle est sur le point d'arriver... (*On amène Julia.*)

SCÈNE IV.

JULIA, ELIDIUS.

JULIA.

Ministre de l'empereur, je vous salue : on dit que vous demandez Julia, et que déjà contre elle Aurélien a lancé l'arrêt de mort. Vous savez, sans doute, que j'avais échappé à votre fureur, et que pour longtemps, je pouvais me soustraire au glaive de la persécution : mais ce matin, une voix céleste est venue retentir à mon oreille ; elle m'a dit : « Pars, ô Julia,
» quitte l'or et la pourpre dont Claudius t'environne;

» pars au champ de gloire pour ravir la palme des
» héros; ton heure est venue d'être couronnée dans
» le ciel.» Et fidèle à la voix de mon Dieu, je viens
en agneau docile courber la tête sous le fer des
bourreaux. De grâce, Elidius, ne retardez plus mon
bonheur : hâtez-vous de faire exécuter la sentence;
mon divin époux m'attend! je ne puis plus vivre
ici-bas! je dois monter au ciel!

ELIDIUS.

Modère ton ardeur, enfant audacieuse et insensée!...

JULIA.

Je t'en conjure, Elidius, arme-toi de furie, pour trancher à l'instant le fil de mes jours : je t'en prie, perce mon cœur, ce cœur qui veut mourir... Ne vois-tu pas mon céleste époux qui m'appelle et me tend les bras ? Fais-moi voler à ses genoux.

ELIDIUS.

Mais quel est donc cet époux mystérieux qui vient si fortement captiver ton âme? Je le connais... c'est un infâme... Cela ne peut être que l'insidieux Claudius... nous l'attendons dans un second combat...

JULIA.

Non, ce n'est pas un mortel... ce n'est pas même le valeureux Claudius... un époux immortel, Jésus mon divin roi, voilà mon unique partage !

ELIDIUS.

Le Christ, ton époux! grands dieux! le fils d'un charpentier! le triste héros du Golgotha! c'est un choix vraiment inconcevable!

JULIA.

C'est un choix digne de mon cœur : Jésus est pour moi plus que le monde entier; du calvaire, avec lui je veux monter au ciel. Haine à tes dieux! vive le Dieu de Bethléem ; je veux mourir pour lui, et partager son trône...

ELIDIUS.

Bourreaux et satellites, vite le chevalet... vite le fer et le feu... et que dans un instant, sa superbe insolence soit punie d'un juste châtiment. (*On l'emmène.*)

SCÈNE V

UN SATELLITE, JULIA, ELIDIUS, UN SERVITEUR.

UN SATELLITE.

Vos désirs, ô empereur, vont être promptement accomplis...

JULIA, *en partant.*

Hâtez-vous d'exécuter ses ordres, et vous remplirez mes vœux...

ELIDIUS.

Les dieux me puniraient, si je laissais vivre encore des cœurs aussi méchants... Avant d'épargner cette vierge insolente, je consens à mourir, et à donner en cet instant tout le sang de mes veines...

UN SERVITEUR.

Ce n'est pas vous, Elidius ; c'est nous qui mourrons, plutôt que de laisser vivre l'orgueilleuse Julia...

SCÈNE VI

UN SATELLITE.

Cette intrépide Julia, c'est un être divin... Nous avons beau la frapper ; tous nos coups tombent sur elle en vain : Je l'ai vue de mes yeux ; ma main s'est inutilement fatiguée sur ce corps invincible : elle triomphe de tout ; plus nous l'avons frappée, plus elle a bravé nos coups : nos bras étaient engourdis, nos yeux couverts d'un voile, et les nerfs, en nos mains, ne faisaient que caresser ses membres invulnérables.

SCÈNE VII

JULIA, derrière le théâtre.

SOLO.

(Air n° 3 :)

Qu'il est bon, qu'il est charmant,
Le Maître de mon âme,
Qui m'anime et m'enflamme !
Qu'il est bon, qu'il est clément !...

SCÈNE VIII

ELIDIUS étonné.

Mais... n'est-ce pas la voix de Julia que nous venons d'entendre ? C'est vraiment du merveilleux ; je n'y puis rien comprendre. Ou plutôt je veux le voir, et m'en assurer moi-même, pour porter à César ce qui se passe en ces lieux... (*Il sort.*)

SCÈNE IX

JULIA, derrière le théâtre.

SOLO.

Jésus, ô ma vie !... (page 28.)

De grâce, ô Jésus, veuillez hâter mon entrée dans le ciel !!!

SCÈNE X

AURÉLIEN et sa suite.

Et quoi ! dans ce moment, des chants joyeux, des airs triomphants !... Et la voix de Julia qui vient braver ma puissance !!! On dit qu'elle doit triompher de tout : qu'elle arrive à l'instant, je veux moi-même voir et juger cette déesse insigne : paraissez, Julia, venez nous faire entendre vos merveilleux accents... (*Julia est amenée.*)

SCÈNE XI

AURÉLIEN, JULIA.

AURÉLIEN.

Parlez, fille orgueilleuse, vous chanterez plus tard; vous irez chanter avec cet époux incomparable, qui ne répond guère à vos chants. Parlez-nous de votre origine et de votre invincible vertu, fille immortelle : veuillez nous dire ce qu'il y a chez vous de merveilleux.

JULIA.

Mon père, mon maître, mon époux, c'est l'Etre souverain par qui tout respire; c'est là mon appui et mon unique espérance; pour moi, je n'ai rien de divin, je suis enfant des hommes; mais si je demande la mort, ô César, c'est pour monter au ciel: et bien loin de trembler devant votre tribunal, je méprise la terre, et ne désire que mourir, pour monter au royaume éternel.

AURÉLIEN.

Tu mourras, Julia, et ton superbe front va bientôt tomber sous les coups du fer victorieux. Oui, puisque la mort, pour toi, a tant de charmes, on va promptement satisfaire ta folle ambition... (*On l'emmène.*)

JULIA, *en partant.*

O Dieu, soyez béni!... c'est mon heure de mourir!... l'heure d'échapper aux tyrans, et d'aller me reposer sur le sein de mon céleste époux!!! (*Claudius entre subitement.*)

SCÈNE XII

CLAUDIUS, AURÉLIEN, JULIA.

CLAUDIUS.

Arrêtez, arrêtez, bourreaux atroces!... avez-vous le cœur de porter des mains barbares sur cette noble et candide enfant? et vous, ô cruel tyran, pouvez-vous livrer l'innocence à la mort?

AURÉLIEN.

Et c'est toi, Claudius, fléau de mon peuple,

monstre du genre humain; c'est toi, ignoble valet de Julia, qui viens nous parler de la sorte?... Viendrais-tu la délivrer cette fille orgueilleuse?...

CLAUDIUS.

Non, non, César; je viens chercher la mort dans sa mort héroïque!... (*à Julia.*) Non, vous ne mourrez pas, vierge bénie du ciel! ou bien le même glaive nous fera succomber au même trépas!!!

JULIA.

De grâce, ô Claudius, laissez-moi donc mourir!... pourriez-vous donc m'enlever le suprême triomphe? et ne vaudra-t-il pas mieux partager ma victoire?... aller ensemble au ciel!!!

AURÉLIEN.

Qu'on aille immoler Julia... qu'elle meure à l'instant.

CLAUDIUS.

C'est moi qui veux mourir... pour vous et avec vous la mort ou la victoire... au revoir Julia...

JULIA, *en partant.*

Ensemble vers la patrie. (*On emmène Julia.*)

SCÈNE XIII

AURÉLIEN, CLAUDIUS.

AURÉLIEN.

D'où te vient, Claudius, cette folie inconcevable? Quoi donc! un empereur puissant et victorieux, qui se fait chrétien! serviteur d'un esclave!

CLAUDIUS.

Oui, son Dieu sera le mien; son sort sera mon sort : sans ramper à ses pieds, je trouve et puis admirer dans elle l'héroïsme de la vertu. Empereur, tu ne l'ignores pas : tu sais que j'ai été son maître, et que j'ai eu pour elle un paternel amour; et comment pouvoir oublier celle dont la puissance m'aida à triompher de tes intrépides bataillons ? Son Dieu l'appelait, je l'ai laissée partir ; mais j'ai voulu l'accompagner, pour la sauver encore, si elle le désire; ou plutôt pour mêler mon sang au sien; car elle doit être immolée. Et c'est toi, homme barbare, qui méritais de faire exécuter cette cruelle immolation ! et pour donner un nouvel éclat à cet horrible forfait, je veux que ma tête soit tranchée par le même fer qui aura fait tomber celle de Julia : et alors, lâche tyran, tu pourras, en ce jour, te glorifier de tes exploits !

AURÉLIEN.

Mais pourquoi cette farouche ivresse ? qu'est devenue tout à coup cette folle ambition, cette sotte arrogance qui, le matin, te faisait prédire la ruine des Romains ? Est-ce ainsi que tu viens lâchement nous demander la mort, toi qui voulais nous exterminer jusqu'à un seul ? Et c'est pour une femme que tu demandes à mourir ! et c'est aux pieds d'une Dalila que vient s'évanouir ta bravoure herculéenne !

CLAUDIUS.

Ni mon cœur, ni mon bras n'ont rien perdu de leur courage : ma main pourrait encore vaillamment porter le glaive... Si je voulais, ô tyran... mais non, je veux mourir, sinon pour une femme, du moins pour le Dieu des chrétiens qui vient de me donner la victoire ici-bas, et qui m'appelle maintenant à la conquête du ciel. Je n'ai plus qu'une seule ambition, c'est de quitter promptement cette terre maudite, qui n'enfante que des tyrans, ou des tigres pour dévorer ses enfants; pas d'autre sort pour moi que celui de Julia : mourir comme elle, afin d'aller régner avec elle dans le royaume de son divin époux, c'est là tout mon désir, toute ma gloire. Hâte-toi donc, ô tyran, de faire couler mon sang avec celui de Julia; la victoire te sera plus facile que sur les champs de bataille ! fais donc trancher la tête à ce barbare Claudius, qui vient de moissonner tes superbes Romains !

AURÉLIEN.

Aux armes, satellites... des fers à cet infâme... des tortures et une mort cruelle... écrasez, broyez sous vos pieds cette tête orgueilleuse... ou plutôt, qu'on le traîne avec Julia sur la place publique, afin que tout le monde vienne applaudir à cette double immolation.

CLAUDIUS, *en sortant.*

Viens toi-même activer la fureur de tes bourreaux... viens à mon dernier combat... Nous pourrons lutter de bravoure ensemble, toi pour commander mon supplice, et moi pour l'accepter avec courage! (*On entraîne Claudius chargé de fers.*)

SCÈNE XIV

AURÉLIEN, CHOEUR.

AURÉLIEN.

Oui, allons voir tous ensemble le triomphe de ce couple orgueilleux : allons voir si le Dieu qui les rend, dit-on, invincibles, pourra les arracher à ma juste vengeance. Mais en les accompagnant vers le théâtre de leur exécution, répétons ensemble le refrain triomphateur :

CHOEUR PAÏEN.

(Air n° 6 : *Enfants, rendons hommage,* etc.)

Marchons pleins de colère,
Et le glaive à la main,

Délivrons cette terre
De ce couple inhumain :
Jetons dans le Tartare,
C'est là son digne sort,
Cette race barbare, } *bis.*
Qui mérite la mort.

(Ils sortent en chantant.)

SCÈNE XV

LES CHRÉTIENS célèbrent le martyre de Julia
et de Claudius.

UN PREMIER CHRÉTIEN.

Les barbares !... ils viennent d'immoler nos jeunes héros !!!

UN DEUXIÈME CHRÉTIEN.

Le courage de nos deux martyrs a glacé de frayeur le tyran et ses satellites.

UN TROISIÈME CHRÉTIEN.

Quelle mort que celle des soldats de Jésus-Christ ! ils vont au devant du glaive homicide, avec amour et reconnaissance ! ils baisent la main du bourreau !

UN QUATRIÈME CHRÉTIEN.

Quelle puissance dans le sang des martyrs ! c'est une semence féconde de nouveaux chrétiens ; et d'un enfant du paganisme, il fait un enfant de Dieu, un citoyen du ciel : c'est par la vertu de ce baptême sacré que Claudius vient de monter avec Julia vers la cité des saints.

UN CINQUIÈME CHRÉTIEN.

Oui, déjà nos deux martyrs sont entrés dans la gloire : à nous d'implorer leur secours, et de célébrer leur magnifique triomphe.

CHŒUR CHRÉTIEN.

(Air n° 29 : *Chantons, famille chérie,* etc. (Dame blanche.)

TOUS.

Chantons, chantons l'hymne de victoire,
Chantons, chantons notre Julia;
A son triomphe, à sa gloire (*bis.*)
Disons en chœur (*bis*) disons un *alleluia*.

SOLO.

Vers la patrie,
Guide les pas de tes enfants.

TOUS.

O sœur chérie,
Reçois nos chants.

SOLO.

C'est toi qui veilleras sur nos ans, tendre mère;

TOUS.

C'est toi qui veilleras sur nos ans, tendre mère.

SOLO.

Daigne en bénir tous les instants, tendre mère;

DE JULIA.

TOUS.

Tous les instants.

SOLO.

Et d'âge en âge nos vœux pour toi toujours croissants,

TOUS.

Seront le gage de nos serments.

CHŒUR.

Chantons, etc.

LES HÉROS

DE LA

LÉGION THÉBAINE

DRAME EN TROIS ACTES

A L'USAGE

DES COLLÉGES, PETITS SÉMINAIRES ET AUTRES MAISONS
D'ÉDUCATION

Par M. l'Abbé J***

LYON

P. N. JOSSERAND, LIBRAIRE-ÉDITEUR

PLACE BELLECOUR, 3.

1867

(TOUS DROITS RÉSERVÉS)

Besançon. — Imprimerie d'Outhenin Chalandre fils.

HISTORIQUE

En 284, Dioclétien, qui commandait en Orient, ayant été proclamé empereur par son armée, donna à Maximien, qu'il créa César, le gouvernement de l'Occident. Celui-ci ayant reçu ordre de marcher contre les Bagaudes, qui venaient de prendre les armes pour venger la mort de Curia, assassiné par Dioclétien, se mit à la tête d'une puissante armée, dans laquelle on avait incorporé la légion thébaine, ainsi appelée parce qu'elle était toute composée de braves soldats levés dans la Thébaïde ou Haute-Egypte. Elle avait pour chefs principaux Maurice, Exupère, Candide. Pour attirer la protection des dieux sur les armes de l'empire, Maximien ordonna que toute l'armée offrirait un sacrifice sur l'autel de la patrie. Mais tous les soldats de la légion thébaine, électrisés par leurs chefs, préférèrent se laisser décimer, égorger jusqu'à un seul, plutôt que de participer à cette cérémonie sacrilége. Ils furent tous massacrés, les armes à la main, sans opposer la moindre résistance. On croit qu'ils étaient environ dix mille.

PERSONNAGES

MAXIMIEN, empereur.
HERCULE, ministre.
JOVIUS, ministre.
MAURICE, EXUPÈRE, CANDIDE, chefs des Thébains.
Soldats et chœurs.

LES HÉROS DE LA LÉGION THÉBAINE

DRAME EN TROIS ACTES

PREMIER ACTE

Le théâtre représente l'autel surmonté de la croix.

SCÈNE I

MAURICE et **SES COMPAGNONS** formant le chœur.

CHŒUR CHRÉTIEN.

(Air n° 11, tiré d'*Athalie*.)

Le Dieu que nous servons est le Dieu des combats :
   Non, non, il ne souffrira pas } *bis*.
   Que l'espoir du juste périsse. }

MAURICE.

SOLO.

Avant que nous perdions, Seigneur, ton souvenir ;
   L'astre du jour interrompra sa course !
     Avant de cesser de te bénir,
On verra les ruisseaux remonter vers leur source ! (*bis*.)

CHŒUR.

Le Dieu que nous servons est le Dieu des combats... (p. 5.)

MAURICE.

C'est bien, mes amis, je suis content de vous : aujourd'hui plus que jamais je suis fier de mes braves et généreux soldats. Je vois avec plaisir que votre ardeur à servir le Christ, au lieu de se refroidir ne fait que s'enflammer de plus en plus, à mesure que sévit la fureur des tyrans. Chantons, chantons toujours la gloire du Dieu des armées : il est si noble, il est si doux de proclamer le nom du divin Maître au moment où tant de bouches se font gloire de le blasphémer, et où tant de bras se lèvent pour abattre son céleste étendard. Oui, chantons toujours, chantons encore !

CHŒUR.

Le Dieu que nous servons est le Dieu... (p. 5.)

MAURICE.

Oui, toujours le Dieu des chrétiens sera le premier maître de notre cœur! Nous savons sans doute ce que nous devons à la patrie et à ceux qui la gouvernent : et certes, les lauriers cueillis dans plusieurs batailles, sont une preuve vivante de notre bravoure et de notre fidélité : toujours on nous trouvera prêts à nous sacrifier pour le salut de l'empire. Mais soldats de Jésus-Christ, mais nobles défenseurs de la croix, nous ne saurions être parjures à la voix de nos serments, ni avoir d'autres dieux que celui du Calvaire ! à Jésus toujours, à Jésus seul les hommages de notre cœur ! Et pourquoi, mes amis, nous courber devant des dieux de pierre et de bois, des dieux jaloux, vindicatifs, impurs et sourds à notre prière, des dieux qui ne sont rien, et que les grands du peuple n'adorent qu'en riant ? Gloire donc, amour au Dieu des chrétiens, qui est le seul véritable, le Dieu grand et puissant, le Dieu doux et miséricordieux ! partout et toujours son nom sacré retentira dans notre légion : sans cesse à la bouche, et au fond de notre cœur, il nous remplira de sa céleste flamme !

CHŒUR.

Le Dieu que nous servons... (p. 5.)

EXUPÈRE.

Au sein de nos armées, on abhorre ce Christ ; on outrage son nom ; on foule aux pieds sa croix, ses augustes livrées !... on égorge ses disciples, et on le dit un tyran cruel, impitoyable. On dit qu'il a rempli l'univers de carnage !!!

MAURICE.

Les barbares ! c'est ainsi qu'ils osent traiter le Sauveur et le grand bienfaiteur de l'humanité ! Peuple de bourreaux, digne héritier de la fureur des Juifs, que lui veux-tu à cet aimable Jésus, qui a quitté la droite de son père, pour venir au secours des nations plongées dans le plus honteux esclavage? Pourquoi lui fais-tu donc la guerre? est-ce pour t'avoir délivré de l'enfer, ou t'avoir ouvert la porte du ciel?... et comment peux-tu espérer d'anéantir celui qui est sorti vainqueur du tombeau, le fils du Dieu vivant qui règne à côté de son père et dont le royaume doit être éternel? Qu'as-tu gagné d'immoler Pierre et Paul, de moissonner ses apôtres et ses disciples? Ne vois-tu pas que plus tu mutiles les enfants de ce Christ immortel, et plus le Dieu du ciel en multiplie le nombre et la puissance?... Quel fol aveuglement de poursuivre une guerre inutile et barbare! pour vous, fidèles amis, qui vous glorifiez d'appartenir à Jésus-Christ, continuez de vous montrer ses dignes et vaillants serviteurs.

CANDIDE.

Frères et enfants de héros chrétiens, nous n'aurons jamais d'autre Dieu que celui de Maurice. C'est en vain qu'on voudrait nous arracher notre foi, par le fer ou la flamme. Sous votre conduite, illustre capitaine, nous saurons vaincre et mourir : comme vous, à Jésus nous voulons être pour toujours.

CHŒUR.

Le Dieu que nous servons... (p. 5.)

MAURICE.

Qu'il est doux à mon cœur de vous entendre

chanter avec transport le Dieu que nous aimons et que nous servons ensemble, le Dieu qui environna notre berceau de tant de bienfaits ! quel suave bonheur pour moi d'avoir sous mes ordres de tels soldats !

EXUPÈRE.

Quelle félicité, quelle gloire pour nous d'avoir un tel chef à notre tête ! qu'ils viennent les ennemis de notre Dieu, avec toute la puissance de leurs promesses et de leurs tortures ; tant que nous aurons la parole et l'exemple de notre illustre Maurice, nous sommes surs de triompher.

CANDIDE.

Non, non, rien ne pourra jamais nous arracher à Jésus-Christ : pour lui nous sommes prêts à verser tout notre sang.

MAURICE.

Oui, nobles compagnons, servir Jésus, c'est le bonheur, c'est la gloire ! et que sont toutes les divinités du paganisme, qu'on ose nous dire si belles et si puissantes ?... Qu'êtes-vous Dieux de l'empire ? quel est votre pouvoir, quelles sont vos vertus ? Veuillez nous raconter vos glorieux exploits : qu'avez-vous fait, et que pouvez-vous faire ? pouvez-vous seulement faire tomber un cheveu de ma tête ? Ah ! je te connais, hideuse Vénus ; je te connais, cruelle Junon ; je vous connais toutes, divinités des païens, je vous connais par vos forfaits et vos turpitudes : si vous existez, vous n'êtes que des monstres; et jamais, vous n'aurez le moindre soupir de mon cœur! plutôt mille morts que de fléchir le genou devant vos autels !

TOUS.

Oui, la mort, la mort !... mais jamais l'idolâtrie.

MAURICE.

Dieu du ciel, vous à qui nous appartenons pour toujours, j'ignore les destinées que vous nous préparez ! Mais que nous serions heureux si une mort plus glorieuse que celle des combats était notre partage !!! si votre ange venait ajouter à des lauriers profanes la palme sainte et immortelle !!! Oh ! que votre volonté s'accomplisse sur chacun de nous ! et si notre sang n'est pas indigne de votre Majesté sainte, daignez, dès ce moment, en agréer la joyeuse offrande. (*En leur présentant la croix.*) Voici donc, vaillants soldats du Christ, voici le signe de ralliement, l'instrument de victoire : il a vaincu le monde et l'enfer; par lui, nous devons vaincre avec Jésus. Au nom du Dieu créateur, au nom du Dieu sauveur, au nom de l'Esprit saint qui nous enflamme, je vous bénis par cette croix ! de nombreux ennemis sont en ce moment prêts à fondre sur nous... Nous sommes peut-être sur le point de soutenir de rudes combats : mais si nous avons pour nous et avec nous Jésus et sa croix, qui sera contre nous ?...
(*Un soldat chrétien arrive subitement.*)

SCÈNE II

UN SOLDAT, MAURICE.

LE SOLDAT CHRÉTIEN.

Je viens de voir nos ennemis enflammés de colère : César a lancé contre nous ses tigres inhumains ; ils couraient, ils volaient comme des bêtes fauves. Entendez-vous les sons de la trompette sacrilége, qui appelle au carnage, au milieu des clameurs et des vociférations les plus furieuses ? ils viennent, disent-ils, mettre un terme à notre scélératesse...

MAURICE.

Laissez-les donc arriver les satellites du tyran : qu'ils viennent armés de toute la rage des démons; nous ne saurions trembler ni reculer d'un pas. Quand on a, comme nous, triomphé sur vingt champs de bataille, on peut encore espérer de remporter en ce jour une nouvelle victoire... courage donc, mes amis ! je crois que la journée s'annonce belle pour chacun de nous. (*Entre un messager de l'empereur.*

SCÈNE III

UN MESSAGER, MAURICE.

LE MESSAGER.

Vaillante légion thébaine, qui venez de quitter les sables arides de l'Orient, pour accourir au secours de notre armée, salut ; les maîtres de l'empire comptent sur votre bravoure éprouvée, pour exterminer les Bagaudes et les sectes infâmes qui vivent parmi ces hordes sauvages. Vous connaissez du reste la volonté formelle des deux empereurs : ils veulent que les dieux de l'empire soient honorés partout, mais surtout dans notre glorieuse armée. Malheur aux traîtres qui déserteraient les autels de la patrie, pour se vouer à un culte étranger.

MAURICE.

Parmi tous les nobles soldats, qui depuis assez longtemps ont marché sous ma conduite au combat et à la victoire, je suis encore à découvrir la moindre trahison ; être fidèle à son Dieu, fidèle à sa patrie, telle a toujours été la devise de la légion thébaine...

LE MESSAGER.

Ce n'est pas en ces lieux, ni devant un autel étranger que l'empereur vous attend ; c'est à la fête de nos dieux et au milieu du camp qu'il veut vous voir prendre place : c'est là qu'il veut vous intimer ses ordres, pour vous préparer au combat et vous indiquer les moyens d'anéantir la secte d'un homme crucifié. Que si vous balancez un instant d'obéir aussitôt à sa voix, vous êtes sûr d'être promptement cité à son tribunal, pour subir le châtiment de votre lâche rébellion. (*Il sort.*)

SCÈNE IV

MAURICE et les siens.

MAURICE.

Expier de prétendus forfaits dont on est innocent, c'est pour des soldats valeureux un sort bien désirable. Mais nous faire tremper nos mains dans un sang pur et vertueux, jamais. Allons donc, mes amis, allons au camp de l'empereur ; allons voir si c'est un père ou un tyran ; marchons, et faisons entendre notre hymne de victoire.

CHŒUR CHRÉTIEN.

Le Dieu que nous servons... (p. 5.)

FIN DU PREMIER ACTE.

DEUXIÈME ACTE

Le théâtre représente l'autel des faux dieux élevé dans le camp.

SCÈNE I

MAXIMIEN, HERCULE, JOVIUS et les soldats.

MAXIMIEN.

Dignes soldats de Jupiter, braves héros du monde, vous dont les puissantes armes ont fait trembler la terre et les mers, sachez que c'est à nos dieux que nous sommes redevables de nos glorieux exploits. Et si de nos ennemis la fureur homicide est venue partout expirer à nos pieds victorieux, ne soyons pas ingrats envers nos divinités protectrices ; rendons-leur nos hommages, en leur faisant l'offrande de nos lauriers.

HERCULE.

Maintenant que tout nous obéit d'un bout du monde à l'autre, pourrions-nous, en ce jour, oublier les maîtres du tonnerre? Oui, gloire, amour à nos dieux puissants, qui ne cessent de nous donner la force et la victoire.

JOVIUS.

O toi, grand Jupiter, qui règnes au plus haut des cieux, daigne agréer nos vœux et nos chants ; continue de nous accorder ta puissante protection, et nous serons partout vainqueurs.

CHŒUR PAÏEN.

(Air n° 10, tiré d'*Agapit*.)

SOLO.

O dieux, qui protégez l'empire,
Venez, accourez en ces lieux :
Après vous notre âme soupire;
Venez, et recevez nos vœux.

CHŒUR.

Célébrons nos dieux, nos fêtes,
Chantons nos nobles exploits,
Nos combats et nos conquêtes !
Nous avons vaincu les rois.

MAXIMIEN.

C'est bien, vaillants et pieux soldats; mon cœur tressaille de joie en vous voyant fidèles à mes ordres, et pleins de dévouement pour nos dieux. Puissent-ils vous bénir en ce jour, et augmenter dans vos âmes cette légitime horreur que vous ressentez contre les ennemis de Rome et les contempteurs de nos puissantes divinités : qu'il n'y ait toujours dans ce camp qu'un même cœur et une même âme, un même culte, un même autel. Malheur à tout mortel audacieux...

HERCULE.

Mais s'il en est ainsi, empereur, pourquoi donc parmi nous des hommes qui ont l'air de fuir le culte et les fêtes de la patrie? et pendant que tous ensemble et d'une commune voix nous célébrons les louanges de nos dieux immortels, où sont en ce moment les soldats de la légion thébaine, que vous aviez droit de rencontrer à cette fête?...

JOVIUS.

Lâches apostats, ils sont autour d'un autre autel, où ils brûlent un encens sacrilége!... qu'en doivent penser les dieux, témoins d'un pareil outrage, les dieux qui les voient honteusement prosternés aux pieds du Christ et de la croix?... Si j'étais empereur, je voudrais qu'à l'instant même, ils vinssent brûler le même encens auprès de leurs compagnons d'armes. Vous n'avez qu'à parler, César, et s'ils refusaient de se rendre à votre voix...

HERCULE.

Le fer vengeur, quand vous voudrez, aura bientôt châtié leur superbe insolence...

MAXIMIEN.

Mais serait-il donc vrai, qu'à cette heure solennelle, certains de mes soldats auraient quitté l'autel de la patrie? ô lâche perfidie! n'ai-je donc pas convoqué tous mes soldats à la fête? Mais quand César a parlé, ses ordres seront-ils donc vains?... Vous me dites que les Thébains sont transgresseurs de mes volontés ; honte et guerre à leur légion ! elle va, devant vos yeux, expier son audace rebelle. Qu'on les appelle à mon tribunal, et que Maurice leur chef, arrive le premier, pour me rendre compte de sa noire félonie...

JOVIUS.

On verra ce qu'il en coûte, à ces âmes frivoles, de fouler aux pieds les ordres de notre très-grand et puissant empereur...

MAXIMIEN.

Nous verrons si leur Christ saura les arracher à ma juste vengeance. Et vous, grand Jupiter, témoin de tels forfaits, aidez-moi à les punir et à laver un pareil affront dans les flots de leur sang ! Avant de pardonner à ces lâches apostats, on verra le soleil quitter cette plage !!! (*Maurice arrive.*)

SCÈNE II

MAURICE, MAXIMIEN.

MAXIMIEN.

Arrivez, téméraire, malheureux !!!

MAURICE.

J'arrive, empereur, sans rougir de ma témérité,

ni de mon infortune. Je viens, sans crainte; bien que, dit-on, le glaive de la vengeance soit suspendu sur ma tête et celle de mes soldats valeureux; et s'il est vrai que nous soyons de grands scélérats, par cela seul que nous sommes chrétiens, les plus fidèles serviteurs de l'empire; me voici au nom de toute ma légion; châtiez, frappez sur moi, comme sur le chef de la bande criminelle !!!

MAXIMIEN.

Orgueilleux capitaine, je vous demande si ce n'est rien d'être infidèle et parjure à la patrie. S'il est vrai que vous soyez des Romains, et des soldats valeureux, comment concevoir votre mépris pour nos dieux, et votre engouement pour un culte abominable? Si vous êtes vraiment fidèles à la patrie, pourquoi vous cachez-vous quand on vous appelle? Lorsqu'on est innocent, on paraît au grand jour, et on ne cherche pas les ténèbres...

MAURICE.

Nous, Thébains! chercher à nous cacher?... Jamais, ô empereur! voyez, considérez nos fronts; nous aimons la lumière... nous aimons le soleil qui découvre à nos yeux le créateur souverain, le soleil qui a toujours guidé nos pas dans le sentier de la gloire. Jamais, en face de l'ennemi, nos genoux n'ont tremblé de faiblesse : et ce n'est pas en présence des tortures que notre cœur deviendra timide et chancelant... Nous sommes prêts à souffrir, et à mourir pour notre Dieu.

MAXIMIEN.

J'ai beau lire dans vos yeux et sur votre figure, je ne vois dans vous qu'un chef vaniteux, qui a l'air de vouloir faire la loi dans cette célèbre contrée : je ne trouve parmi vos soldats que des fronts flétris, des cœurs sacriléges : je n'aperçois qu'une bande de scélérats audacieux, qui se disent innocents, tout en levant l'étendard de la révolte contre les lois et le culte de la patrie.

MAURICE.

Mais qui nous a donc vus, si on nous a suivis sur les champs de l'honneur ; qui a jamais pu nous voir imprimer sur nos fronts la moindre note d'infamie ?... Toujours fidèle dans la paix et dans la guerre, jamais notre légion n'a souillé son drapeau. Les bannières de l'ennemi, que nous avons envoyées au Capitole, vous diront, empereur, si nous sommes Romains. Ces nobles cicatrices de notre corps, les lauriers de nos têtes, sont là pour attester que les Thébains ne furent jamais les derniers dans les champs de la gloire !... La veuve protégée, et l'orphelin secourus, vous diront si nos cœurs n'ont pas toujours chéri la vertu ! Mettez-nous à l'épreuve et vous nous connaîtrez...

MAXIMIEN.

Je sais bien que toujours on a été content de vous sur les champs de bataille : on m'a dit que vous saviez combattre et triompher, cueillir les lauriers à profusion. Votre carrière en tout et partout a été noble et sans tache. Mais pourquoi l'apostasie, après tant et de si glorieux exploits ? sur les saints autels de la patrie, n'aviez-vous pas promis d'offrir fidèlement votre encens à nos dieux ?...

MAURICE.

Jamais, empereur, une pareille imposture ne viendra profaner la langue et le cœur des Thébains. Oui, nous avons un serment sacré, irrévocable : et plutôt que de le violer, nous saurons affronter les tourments les plus atroces ; c'est le serment solennel qui nous a faits chrétiens, enfants de Dieu et de l'Eglise. On vous l'a déjà dit : Jésus est notre Seigneur et notre unique Maître. C'est à lui, à lui seul que nous sommes et que nous voulons être jusqu'à notre trépas. Que dis-je ? la mort la plus cruelle ne fera que resserrer nos liens avec ce divin Sauveur. Notre corps à la mort peut devenir la proie des flammes ou la pâture des vers, mais notre âme doit s'envoler vers la patrie céleste : c'est là que les martyrs et les élus de Dieu vont nager dans le sein des plus pures délices.

MAXIMIEN.

Laissez-moi de côté toutes vos superstitions ; il est bien temps d'expier vos trahisons sacriléges : nous sommes impatients de savoir si votre Christ infâme aura la vertu de vous arracher à la puissance du fer ou du feu, les deux Césars ont parlé ; vous n'ignorez pas la loi. Fouler aux pieds la croix, pour adorer nos seuls dieux, ou bien souffrir bientôt la mort des lâches et des apostats, telle est ma volonté ferme et inexorable. Vous tenez en vos mains votre vie et votre mort ; à vous de décider à l'instant sur le choix de votre destinée. (*Il sort.*)

SCÈNE III

MAURICE seul.

Souffrir, mourir pour le divin Maître ! c'est ce que je désire depuis longtemps ; c'est ce que demandent tous mes vaillants compagnons d'armes. Non, pas un seul ne sera parjure à ses serments. Mourir bientôt pour aller vivre et régner avec Jésus ! O sort glorieux ! sort digne d'envie ! et on ose nous proposer d'abandonner une si belle destinée ! et on a la folie d'espérer que nous allons renier le grand Dieu qui fait et doit toujours faire notre bonheur ! et les tyrans se figurent que des soldats intrépides peuvent trembler devant un trépas héroïque ! Les insensés ! comme ils connaissent peu le cœur des chrétiens ! (*Exupère et Candide entrent.*)

SCÈNE IV

MAURICE, EXUPÈRE, CANDIDE.

MAURICE.

Qu'en pensez-vous nobles enfants de Thèbes? Sommes-nous capables d'abandonner Jésus, pour nous courber devant les divinités du paganisme ? Je suis bien aise de vous voir arriver ; car je viens de répondre à l'empereur, au nom de toute notre immortelle légion. Le tyran ne nous donne que quelques instants pour choisir entre la vie ou la mort ; la vie avec le culte de ses dieux, ou bien la mort, si nous restons fidèles au divin Maître. Qu'en pensez-vous, illustres frères? entre Jésus et Jupiter, entre la gloire et l'infamie, y a-t-il à balancer ?

EXUPÈRE.

Ah ! mille morts, plutôt que d'abandonner l'aimable Sauveur ! Quoi donc ! sacrifier notre âme, pour sauver notre corps ! renoncer à Jésus, à la palme glorieuse ! préférer ce triste exil à la vie éternelle ! courber nos fronts sacrés devant l'autel d'ignobles divinités !... Jamais les soldats de Maurice ne seront assez fous, pour se flétrir d'une telle infamie !

CANDIDE.

On peut employer contre nous tous les moyens qu'on voudra, pour essayer d'ébranler notre volonté ; jamais aucun des enfants de la légion thébaine ne brûlera de l'encens à l'autel des païens. Je viens de les entendre, je connais les sentiments qui les animent tous en ce moment : aucun d'entre eux ne manquera de courage, ils sont tous prêts à souffrir, à mourir pour Jésus-Christ : c'est là leur sainte et unique ambition.

MAURICE.

C'est là ce que j'ai dit à l'empereur, en l'assurant que nous attendions tous de pied ferme le combat et la mort. Oui, je crois comme vous que nous n'aurons pas un seul apostat dans nos rangs, et en allant porter l'heureuse nouvelle à nos frères, nous pouvons entonner le chant de la victoire, pour nous disposer à l'immortel combat qui se prépare. (*En sortant ils peuvent chanter le cantique suivant.*)

CHŒUR CHRÉTIEN.

(Air n° 12 : *Pourquoi ces vains complots*, etc.)

REFRAIN.

Jésus au combat nous appelle ;
Un Thébain sait vaincre et mourir :
A nous tous la palme immortelle ; } *bis.*
Dans la mort courons la ravir.

FIN DU DEUXIÈME ACTE.

TROISIÈME ACTE

SCÈNE I

MAXIMIEN et **SA SUITE** entrent en chantant.

CHŒUR PAÏEN.
(Air n° 13, tiré d'*Agapit*.)

Guerre au Christ, guerre aux Thébains :
Guerre à cette race immonde,
Qui souille la terre et l'onde :
Guerre au Christ, guerre aux Thébains.

MAXIMIEN.

Oui, dignes soldats de l'empire ; c'est là une guerre sainte qui est de la plus haute importance. Et nous ne saurions dormir tranquilles, tant que nous sentirons parmi nous la présence de ces ignobles chrétiens. Puissants dieux du Capitole, je vous prends à témoin du serment que je fais d'exterminer jusqu'au dernier des Thébains, s'ils refusent d'embrasser avec respect l'autel de la patrie, qu'ils ont lâchement déserté. Je veux qu'avant le coucher du soleil une vengeance éclatante... Mais j'espère que la crainte... Maurice connait mes volontés...

je me figure ces loups féroces changés tout-à-coup en agneaux dociles...

HERCULE.

Je viens de les laisser tout bouillants de colère, et plus intraitables que jamais. A les entendre chanter, on dirait les hurlements d'une troupe de lions, ou de monstres sauvages qui bravent la foudre et le tonnerre, ou qui insultent à la puissance de tous les dieux de l'univers. Jamais je n'avais vu des fronts si superbes; et on les prendrait volontiers pour de nouveaux Titans qui vont escalader les cieux.

JOVIUS.

Moi aussi, j'ai vu briller leurs yeux, qui lançaient la flamme; j'ai vu bondir leurs cœurs d'une indicible ivresse. Jamais une semblable ardeur n'aiguillonna leurs pas, quand ils volaient jadis à la victoire : ce sont de véritables héros...

MAXIMIEN.

Dites plutôt des monstres barbares, qui vont payer bien cher leur rage frénétique. Qu'on m'appelle à l'instant leurs trois principaux chefs; nous saurons bientôt s'ils veulent m'obéir, ou braver mon pouvoir. Je m'appelle César; j'aime à récompenser la vertu, à pardonner au crime repentant; mais ma colère est inflexible vis-à-vis les âmes superbes. En attendant l'arrivée des Thébains, je crois que les dieux nous font signe de répéter le refrain de la guerre sacrée.

CHŒUR PAÏEN.

Guerre au Christ, guerre aux Thébains... (p. 24.)

SCÈNE II

MAXIMIEN, MAURICE et ses compagnons.

MAXIMIEN.

Les voici donc vos fameux héros !...

MAURICE.

Oui, c'est nous, empereur; et si nous n'avons pas à nous glorifier de notre héroïsme, nous n'avons point à rougir de notre lâcheté ! Nous étions tous prêts à partir, quand votre ordre nous est arrivé. Vous tardiez bien, César, de nous faire appeler : nous étions impatients de vous apporter la décision et la volonté de la légion thébaine. Vous saurez donc, empereur, que si vous avez changé, nous n'avons point changé nous-mêmes : nous avons tous le même cœur, les mêmes sentiments. Libres ou dans les chaînes, à la vie, comme à la mort, nous sommes toujours et irrévocablement à Jésus. « Dites à l'empereur, nous ont répété, tour
» à tour, les soldats de la légion, faites-lui bien
» savoir que les Thébains sont incapables d'aposta-

» sier ; qu'ils n'ont tous qu'un cœur et qu'une âme,
» avec un seul Dieu et un seul culte digne de leurs
» hommages. »

EXUPÈRE.

Tous, jusqu'à un seul, brûlent de s'immoler pour Jésus-Christ.

MAXIMIEN.

Si vous n'avez pas changé, moi aussi, je suis toujours le même : j'étais, je suis, je serai empereur ; et la tribu des Thébains devrait au moins se rappeler qu'on me doit obéir, obéir à nos dieux et ne pas les renier... Toujours les ennemis des dieux furent les ennemis de la patrie.

MAURICE.

Nous sommes, César, vos soldats, vos serviteurs dociles et dévoués ; mais avant tout les serviteurs du Christ, les soldats du Roi des rois. Nous vous devons et nous vous rendrons amour et obéissance ; mais ne nous commandez rien de contraire à la loi de notre Dieu, car alors vous seriez sûr de nous voir lui obéir plutôt qu'à vous. Jusqu'ici nous avons su et nous saurons combattre pour la patrie, qui nous fournit le pain de chaque jour ; mais nous saurons aussi mourir pour le Dieu qui nous donna la vie, pour Jésus qui promet et donne la gloire céleste, pour notre Sauveur et notre divin Maître à tous. Jugez s'il ne faut pas plutôt obéir à Dieu qu'aux hommes. Vous pouvez compter sur nos armes et nos bras, pour le salut de l'empire ; nous avons depuis longtemps donné des preuves de notre patriotisme. Mais personne n'a le droit de violenter nos consciences et de ravir nos cœurs qui sont à notre Dieu. Nos engagements avec lui sont tellement sacrés, que leur transgression nous est impossible, et que nous sommes tous prêts à les sceller de la dernière goutte de notre sang. Si nous étions parjures à notre serment divin, comment pourrions-nous rester fidèles au serment que nous vous avons fait à vous-même? Or, vous saurez, César, que la fidélité suivit toujours nos pas. Avez-vous jamais entendu dire que la tribu sacrée ait imprimé la moindre tache à son drapeau? Toujours les ennemis de Rome furent nos ennemis. L'histoire dira si nous avons loyalement rempli notre devoir. Mais disciples et membres de Jésus-Christ, nous ne saurions devenir apostats, ni porter contre les chrétiens des armes fratricides.

MAXIMIEN.

Mais pourquoi, par tes discours frivoles, venir braver ma puissance? C'est assez, c'est déjà trop de paroles de la part d'un soldat orgueilleux. C'est l'heure de punir tant d'audace et d'opiniâtreté. Il nous faut le sang des Thébains ; les dieux l'ont demandé : qui pourrait en ce moment s'opposer à leur juste colère? Et, pour première offrande de ce sang qui doit couler, nous allons décimer cette fière tribu. Allez, chefs orgueilleux, allez préparer vous-mêmes les jeunes victimes. Vous pourrez vous vanter d'avoir fait le bonheur et la gloire de votre légion, et l'histoire racontera avec indignation ce que vous avez fait de vos frères...

MAURICE.

Merci, merci, grand empereur, nos vœux par toi seront bientôt exaucés. Le noble sang des soldats Thébains va commencer à couler, non pour tes dieux, mais pour notre aimable et divin Maître. Toutefois nous aurions une grâce à te demander, ce serait d'être les premières victimes de la glorieuse hécatombe.

CANDIDE.

Pourquoi ne serions-nous pas les premiers à l'autel du sacrifice ? Ne sont-ce pas les chefs qui ouvrent le chant d'honneur à leurs compagnons d'armes ? (*Les chefs chrétiens sortent en chantant :*)

CHŒUR CHRÉTIEN.

Jésus au combat nous appelle... (page 23.)

SCÈNE III

MAXIMIEN et sa suite.

MAXIMIEN.

O dieux puissants et immortels, à qui tout doit respect et amour, hâtez-vous de faire éclater votre vengeance... Daignez nous aider à châtier ces lâches et rebelles Thébains. Mort à l'impiété, mort prompte et cruelle!

CHŒUR PAÏEN.

Guerre au Christ, guerre aux Thébains,.. (p. 24.)

MAXIMIEN.

J'espère que déjà le glaive vengeur... O terre! hâte-toi de dévorer ce sang impur! Jamais proie ne fut plus digne de ta corruption et de tes vers... (*Un agent de l'empereur entre.*)

SCÈNE IV

MAXIMIEN, UN AGENT.

MAXIMIEN.

Eh bien! comment se trouvent-ils de la première immolation?...

L'AGENT.

On les a décimés, et leur sang vient de couler... et dans cette cruelle hécatombe, chaque Thébain voulait être victime; chacun demandait à mourir, et la mort à leurs yeux est le sort le plus désirable.

SCÈNE V

EXUPÈRE, MAXIMIEN.

EXUPÈRE, *entrant*.

Oui, mourir pour Jésus-Christ, c'est pour nous, empereur, un sort vraiment digne d'envie ! Mourir pour des chrétiens, c'est prendre son essor vers la patrie des cieux. Grâce à toi, illustre tyran, nous avons déjà des frères en possession du bonheur éternel. Et si tu voulais bien commander encore une nouvelle décimation, nous n'aurions qu'à te remercier d'une si grande faveur.

MAXIMIEN.

A des fous qui demandent de périr d'une mort infâme, j'accorde volontiers le privilége... l'histoire dira...

EXUPÈRE.

L'histoire dira que les fous sont les tyrans, qui mettent leur plaisir à tuer les vaillants défenseurs de la patrie ! Mais si votre bonheur consiste à immoler les valeureux Thébains, vous ne faites qu'accomplir nos vœux les plus ardents...

MAXIMIEN.

Eh bien ! troupe immonde, tes désirs seront exaucés ! La mort que tu demandes à grands cris, et une mort hideuse, va faire dès ce jour un grand nombre d'heureux dans tes rangs! Oui, dès l'instant même, qu'on décime une seconde fois la légion thébaine.

EXUPÈRE.

Nous espérons, puissant empereur, qu'il y aura encore de nouvelles décimations... C'est le seul moyen que tu peux avoir d'exterminer la légion, et de nous faire passer de l'esclavage à la douce liberté des enfants de Dieu... Tu peux dire à tes satellites de ne pas perdre courage; car pas un seul, parmi nous, ne reculera devant la mort, ni ne tournera le dos à Jésus, pour offrir de l'encens à Jupiter. (*Il sort.*)

SCÈNE VI

MAXIMIEN et ses serviteurs.

MAXIMIEN.

Allez, que tardez-vous, fidèles serviteurs? Quand on a des monstres pareils dans une armée romaine, il faut se hâter de les exterminer. Décimez sans pitié cette tribu barbare, une première, une seconde, une troisième fois, si c'est nécessaire; car je dois la punir en ce jour. C'est une gloire insigne que de répandre ce sang ignoble? Et pour nous exciter à ce nouvel holocauste que nous demandent les dieux, répétons tous en chœur le refrain du vrai soldat de Rome.

CHŒUR PAÏEN.

Guerre au Christ, guerre aux Thébains... (p. 24.)

SCÈNE VII

MAXIMEN et SON SOLDAT.

UN SOLDAT, *entrant*.

Les dieux, César, sont satisfaits ; notre main vengeresse a décimé, jusqu'à trois fois, cette race de lions. Mais plus nous mutilons ce corps de braves soldats, plus il est hardi, plus il est arrogant. Jamais, ô empereur, je n'avais vu une pareille audace. C'est avec un vrai bonheur qu'ils reçoivent la mort ; je crois que pour les contenter et terminer glorieusement la journée, nous devons frapper sur tous, et les exterminer.

MAXIMIEN.

C'est là ce que je pensais ; c'est là ma volonté : non, le soleil n'aura pas quitté l'horizon, sans que tous les Thébains... (*Arrive un avocat en faveur des Thébains.*)

SCÈNE VIII

UN AVOCAT, MAXIMIEN, SA SUITE.

L'AVOCAT.

Suspendez, César, l'arrêt d'une justice foudroyante... Les vertus de ces nobles guerriers viennent demander à votre cœur une parole d'indulgence. De leur généreux sang tous nos champs sont inondés : toutes les plages de l'Orient retentissent de leurs glorieux faits d'armes. Dans le feu des batailles, ils furent toujours les premiers ; leurs noms sont écrits en lettres d'or au Capitole. Que dira-t-on de nous, César, si d'une main cruelle et impitoyable, nous allons moissonner ces héros valeureux ? Si nous allons les faire tomber sous nos coups comme de vils animaux ?...

MAXIMIEN.

On dira que nous sommes les fidèles défenseurs de nos dieux, et que nous savons, dans l'occasion, immoler sur leurs autels le sang qui les outrage... Les dieux nous béniront, et le monde nous craindra, et notre nom sera béni des vrais enfants de Rome.

L'AVOCAT.

Immoler des soldats qui sont la gloire de nos armées, c'est de la barbarie, c'est indigne des dieux!

Ne vaudrait-il pas mieux, empereur, gagner à nos dieux par vos bontés tous les cœurs de l'empire ? Et puisque la mort ne peut ébranler la constance des Thébains, n'avez-vous pas, en votre puissance, d'autres moyens pour en triompher ? Qui sait si l'or et les honneurs étalés à leurs yeux, ne viendraient pas à bout de dompter leur courage ?

MAXIMIEN.

Avocat d'une mauvaise cause, ton perfide langage ne saurait le moins du monde ébranler notre royale volonté. Depuis longtemps, hélas ! les Thébains furent trop flattés : qui ne connaît leur folle résistance à toutes nos promesses et nos bontés ? Leur sentence est portée ; elle doit avoir son exécution : ils sauront ce qu'il en coûte de soutenir les chrétiens, quand nous les avions demandés pour nous aider à leur faire la guerre ! Oui, qu'on le sache partout, les Thébains ont tous mérité la mort !

TOUS.

Oui, la mort la plus cruelle doit entièrement détruire cette race barbare.

MAXIMIEN.

Allez, courageux exécuteurs de mes volontés, n'épargnez aucun thébain. Et ne prenez de repos, qu'après les avoir immolés jusqu'à un seul. Guerriers invincibles, vous qui êtes la gloire et le soutien de mon empire, vous que les nations craignent et que les dieux chérissent, si vous voyez faiblir quelqu'un dans vos rangs, tournez sur lui votre glaive, et qu'il partage l'infâme mort des Thébains. Allez tous, enflammés d'une vive et sainte colère ; allez purger notre armée de cette immonde légion... Je lis sur tous vos fronts la haine du nom chrétien... Je sens que vos cœurs battent comme celui de votre chef... Mort, mort à tous les Thébains, mort à leur insolence... (*Ils sortent en répétant le refrain sanguinaire :*)

CHŒUR PAÏEN.

Guerre au Christ, guerre aux Thébains... (p. 24.)

SCENE IX

MAURICE et ses compagnons arrivent en chantant.

CHŒUR CHRÉTIEN.

(Air n° 22, tiré d'*Agapit*.)

Au martyre, à la victoire,
Vaillants soldats, préparons-nous.
Voici la palme, elle est à nous ;
La mort va nous ouvrir les portes de la gloire. (*bis.*)

DUO. (*A genoux devant la croix.*)

O Croix, mon espérance,
Etendard sacré de mon Roi,
De tes enfants sois la défense,
Et le soutien de notre foi :

Et lorsque le fer homicide
Sur ma tête se lèvera,
Mon cœur se rassurera,
A ton abri, céleste égide.

CHŒUR. (*Debout.*)

Au martyre, etc.

MAURICE.

Frères soldats, c'est le moment de marcher à la mort. Nous allons donc partager la destinée de nos braves héros qui nous ont précédés dans la lice : l'arrêt en est porté, notre immortelle légion doit toute tomber sous le fer des tyrans. Nous pourrions, il est vrai, vendre bien cher ce magnanime sang, ce sang qui est pur et innocent... Mais pourquoi résister? La mort, pour nous, n'est-elle pas la véritable gloire? Mourir, c'est aller voir Jésus, et jouir du Dieu d'amour. Ne voyez-vous pas, dans les cieux, les palmes radieuses qui doivent couronner nos fronts triomphants? N'entendez-vous pas la voix de nos martyrs, qui nous annoncent un trône auprès du Roi des rois? Nous l'habiterons bientôt cette cité chérie, qui depuis longtemps fait vibrer nos cœurs d'espérance et d'amour! Bientôt nous allons être réunis à ces glorieux Thébains qui nous ont ouvert la route du ciel! O Dieu, qui fais les martyrs, sois le guide et le soutien de cette sainte légion qui, toute entière, va s'offrir en sacrifice. Dignes compagnons d'armes, marchons joyeusement à la mort comme un seul homme!

TOUS.

Oui, tous à la mort, à la gloire du martyre!...

MAURICE.

SOLO.

(Air n° 15 : *Armons-nous, la voix*, etc.)

Courage, milice chérie...

CHŒUR.

Armons-nous, la voix du Seigneur,
Thébains, au combat nous appelle...

Ils sortent et vont à la mort en chantant le refrain de la victoire ; Maurice les précède la croix en main.

SCÈNE X

MAXIMIEN, UN SERVITEUR.

MAXIMIEN *arrive seul.*

Les Thébains sauront si c'est en vain que nous portons des lois ; elles sauront en ce jour, ces âmes superbes, si on peut impunément braver les Césars, insulter nos dieux... Bientôt, je l'espère, il ne restera pas un seul de tous ces soldats rebelles ; leurs ossements épars diront à tous nos descendants notre zèle à venger la gloire de nos autels et à punir tous les cœurs fanatiques. Ainsi seront toujours châtiés les insulteurs de nos lois et de notre culte : nous saurons les atteindre, et les écraser en tout temps et en tout lieu...

UN DE SES SERVITEURS.

Par là, empereur, votre nom deviendra cher aux Romains, et formidable aux ennemis de Rome. Chacun de nous mettra son bonheur à vous seconder dans cette œuvre sainte. Déjà vos ordres sur les Thébains sont exécutés : et on ne tardera pas de venir vous annoncer la consommation de l'holocauste que vous avez commandée. (*Un soldat vient annoncer l'immolation des Thébains.*)

SCÈNE XI

UN SOLDAT, MAXIMIEN, CHOEUR.

LE SOLDAT.

Les dieux sont satisfaits... nous les avons noblement vengés : toute la tribu des Thébains couvre la plaine de ses cadavres sanglants. Pas un seul n'a résisté à nos glaives vengeurs. O dieux ! soyez contents... nous venons de relever votre honneur outragé ! et vous, grand empereur, vous que le ciel protège depuis longtemps, vous dont nous sommes tous fiers de former la couronne, venez, dans ce jour solennel, recueillir les lauriers de vos bataillons invincibles.

MAXIMIEN.

Vos lauriers d'aujourd'hui, arrosés du sang thébain, sont les plus chers à mon cœur. Oui, nos dieux sont contents, et la patrie est toute fière d'avoir enfin anéanti cette tribu barbare. Il est temps de nous reposer dans un joyeux festin, et de célébrer un si beau triomphe.

CHŒUR PAÏEN. (*En sortant.*)

(Air n° 6 : *Enfants, rendons hommage*, etc.)

Chantons le cri de gloire !
Les Thébains sont tombés.
Célébrons la victoire :
Nos dieux se sont vengés.
Rendons, rendons hommage
A nos fiers bataillons;
Retrempons leur courage, } *bis.*
Dans nos libations.

SCÈNE XII

Honneurs funèbres rendus aux martyrs thébains par les chrétiens à genoux.

CHŒUR CHRÉTIEN.

(Air n° 6 : *Enfants, rendons hommage*, etc.)

Honneur, gloire et hommage,
Amour à nos héros,
Dont le noble courage
A vaincu les bourreaux !

Célébrons la conquête
De nos frères Thébains,
Qui ont donné leur tête
Au Sauveur des humains. } *bis.*

SOLO.

O saints, qui nous voyez exposés au naufrage,
Tendez-nous donc la main, donnez-nous votre sort !
O conduisez-nous tous au céleste héritage,
Envoyez-nous bientôt la glorieuse mort !

CHŒUR.

Honneur, etc.

UN DES CHRÉTIENS.

Oui, respect et hommage à la sainte tribu ! on les a moissonnés jusqu'au dernier... et dans cette affreuse boucherie, ils ont subi la mort comme de véritables agneaux ! Tandis qu'on tremble à la seule vue d'un trépas cruel, nous avons vu tous nos Thébains pleins d'une joie extrême, offrir courageusement leurs têtes aux bourreaux, présenter avec docilité leur poitrine, et mourir en baisant la main qui les immolait. N'avons-nous pas vu, de nos yeux, leurs âmes triomphantes s'élever en chantant sur les ailes des anges ? Bienheureux martyrs, qui régnez maintenant dans les cieux, appelez-nous bientôt à partager votre suprême félicité !...

SOLO.

(Air n° 16 : *Chantons les combats*, etc.)

Chantons les combats et la gloire
De tous nos guerriers valeureux.

Ils ont remporté la victoire :
Ils sont aujourd'hui dans les cieux.
On voit sur leurs fronts la couronne ;
Ils portent la palme à la main :
Jésus d'éclat les environne,
En leur ouvrant son cœur divin. } *bis.*

CHŒUR.

Les Thébains ont vaincu ; chantons, chantons leur gloire !
Ils règnent dans les cieux. (*bis.*)

FIN

LE
MARTYRE D'ADRIEN

DRAME EN TROIS ACTES

A l'usage des Colléges, petits Séminaires et autres Maisons
d'éducation

PAR M. L'ABBÉ J***

LYON
P. N. JOSSERAND, LIBRAIRE-EDITEUR

PLACE BELLECOUR, 3

1867

TOUS DROITS RÉSERVÉS)

Besançon. — Imprimerie d'Outhenin Chalandre fils.

HISTORIQUE

C'est sous l'impie Galère-Maximien qu'eut lieu, à Nicomédie, le martyre héroïque de l'illustre Adrien, digne époux de l'intrépide Nathalie. Ils étaient, depuis peu, unis par les liens du mariage, et tous les deux célèbres par leur nom et leur origine. Adrien était un des principaux ministres de la cruauté du tyran. C'était un autre Paul, qui avait trempé ses mains dans le sang des chrétiens; mais doué, comme lui, d'une âme grande et d'un cœur généreux, il se rendit à la voix de Dieu, et quitta le paganisme pour se faire chrétien et martyr de Jésus-Christ. Le principal instrument dont le ciel se servit pour en faire un héros de la foi, fut sa vertueuse épouse, jeune femme d'une piété et d'un caractère merveilleux. En voyant le rôle glorieux et tout-puissant que joue cette femme forte dans le martyre de son époux, on serait tenté de croire que tant de courage est au-dessus des forces humaines. Mais quand l'histoire des martyrs l'affirme, on est forcé de se taire et d'adorer la puissance de Dieu, qui se sert des plus faibles roseaux, pour faire triompher son Eglise et confondre l'orgueil des mondains.

C'est parmi les ouvrages de l'immortel Manaël Bernardes, prêtre oratorien du dix-septième siècle, l'un des plus célèbres écrivains du Portugal, qu'on a puisé le fond et les traits saillants de cette pièce précieuse. Pour récompenser la générosité d'Alphonse-le-Grand, roi d'Espagne, le pape Jean VIII ayant fait transporter, de Constantinople à Rome, les reliques de nos deux martyrs, les envoya en présent au roi d'Espagne. Mais le vaisseau qui les portait ayant échoué sur les côtes du Portugal, des Portugais profitèrent de la guerre qui existait entre le Maroc et l'Espagne, pour se rendre coupables de ce vol; et, de nos jours encore, quand le pèlerin entre dans la belle église du fameux couvent de Chelles, à une lieue de Lisbonne, il lit, sur une pierre tombale, ces paroles : Ici reposent les restes vénérés des saints martyrs Adrien et Nathalie.

PERSONNAGES

ADRIEN, un des principaux ministres de Galère.
NATHALIE, épouse d'Adrien.
GALÈRE-MAXIMIEN, empereur.
Personnages secondaires, soldats, etc., chœur.

LE
MARTYRE D'ADRIEN

DRAME EN TROIS ACTES

PREMIER ACTE

Le théâtre représente la grotte où étaient cachés les vingt-trois fidèles. Avant l'ouverture de la scène on entend la psalmodie : *Quare fremuerunt gentes.*

SCÈNE I

LES CHRÉTIENS formant le chœur.

SOLO.

(Air n° 25 : *Quel bruit partout se fait entendre,* etc.)

Quel bruit partout se fait entendre ?
J'entends les pleurs, les cris d'effroi :
Voudrait-on nous ravir la foi,
Réduire nos autels en cendres.

CHŒUR.

Eh bien ! chrétiens, soyons soldats
Courons, volons à la mort, à la gloire :
Celui qui nous guide aux combats,
C'est le grand Dieu de la victoire.

UN PREMIER FIDÈLE.

« Tuons, écrasons le Christ, a dit l'impiété dans

» sa fureur. Que son nom, son autel soient bannis
» de toutes nos cités. Que des fleuves de sang
» chrétien inondent nos campagnes : que leurs
» corps mutilés et que leurs membres épars de-
» viennent la pâture des vautours; que leurs osse-
» ments calcinés, réduits en poussière, soient dis-
» persés en tout lieu sur l'aile des vents. » Et les
chrétiens traqués comme des bêtes féroces, élèvent
vers le ciel leurs fronts tout déchirés et leurs bras
chargés de chaînes : et au lieu de trembler en face
de la persécution, ils font retentir leurs cachots de
leurs voix triomphantes. Voici bientôt notre tour
de combattre et de triompher : qui sait si déjà les
anges n'ont pas tressé notre immortelle couronne?

UN DEUXIÈME.

Au combat, à la gloire le Seigneur semble nous
appeler : mourons, mourons tous pour lui; n'est-il
pas mort pour nous tous? qu'avons-nous à craindre
de la puissance des tyrans et de la fureur des bourreaux ? Souffrir c'est le bonheur du chrétien, mourir c'est la victoire : des bras de la mort on s'envole
au ciel.

UN TROISIÈME.

Pour bénir le Seigneur, nous fuyons le glaive
des bourreaux; mais nous ne tarderons pas d'affronter leur fureur. Cette paisible grotte est notre
arsenal; aiguisons, préparons-y nos armes. Dans
le fond de notre cœur faisons pénétrer le feu divin;

et quand viendra notre heure, courons, volons au ciel.

UN ENFANT.

Mais en prenant le ciel, nous laisseriez-vous la terre?... Et nous aussi, nous voulons monter vers Jésus et Marie. « Laissez venir à moi les petits en- » fants, » a dit le divin Maître ; puisqu'il nous appelle à lui, nous empêcherez-vous de l'aller voir ?

UN AUTRE ENFANT.

Les loups n'aimeront-ils pas mieux notre chair molle et tendre? notre sang brûle de couler, laissez-nous le répandre pour Jésus-Christ. Eh ! quoi ! vous choisiriez pour vous le séjour de la gloire, et nous n'aurions que la vallée des larmes ? les parts seraient trop inégales.

UN QUATRIÈME CHRÉTIEN.

Nous voulons tous avoir le même sort au ciel et sur la terre.

CHŒUR.

Eh bien! chrétiens, soyons soldats... (page 5.)

(Après ce chant les chrétiens sortent.)

SCÈNE II

GALÈRE-MAXIMIEN et trois de ses ministres.

GALÈRE-MAXIMIEN.

Ainsi l'ont dit les oracles des dieux : l'eau, le fer ou le feu, ministres des vengeances célestes, doivent bientôt anéantir la race des chrétiens : avant que nous cessions de les combattre et de les exterminer, on verra tous les fleuves remonter vers leur source, ou cesser de couler... Braves serviteurs, hâtons-nous d'engloutir au fond du Tartare cette horde sauvage qui se vantait d'envahir le monde entier...

UN PREMIER MINISTRE.

Vos vœux seront exaucés : le feu de votre propre cœur a passé dans le nôtre; César, vous obéir en tout, vous servir fidèlement, c'est notre gloire : qui combat sous vos ordres est toujours sûr de triompher. Vous n'avez qu'à parler, et bientôt vous verrez les chrétiens pâles et tremblants, entassés pêle-mêle, mordre la poussière et servir de pâture aux bêtes féroces...

UN DEUXIÈME MINISTRE.

C'est en vain qu'ils prennent la fuite et courent se cacher. On saura les découvrir dans le flanc des rochers et des montagnes : je connais le repaire de vingt-trois chrétiens ; j'ai entendu les accents de leur voix et de leur prière ; ce n'est pas tout, ô empereur, voici le grand secret : Adrien n'est plus des nôtres ; on dit qu'il va quitter nos dieux, pour s'adonner à la folie du Christ et de ses sectateurs.

UN TROISIÈME MINISTRE.

Gracieux serviteur des chrétiens, il fait chorus et converse avec eux. Plein d'égards pour eux, il ne sait leur prodiguer que des faveurs et des caresses. Et le croiriez-vous bien, César? c'est un vil cœur de femme qui a gâté son cœur : épouse fanatique... astucieuse, comme elles le sont chez les chrétiens... elle va faire le malheur de son époux. Elle a bien tant pleuré, crié, que ses perfides sanglots sont devenus pour le cœur d'Adrien des flèches homicides. Vous saurez, César, à quoi vous en tenir ; mais nous devions parler et vous dénoncer le crime.

GALÈRE-MAXIMIEN.

Me dévoiler de tels forfaits, n'est-ce pas votre devoir ? Mes amis, je lis dans votre cœur, je vois au fond de votre âme que vous brûlez tous les trois de la même et sainte ardeur. Que les dieux vous bénissent pour votre dévouement et votre inviolable fidélité. Si le lâche Adrien ose trahir César et nos divinités, préparons-nous à lui faire payer sa noire perfidie : elles lui coûteront cher, son audace et ses superstitions... l'opprobre... un trépas douloureux... (*Ils sortent.*)

SCÈNE III

LES CHRÉTIENS formant le chœur.

CHŒUR CHRÉTIEN.

(Air n° 26 : *De tes enfants*, etc.)

De tes enfants exauce les prières,
Du haut du ciel daigne les protéger ;
Mère, bénie entre toutes les mères,
Sois-nous propice à l'heure du danger. } *bis.*

UN CHRÉTIEN.

Qu'ont à craindre des enfants dont Marie est la mère ? à elle seule, elle est terrible comme une armée rangée en bataille.

SCÈNE VI

ADRIEN, UN CHRÉTIEN.

ADRIEN, *entrant.*

O qu'il est beau, qu'il est grand le Dieu de nos chrétiens ! Qu'ils sont laids et hideux les dieux du paganisme ! Là, c'est le Créateur, le maître souverain de toute chose ; ici, c'est une vaine idole, c'est une plante, un reptile, une pierre. O qui me donnera d'aimer et de servir le Dieu qui prodigue à toute créature la joie et le bonheur? Depuis longtemps une voix intérieure, souriant à mon cœur, me parle du Dieu des chrétiens : c'en est fait, je ne puis résister, je me rends ; oui, désormais tu seras le mien, ô Dieu de Nathalie : à toi maintenant et toujours tous les hommages de mon cœur. Mais pourquoi, mes amis, tant de gaieté dans un temps de deuil et de persécution? pourquoi ces chants joyeux, ces fronts sereins dans des jours de carnage? Quoi donc! vous riez, vous chantez, pendant qu'on vous prépare le breuvage d'opprobre et de douleur! O dites-moi, de grâce, pourquoi la vue de tant de tortures qui vous sont réservées, fait palpiter vos cœurs d'une vive allégresse? quel prix retirez-vous de tant de tourments et d'humiliations?

UN CHRÉTIEN.

Le Dieu pour lequel nous aimons à souffrir, à sacrifier même notre vie, est le bien souverain ; et jamais mortel ne pourra concevoir le prix infini dont il sait payer nos sacrifices. Si un verre d'eau, donné en son nom, ne doit pas rester sans récompense, que ne donnera-t-il pas à celui qui aura versé tout son sang pour sa gloire? Le ciel tout entier, Dieu lui-même avec tous ses trésors, tel est le prix de nos souffrances.

ADRIEN.

Mais vos prophètes et vos livres sacrés ne parlent-ils pas du ciel et de ses fêtes ?

LE CHRÉTIEN.

Dans nos livres divins, nous en trouvons des tableaux magnifiques. Mais impossible à de jeunes chrétiens d'en parler dignement. « Non, jamais, » nous dit saint Paul, jamais l'œil de l'homme n'a » vu, jamais son esprit ne saurait comprendre ce » que Dieu réserve à ceux qui l'aiment. » Quelle ne sera donc pas la récompense de ceux qui souffrent le martyre pour lui !

ADRIEN.

O qui me donnera d'aller au ciel ? O Dieu de Nathalie, me refuserez-vous d'entrer avec mon épouse dans ce fortuné séjour ? accordez-moi de vivre et de mourir avec elle, pour régner ensemble dans la céleste Jérusalem.

LE CHRÉTIEN.

Cher Adrien, le ciel est en votre pouvoir, et quand l'eau sainte aura scellé votre alliance avec l'adorable Trinité, vous serez l'enfant de Dieu, le frère de Jésus-Christ et le cohéritier de son royaume.

ADRIEN.

Haine à l'idolâtrie, je veux être chrétien : j'abjure toutes mes erreurs, j'embrasse votre foi; avec vous je veux combattre et mourir soldat du divin Maître. O Nathalie, bientôt...

(Ils sortent en répétant le refrain : *Eh bien! chrétiens, soyons soldats.*)

SCÈNE V

GALÈRE-MAXIMIEN et ses ministres.

GALÈRE-MAXIMIEN.

O noire félonie! quoi donc! serait-il assez lâche, pour recevoir sur son front le caractère hideux!... Ministre de César, chef du peuple-roi, osera-t-il ramper aux pieds d'un Dieu crucifié? Non, non jamais, une semblable trahison n'est pas possible. Je connais Adrien, il est un de nos valeureux guerriers ; et il a trop grand cœur, pour se ranger au nombre des esclaves. Gardes, qu'on l'appelle à l'instant, je veux sonder son âme; je sais qu'à ma voix, il ouvrira les yeux à la lumière...

ADRIEN, *entrant*.

Empereur, salut; on dit que vous me demandez, me voici prêt à vous entendre : parlez, que voulez-vous ?

GALÈRE-MAXIMIEN.

Je n'ai que des louanges pour Adrien sur ses nobles travaux : je suis content, et puis me glorifier de ses nombreux exploits; c'est lui qui nous a puissamment aidés à subjuguer les rois de la terre; par lui, Rome et l'empire sont devenus florissants; et nous aurons raison de montrer à nos neveux les lauriers de sa gloire... Mais, mon cher Adrien, toi l'objet de notre légitime orgueil, serait-il donc vrai que tu vas déshonorer une si belle vie?... Tourner le dos à nos dieux... te faire chrétien... apostat?... Que serait donc devenu ce feu sacré qui dévorait ta belle âme, ce zèle tout divin qui te transportait de colère, quand tu voyais la moindre injure faite à nos dieux? Non, tu n'oserais jamais te ranger dans cette bande d'insensés, qui se font gloire d'adorer le Christ.

ADRIEN.

Je sais où sont les fous; et tes états en sont remplis : les fous sont les païens adorateurs de divinités frivoles; les fous sont les monstres inhumains, ces tigres altérés, qui remplissent nos cités de meurtre et de carnage, et qui d'un sang pur faisant d'horribles libations, dépeuplent les contrées, et ruinent le monde entier... Mais sont-ils des insensés tous ceux dont la sage folie consiste à quitter tout pour la souveraine félicité? Et que sont les biens et les honneurs de ce monde, vis-à-vis du céleste bonheur? César, je ne suis plus enfant, je sais ce que je veux; je veux sauver mon âme, avoir le ciel : je saurais pour cela braver tous les feux de la persécution la plus cruelle.

GALÈRE MAXIMIEN.

Mais quelle audace, grands dieux ! Eh bien ! pour châtier ton orgueil, ton sang à l'instant même va inonder la terre... ta tête va rouler à nos pieds... Mais non, je t'aime trop, Adrien, je te pardonne, je veux te faire grâce; et au lieu de la mort, toute prête à fondre sur toi, je te laisse la vie; mais sois toujours digne Romain.

ADRIEN.

Pour me parler ainsi, ô César, est-ce bien toi qui m'as engendré, qui m'as fait naître ? C'est de Dieu que je tiens la vie ; lui seul me l'a donnée, lui seul peut me l'ôter et me la rendre selon son bon plaisir. En tombant sous tes coups, je trouve l'immortalité dans la mort même; et des entrailles de la terre, je puis monter au ciel. J'attends grâce et pardon de mon Dieu, mais n'en veux point de Galère : ce que j'attends de toi, c'est la mort, la mort pour entrer dans la vie éternelle.

GALÈRE MAXIMIEN.

Tu l'auras cette mort que tu désires avec tant d'ardeur; et pour te contenter, nous saurons te la rendre hideuse, épouvantable : tu sauras, jeune insensé, ce qu'on gagne à braver le courroux de César : qu'on le charge de chaînes, et qu'il soit aussitôt précipité dans le fond de la prison.

ADRIEN.

Tu me sers, ô César, suivant mes vœux les plus ardents ; c'est si doux de porter des liens, quand c'est pour son Dieu, et qu'on est innocent ! (*Il embrasse ses liens.*) O fers sacrés, que je vous aime ! délicieuses chaînes, attachez-moi pour toujours à Jésus-Christ ! On a beau nous charger de fers, nous sommes plus libres et plus forts que jamais ; car si nos bras sont enchaînés, la liberté règne plus que jamais dans notre cœur et dans notre âme.

FIN DU PREMIER ACTE.

DEUXIÈME ACTE

SCÈNE I

NATHALIE seule.

De toute part enfin les loups sont entrés dans la sainte bergerie : brebis de Jésus, agneaux innocents, pour vous quel affreux carnage ! j'entends d'ici les hurlements de ces bêtes féroces qui demandent sans cesse de nouvelles proies !... Je vois cette légion de nouveaux démons, qui viennent du Tartare, pour déchirer et dévorer le pauvre genre humain !... Seigneur, quand prendrez-vous enfin notre défense ? voyez avec quelle fureur on égorge et le vieillard tremblant, et le jeune enfant sur le sein de sa mère !... Montrez-vous donc, ô Seigneur, et ne fermez pas les yeux sur tant de cruautés !... Un mot, un signe de votre puissance, pour écraser ces hordes inhumaines !

SCÈNE II

NATHALIE et une de ses esclaves.

UNE ESCLAVE DE NATHALIE, *qui entre.*

Ah ! les monstres barbares !... Si vous saviez, ô maîtresse, sur qui ils viennent de porter leur fureur sanguinaire !... Jamais ils n'avaient fait d'aussi brillante capture... Hélas ! madame, la noble main qui serra votre main... le bras victorieux qui tant de fois combattit pour Rome... ce bras puissant porte aujourd'hui les fers !... On a pris votre époux !... il est dans la prison... chargé de dures chaînes !... pour être immolé dans trois jours !...

NATHALIE.

Adrien, mon Adrien dans les fers !... Mais grand Dieu ! quels sont donc ses crimes ? Je connais sa grande âme, son cœur loyal et innocent. Toujours sur son front je trouvai le cachet de la vertu, et jamais celui du vice. De quel noir attentat se serait-il donc rendu coupable? Adrien! Adrien, mon époux, dis-moi, qu'as-tu donc fait?... ne serais-tu plus digne de mon cœur?

L'ESCLAVE.

On ne l'accuse d'aucun forfait : on fait partout l'éloge de sa bravoure et de sa vertu, et on le croit aussi pur que le premier des anges. Mais ce qui a froissé César, c'est qu'on l'a dénoncé comme serviteur du Christ. Adrien, lui, en face du tribunal, s'est hautement déclaré pour le Dieu du Calvaire : il ne veut pas d'autre sort que celui des chrétiens ; il veut combattre et mourir comme eux, c'est là tout son crime.

NATHALIE.

O Seigneur! bénissez-moi, bénissez Adrien! Adrien, Adrien, mon époux, nous avons enfin le même sort! Tu me l'avais promis, et tu viens de remplir ta promesse!... Mais je pars pour aller t'embrasser, et pour baiser tes liens. C'est le moment de retourner vers mes frères qui m'attendent dans la prison avec mon époux. (*Elle sort avec sa suite.*)

SCÈNE III

Le théâtre représente la prison où se trouvent Adrien et ses compagnons. La scène commence par la psalmodie ou le chant suivant.

LES CHRÉTIENS formant le chœur.

CHŒUR.

(Air n° 3 : *Qu'il est doux, mélodieux, le saint Nom...*)

Chantons nos liens, nos combats, notre gloire :
    Souvenons-nous des martyrs, nos aïeux ;
    Courons, suivons leurs pas, allons aux cieux :
Allons ravir l'éternelle victoire.

DUO.

    Ils sont plus beaux, glorieux,
    Que des Néron le sceptre,
    Les fers du divin Maître :
    Qu'ils sont doux, (délicieux. *bis.*)

CHŒUR.

Chantons nos liens, etc.

SCÈNE IV

NATHALIE, ADRIEN.

NATHALIE, *entrant.*

Salut, salut, ô mes amis ; où est mon Adrien ?
Je viens baiser ses chaînes : ah ! je les préfère à l'or,

à tous les biens de l'univers. (*Elle se jette à ses pieds.*) C'est bien toi, mon cher époux ; que j'embrasse ces fers précieux qui brillent plus pour moi que tous les diadèmes des rois. O liens trois fois sacrés ! laissez-moi répandre sur vous les larmes de mes yeux ! et maintenant, Adrien, béni soit le Seigneur, qui vient de t'enrôler sous son saint esclavage : s'il a daigné jeter les yeux sur toi, c'est qu'il a vu que tu étais digne d'un tel honneur.

ADRIEN.

Non, son joug n'est pas pesant, et son fardeau est léger; être enchaîné pour Jésus, c'est le bonheur, c'est la gloire : pouvant faire d'un enfant un héros invincible, il fera, j'espère, quelque chose d'Adrien.

NATHALIE.

Rien ne peut triompher de sa puissance ni des armes qu'il fournit à ceux qui combattent pour lui: son royaume n'est pas terrestre, ses biens sont éternels. Jamais mortel n'a pu voir l'immortelle couronne qu'il réserve à ses soldats, qui savent vaincre dans la lice. De grâce, ô mon époux, sois toujours fidèle au divin Maître, qui saura te prêter secours en tout temps, en tout lieu. Pour vaincre ta constance, les ennemis du Sauveur vont employer tour à tour la louange et la menace : l'or et l'argent, le fer et le feu, les tigres et les lions, rien ne fera défaut à la malice de ces cruels démons : je t'en conjure donc, ô chère moitié de mon âme, sache triompher de tous leurs méchants stratagèmes.

ADRIEN.

Sois sans crainte, ô mon épouse : en Dieu j'ai toute ma confiance. A lui pour jamais j'ai consacré le reste de mes jours. Pourquoi donc Adrien ne partagerait-il pas le sort de Nathalie? pourquoi ne monterions-nous pas ensemble vers la cité céleste? Ton baptême est le mien, ton Dieu sera mon Dieu, ta foi sera la mienne. C'en est fait, j'ai embrassé la loi du Christ : je suis tout à Jésus et pour toujours; sans toi j'avais déjà prêté mon serment de fidélité : mais depuis que ta voix vient de nouveau retentir à mon cœur, je me sens plus que jamais plein d'amour pour Jésus-Christ, plein d'ardeur pour le martyre. C'est donc à toi que je serai en grande partie redevable de mon sort et de mon bonheur. Va, sans crainte et sans alarme, va prier le Seigneur de me rendre fidèle à mes serments; va, pour revenir bientôt et m'accompagner au combat.

NATHALIE.

Adieu donc pour quelques instants, adieu et laisse-moi encore coller avec amour mes lèvres sur ces fers précieux; je veux en emporter l'empreinte dans le fond de mon âme... et vous tous, chers enfants de la sainte famille, vous dont les tristes épreuves n'arrachent aucune plainte, courage! car bientôt vous laisserez vos liens, pour vous envoler au ciel. Avant de vous quitter, pour vous revoir dans un instant, je tombe à vos genoux, pour vénérer ces fers qui vont ce soir se changer en une brillante couronne. Adieu, mon cher Adrien, adieu, mes bons amis!... Oui, j'espère que bientôt ces chaînes précieuses passeront de vos mains dans les miennes. Si vous venez à monter les premiers vers la cité des cieux, ah! ne laissez point Nathalie dans la vallée des larmes!... (*Ils sortent.*)

SCÈNE V

NATHALIE seule.

Mon cœur est satisfait; j'ai vu tous mes chers captifs; j'ai vu mon Adrien; il en sera le soutien et la gloire. Adrien, mon époux, j'aperçois d'ici le trône auguste qui t'est réservé, je vois la brillante couronne que Dieu prépare à ses vaillants soldats. O sache fouler aux pieds toute la perfidie et la cruauté des tyrans : encore une soirée d'exil, et le combat commence, et la victoire est à toi... (*Un esclave qui entre.*)

SCÈNE VI

UN ESCLAVE.

Votre Adrien, madame, n'est plus dans la prison :

je l'ai vu de mes yeux, il vient, il court vers vous.
O réjouissez-vous donc, il a brisé ses fers ; désormais pour vous plus de veuvage... vous êtes sauvés tous les deux pour le bonheur de la patrie... (*Il sort.*)

SCÈNE VII

NATHALIE seule et se promenant.

Serait-il donc vrai, mon Dieu?... ô cruel messager !... quoi! Adrien de Jésus aurait quitté les douces chaînes !... Non, non, la chose n'est pas vraie... c'est un affreux mensonge... son âme est incapable d'une pareille apostasie. Je connais trop les pensées d'Adrien... Je me souviens de son ardeur; j'en suis encore remplie moi-même... Je sais qu'au lieu de prendre la fuite, il aura bravé l'orage. Quoi donc, ô Adrien ! et dans quelques instants tu serais devenu parjure à tes serments de fidélité?... et tu abandonnerais sitôt l'aimable Jésus?... Non, non, tu ne m'as pas fait ce sanglant affront... (*Un esclave qui entre.*)

SCÈNE VIII

UN ESCLAVE.

Adrien est en liberté, il accourt plein de joie : pour un tel bonheur hâtons-nous de bénir les dieux! Ce matin, il était sous le glaive homicide, sur le point de descendre au noir tartare; maintenant vos beaux yeux vont baiser ses yeux, vos larmes de joie se mêler aux siennes; et c'est ainsi que vous continuerez d'être le couple fortuné, qui depuis longtemps met son plaisir à faire des heureux. Mais le voici qui va bientôt paraître; allons à sa rencontre, et formons-lui tous une joyeuse escorte. (*Il sort.*)

SCÈNE IX

NATHALIE seule et hors d'elle-même.

Moi revoir Adrien, s'il a été infidèle à son Dieu!... Si par un vil contrat il a vendu son honneur et son âme!... moi courir au-devant d'un impie!... aller serrer la main d'un lâche apostat!... Non, non, jamais le cœur de Nathalie n'aura cette faiblesse : pour un semblable époux je n'aurai désormais qu'une horreur souveraine! ah! plutôt mourir, que de le voir et lui parler!...

SCÈNE X

ADRIEN, NATHALIE.

ADRIEN, *frappant à la porte.*

Viens, viens, ô Nathalie; ouvre-moi, je suis ton

époux : ô va, ne crains rien ; réjouis-toi plutôt : car je t'apporte un heureux message...

NATHALIE.

Dieu ! c'est bien sa voix... la voix d'un traître !... il aura donc rejeté les liens sacrés de mon Jésus !... Loin, loin de mes yeux, idolâtre, infâme; va-t-en cacher dans les ténèbres ta noire félonie ! monstre hideux, oses-tu donc venir porter un tel coup à une pauvre femme ? J'avais toujours pensé qu'Adrien mourrait soldat, martyr de Jésus-Christ... hélas !... je n'ai plus pour époux qu'un horrible apostat ! O ciel, pourquoi m'avez-vous réservé un calice aussi amer ? Loin, loin de moi, cruel Adrien !...

ADRIEN, *il frappe encore.*

Ouvre sans crainte, ô Nathalie, ouvre à ton fidèle époux; non, non, Adrien n'est pas un apostat, il est toujours chrétien, toujours digne de ta tendresse. Hâte-toi de m'ouvrir, car fidèle à ma parole, je viens te convoquer pour assister à mon dernier combat. (*Nathalie ouvre et se jette dans ses bras.*)

SCÈNE XI

LES MÊMES.

NATHALIE.

Grand Dieu ! pardonnez-moi... Pardon pour une

pauvre femme... Pardon, cher Adrien... le feu sacré dont je brûlais pour vous consummait mon âme d'un mortel chagrin... mais cette sombre tristesse disparaît tout à coup devant les vifs transports d'une joie toute céleste... je craignais... je tremblais... pardonnez-moi, mon cher époux, des paroles si indignes de votre grand cœur... je vous croyais transfuge et lâche déserteur du Christ... et de tous les chrétiens, vous allez le premier monter à l'assaut : allons donc au combat, volons au martyre : je veux suivre mon cher Adrien, et marcher sur ses pas.

FIN DU DEUXIÈME ACTE.

TROISIÈME ACTE

SCÈNE I

La scène commence par le chant des captifs en prison.

LES CHRÉTIENS formant le chœur.

CHŒUR.

(Air connu.)

Armons-nous, la voix du Seigneur...

SOLO.

Courage, milice chérie...

CHŒUR.

Armons-nous, etc.

UN CHRÉTIEN.

Nous voilà donc prêts pour le combat suprême : qu'ils viennent, quand ils voudront, les satellites de l'empereur. Il ne nous manque plus qu'Adrien et Nathalie ; l'époux a été convoquer l'épouse aux noces de l'Agneau divin. Mais les voici...
(*Adrien arrive avec Nathalie.*)

SCÈNE II

LES CHRÉTIENS, ADRIEN, NATHALIE, CHOEUR.

UN CHRÉTIEN.

Adrien et Nathalie, salut ; salut, roi et reine de la fête : vous venez pour présider à notre triomphe ; c'est le moment de marcher au combat, et de ravir le ciel. L'arrêt de mort est décrété. Les bourreaux nous attendent, les glaives sont aiguisés. Que pas un des vingt-trois ne manque au glorieux appel ; et que dans quelques instants nous ayons tous remporté la victoire.

ADRIEN.

Laissez-nous, mes amis, reprendre notre place parmi vous, afin de monter ensemble au ciel :

quoique arrivé le dernier dans vos rangs, j'espère vous ouvrir la route ; car déjà je sens que mon sang bouillonne dans mes veines, impatient de couler, pour s'offrir au divin Maître... Je vois, et j'atteindrai bientôt la palme des braves...

NATHALIE.

Adrien, mes enfants, n'est pas indigne d'être votre capitaine. Qu'il reprenne donc sa sainte armure : qu'on lui rende ses fers, et les liens sacrés, qui sont les livrées de Jésus-Christ. *(On lui remet ses liens.)*

ADRIEN, *reprend et baise ses liens*.

O venez, revenez à moi, liens aimables, que j'avais quittés pour aller chercher ma Nathalie! Vous avez pour mon cœur mille fois plus de vertu et de charmes, que toutes les armes les plus puissantes du monde entier! Je vous embrasse avec amour, et vous prie de m'attacher pour toujours à Jésus.

NATHALIE.

Et moi aussi, je viens mêler mon sang au sang de cette troupe privilégiée, qui va bientôt régner dans la patrie bienheureuse. O ciel, pourriez-vous me laisser seule dans l'exil de la tribulation ? Mes amis, mon cher Adrien, pourrais-je vivre ici-bas sans vous? Si vous me précédez, j'espère vous suivre de près, comme la mère des Machabées : et si les bourreaux venaient à épargner ma tête, je saurai chercher et affronter la mort. Mais avant de quitter la prison, laissez-moi panser, sécher et baiser ces mains meurtries et déchirées (*elle panse et baise les plaies de leurs mains*) : les fers les ont mutilées ; les blessures en sont cruelles ; mais courage, mes amis, bientôt ces plaies seront autant de perles précieuses. (*La scène peut se terminer par le chant suivant.*)

CHŒUR CHRÉTIEN.

(Air n° 15 : *Armons-nous*, etc.)

Elle est si noble et si belle !... (*En sortant.*)

SCÈNE III

GALÈRE-MAXIMIEN et sa suite.

GALÈRE MAXIMIEN.

Nous allons voir si les oiseaux chrétiens que nous avons en cage chanteront aussi bien dans les tourments. Soldats et vous tous, qui êtes les exécuteurs de nos décrets souverains, armez-vous, munissez-vous de toutes pièces ; c'est le moment de servir aux chantres du Christ, de la belle et nouvelle musique. Préparons-leur des airs et des concerts d'un genre dramatique. Hâtons-nous de leur apprendre, en ce jour, ce que c'est que d'irriter nos dieux et d'enflammer notre courroux. Vite, qu'on les soumette aux feux d'une violente torture.

UN DE SES SERVITEURS.

Déjà, César, la plupart d'entre eux ont senti la puissance du fer vengeur; leur chair est déchirée, leurs membres mutilés, et le sang coule en abondance; laissons-les chanter et mourir de mort lente; mais commençons par écraser celui d'entre eux qui est le plus coupable. Vous connaissez Adrien et sa hideuse trahison : si vous saviez l'ardeur étrange dont il brûle depuis quelques instants! Son audace est extrême, son insolence incroyable. C'est lui qu'il faut frapper et punir sans perdre de temps.

GALÈRE MAXIMIEN.

Déjà je l'ai mandé; pourquoi ne paraît-il pas encore? Je brûle... (*Adrien paraît.*)

SCÈNE IV

ADRIEN, GALÈRE-MAXIMIEN.

ADRIEN, *rentrant.*

Me voici, empereur, prêt à marcher le premier au champ de la victoire : commandez, frappez sans crainte; faites de mon corps un cadavre sanglant; je me sens plein de feu et mon sang brûle d'arroser la tombe des chrétiens...

GALÈRE MAXIMIEN.

A la torture, infâme! aux roues et aux chevalets:

et que tu sois pendu, après avoir souffert tous les tourments possibles...

ADRIEN.

Tu préviens, ô tyran, les plus vifs désirs de mon âme : ne sais-tu pas depuis longtemps que je brûle de souffrir en brave et de mourir en héros ? Pourquoi tardes-tu ?... (*Nathalie paraît.*)

SCÈNE V

NATHALIE, GALÈRE-MAXIMIEN, ADRIEN.

NATHALIE, *rentrant.*

O Dieu ! soyez mille fois béni ! Son sort sera le mien, sa mort sera la mienne. Adrien, mon fidèle Adrien, Nathalie veut t'accompagner au supplice, être témoin de ton triomphe, mêler son sang à ton sang, et partager ton trépas. De grâce, ô tyrans, ne me refusez pas ce bienfait précieux : je sens que j'ai d'Adrien et le cœur et l'audace...

GALÈRE MAXIMIEN.

Je sais, femme maligne, que tu brûles d'accompagner ton époux à la mort ; mais avant d'exhaler ton dernier soupir, nous saurons te faire expier la criminelle astuce par laquelle tu as séduit Adrien et en as fait un ministre infidèle.

ADRIEN.

Jamais, depuis vingt ans, la moindre infidélité ne souilla le cœur d'Adrien : si se déclarer chrétien, c'est un crime, je suis tout fier d'être criminel en ce point.

GALÈRE MAXIMIEN.

Ainsi donc, ô Adrien, tu oses refuser ton encens à nos dieux !

ADRIEN.

L'encens n'appartient qu'à mon Dieu seul, au souverain Maître de toutes les créatures. Et que doit-on à des dieux qui ne sont rien, à des dieux que vous n'adorez vous-même qu'en riant?

GALÈRE MAXIMIEN.

Est-ce ainsi, dieux immortels, que vous vous laissez insulter de la sorte? Une pareille audace peut-elle se trouver dans un faible mortel? Infâme Adrien, on va t'apprendre à mieux parler des dieux... Frappez, déchirez-le, bourreaux; écrasez ce monstre infernal... qu'il tombe enfin sous vos coups, ou bien qu'on en fasse la digne pâture des lions...

ADRIEN.

Satellites, vite à l'œuvre, je brûle de souffrir et de mourir pour le Roi des rois... Bientôt Nathalie...

NATHALIE.

Non, mon époux, vous ne mourrez point sans

votre épouse. Je vous suis, cher Adrien, je veux combattre et périr avec vous.

GALÈRE MAXIMIEN.

Tu la suivras plus tard cette victime de ta perversité, et tu n'auras pas la gloire de mourir avec lui. Il va mourir ton Adrien; et c'est toi qui le condamnes à la mort. L'arrêt en est porté : mais tu lui survivras pour garder sur ton front le cachet de l'homicide et de l'infamie! (*Il sort avec sa suite.*)

SCÈNE VI

NATHALIE, ADRIEN.

NATHALIE.

Vous venez de l'entendre, cher Adrien; votre heure va sonner; mais serait-il donc vrai qu'elle ne sera pas la mienne? La mort viendrait-elle nous séparer? Et le Ciel nous refuserait-il de quitter la terre tous les deux à la fois? Et vous pourriez, Adrien, m'abandonner à l'insolence de nos tyrans? Non, non, il faut que je parte avec vous : là haut ensemble, ensemble et pour toujours...

ADRIEN.

Oui, toujours ensemble, à la vie et à la mort, dans le temps et dans l'éternité. Et si j'obtenais le premier la palme des vainqueurs, chère Nathalie,

je viendrai te chercher pour t'associer à ma gloire...
Mais voici la hideuse cohorte : entends-tu ces barbares lions qui accourent en mugissant. Va, laisse-moi seul un instant; je saurai t'appeler à mon dernier combat. (*Elle sort.*)

SCÈNE V

ADRIEN et quelques-uns de ses compagnons.

ADRIEN.

Voici, amis fidèles, voici enfin l'heure de la lutte suprême, l'heure pour moi de braver les tourments et la mort : jusqu'ici, je suis toujours sorti vainqueur de la lice, j'espère triompher jusqu'à la fin.

UN DES CHRÉTIENS.

Que vous êtes heureux, cher Adrien, de quitter le royaume des tyrans, pour aller régner au ciel! Ah! du haut de votre trône, vous vous souviendrez de vos pauvres exilés!

ADRIEN.

Courage, athlètes de Jésus-Christ; quand je serai entré dans le ciel, vous serez vous-mêmes à la porte du séjour fortuné! Adieu, jusqu'à demain; au revoir et dans le ciel! (*Ils sortent en répétant : Adieu jusqu'au ciel.*)

SCÈNE VIII

GALÈRE-MAXIMIEN, ADRIEN.

GALÈRE MAXIMIEN.

Je viens encore, cher Adrien, et cette fois, j'arrive en père ; je viens, le cœur plein de bonté pour toi ; je viens avec le pardon, avec la grâce, si tu le veux : non, non, tu ne saurais être sourd à la voix de Galère qui t'aime et veut te sauver : non, tu n'es pas une femme, tu es un homme digne de mes faveurs. Au nom de Rome et de tes nobles ancêtres, laisse-moi de côté le Christ et sa folie. Reviens à Jupiter, reviens à nos divinités qui font la gloire du Capitole, et qui savent bénir leurs fidèles serviteurs. De grâce, écoute ma parole, et je te promets le second rang dans mes états ; et ton nom glorieux sera béni de tous nos descendants.

ADRIEN.

Merci de tes faveurs, ô magnanime Galère : depuis que j'appartiens à Jésus-Christ, je ne fais plus aucun cas des biens et des honneurs de ce monde. Ah ! si tu connaissais combien mon sort est doux, combien mes liens sont délicieux, tu te ferais chrétien, ô puissant empereur ; et tu laisserais à l'instant le diadème pour les chaînes du Roi des rois. Pour quelques moments de tribulations, nous sommes assurés d'un poids éternel de gloire. Ah! garde pour d'autres tes biens, tes palais, tes faveurs, et laisse-moi monter vers la cité des bienheureux. A moi le ciel, à toi tous les royaumes de ce monde; je n'en veux point.

GALÈRE MAXIMIEN.

Un mot, un seul mot de ta bouche, pour implorer la puissance de nos dieux, et je brise tes fers, et tu recouvres la liberté...

ADRIEN.

Je ne veux d'autre liberté que celle des enfants de Dieu. Tous vos dieux ne sont qu'une vile poussière: comment veux-tu que je puisse invoquer la pierre ou le bois, fléchir le genou devant de vaines idoles?

GALÈRE MAXIMIEN.

Mort, mort au blasphémateur! Gloire à qui inventera contre lui les plus cruelles tortures! Gloire à qui nous délivrera le plus tôt de ce monstre exécrable!

ADRIEN.

Je ne connais pas d'autres monstres que les tyrans, ivres de sang, qui ne travaillent qu'à dépeupler la terre.

GALÈRE MAXIMIEN.

Qu'on t'écrase à l'instant.

ADRIEN.

Mais c'est là toute ma gloire.

GALÈRE MAXIMIEN.

O descend dans les enfers.

ADRIEN.

Je vais monter aux cieux.

GALÈRE MAXIMIEN.

Broyez-le sur l'enclume.

ADRIEN.

Je serai plus léger.

GALÈRE MAXIMIEN.

Qu'on jette au bûcher tout son corps mutilé.

ADRIEN.

Et du milieu de vos feux, mon âme s'envolera rapidement au ciel.

GALÈRE MAXIMIEN.

Allez, et qu'on exécute tout selon mes volontés : que dans quelques minutes on ait consommé cette terrible immolation.

ADRIEN.

Pourquoi pas maintenant, barbares? vous retardez mon bonheur. O mes amis, ô chère Nathalie!... C'est donc enfin le moment fortuné. (*On le traîne au supplice.*)

SCÈNE IX

LES CHRÉTIENS formant le chœur.

CHŒUR CHRÉTIEN.
(Air n° 15 : *Armons-nous*, etc.)
Eh bien ! chrétiens, soyons soldats...

SOLO.

Les loups sont dans la bergerie...
Ils égorgent notre Adrien ;
Imitons ce noble chrétien,
Nous aurons la palme chérie.

CHŒUR.

Eh bien ! etc.

UN CHRÉTIEN.

Adrien doit être au ciel... Il me semble que j'ai vu monter son âme, qui s'élevait au-dessus des flammes, escortée par les anges ; je la vois pénétrer dans le palais du grand Roi, toute étincelante de beauté, et recevant la couronne des vainqueurs... O spectacle ravissant ! Adrien, saint Adrien... souvenez-vous de vos frères !

SCÈNE X

NATHALIE (*rentrant*).

Le sacrifice est accompli, la victime immolée ! Adrien est au ciel ! Il vient de faire la mort d'un

athlète invincible! Je bénis le Seigneur, et je suis contente d'avoir pu recueillir son sang et son dernier soupir : je bénis mon Sauveur de m'avoir rendue témoin de tant d'héroïsme et de cruauté. O spectacle déchirant et glorieux! J'ai vu tout à la fois la douceur de l'agneau, la force du lion et la fureur des tigres! Je porte dans mes mains les traces de ce sang chéri que je baise avec un saint respect : je l'ai vu jaillir sur moi, il coulait par torrent. O terre, tu as bu le sang de mon Adrien, tu me le rendras un jour! Puisse-t-il étouffer la colère des tyrans, enfanter de nouveaux martyrs, et multiplier les adorateurs du divin Maître! J'ai vu briser ses membres, j'ai vu brûler ses chairs et ses ossements précieux! Mais quand viendra le grand jour de la justice, ô juge des vivants et des morts, vous rebâtirez et revêtirez de gloire ce corps pulvérisé! Vous viendrez, mes enfants, prier sur sa cendre; et du haut de son trône, il vous soutiendra dans la lice! Non, Adrien n'est pas mort; oui, je sais qu'il est vivant, je l'aperçois dans le séjour de la gloire, je le distingue parmi les saints martyrs! Que dis-je? Je l'entends, il m'appelle; ne le voyez-vous pas? Adrien, je suis à toi... Adieu! chers enfants, je pars!... Je m'envole dans ses bras! O mort, que tardes-tu? Délivre-moi de cette prison charnelle! Adieu! Jésus vient me chercher! O mon cœur, cesse de battre, et donne vite ton dernier soupir! Adieu! adieu! Je prends mon essor! je m'envole au ciel!!!
(*Elle s'endort dans le Seigneur.*)

SCÈNE XI

Funérailles du couple martyr.

LES CHRÉTIENS à genoux.

SOLO.

(Air n° 27 : *D'un cœur plongé dans la tristesse*, etc.)

D'Adrien et de Nathalie,
Chantons, célébrons les combats.
Ils sont au sein de la patrie ;
Marchons et volons sur leurs pas.
Ils ont remporté la victoire,
Ils ont triomphé des tyrans :
Voulons-nous acquérir leur gloire ?
Soyons soldats et conquérants.

DUO.

Non, non, ne nous délaissez pas ;
Vous veillerez sur nous du haut de la patrie ;
Et parmi tant d'affreux combats,
Aimez, guidez toujours la famille chérie.

CHŒUR.

Triomphez donc, ô couple heureux !
Nous venons célébrer vos combats, votre gloire.
Triomphez donc, ô couple heureux !
Tirez-nous de ces lieux, au sein de la victoire.

FIN

MARTYRE
DE SAINT VICTOR

DRAME EN TROIS ACTES

A L'USAGE DES

COLLÉGES, PETITS SÉMINAIRES ET AUTRES MAISONS D'ÉDUCATION

PAR M. L'ABBÉ J***

LYON

P. N. JOSSERAND, LIBRAIRE-ÉDITEUR

PLACE BELLECOUR, 3

1867

(Tous droits réservés)

Besançon. — Imprimerie d'Outhenin Chalandre fils.

HISTORIQUE

Maximien, étant arrivé à Marseille en 266, les mains encore dégoûtantes du sang des martyrs de la légion thébaine, la consternation était grande parmi les fidèles. Pour enflammer leur courage, un officier chrétien, nommé Victor, allait, durant la nuit, de maison en maison, visiter les frères, et les préparer au martyre. Mais un jour, il est surpris dans l'exercice de son héroïque apostolat, et conduit devant les préfets de la ville, qui, ne pouvant le déterminer à renoncer à la foi, le renvoient à l'empereur. Maximien, malgré ses instances, ne réussit pas davantage, et dans un accès de colère, il le fait traîner, pieds et mains liés, dans la ville, pour y être exposé aux insultes de la populace. Après plusieurs genres de tortures, on le jette dans un cachot, où il convertit plusieurs de ses gardes, ce qui excite la fureur du tyran, et le fait condamner à de nouvelles épreuves. Enfin Maximien, pressant Victor d'adorer l'idole de Jupiter, et le généreux confesseur l'ayant renversée d'un coup de pied, l'empereur, transporté de rage, lui fait couper le pied, et ordonne de le jeter sous une meule de moulin. Mais la machine s'étant rompue, on achève de tuer le saint martyr, en lui tranchant la tête. Victor était illustre par ses vertus et sa naissance.

PERSONNAGES

MAXIMIEN, empereur.

EUTICIUS, ASTERIUS, préfets.

Les gardes.

VICTOR, officier chrétien.

ALEXANDRE, FELICIANUS, LONGINUS, soldats convertis par Victor.

MARTYRE
DE SAINT VICTOR

DRAME EN TROIS ACTES

PREMIER ACTE

SCÈNE I

VICTOR et sa suite.

CHŒUR CHRÉTIEN.

(Air n° 12 : *Pourquoi ces vains complots*, etc.)

Jésus nous appelle à la gloire,
Nous saurons combattre et périr ;
Voici le jour de la victoire,
Pour son Dieu le chrétien doit mourir. } *bis*.

VICTOR.

SOLO.

En vain, ô fiers tyrans, votre main meurtrière,
    Fait couler le sang à grands flots,
Ce sang devient fécond ; de sa noble poussière
    S'élève un essaim de héros.
    Triomphant de votre furie,
    Nous bravons vos tourments, vos fers ;
    La mort nous ouvre la patrie,
    Et nous vous laissons les enfers.

CHŒUR.

Jésus nous appelle...

VICTOR.

Nobles frères, dignes soldats de Jésus-Christ, n'avons-nous pas raison de chanter aujourd'hui l'hymne des victoires? Car voici le temps des grands combats. Après avoir commis bien des horreurs, les mains encore teintes du sang de nos valeureux Thébains, il arrive parmi nous, plus furieux que jamais, il vient ce monstre hideux, cruel, qui n'a pas son égal au fond même du Tartare : plus il s'est gorgé de sang et de chair humaine, plus il a faim et soif. Tel on voit le lion, lorsqu'il arrive du carnage, chercher avec fureur de nouvelles proies, ainsi Maximien vient parmi nous préparer une nouvelle pâture à ses appétits brutaux. On dit qu'il est surtout friand de la chair des soldats chrétiens; et comme il n'en a plus trouvé depuis la boucherie d'Agaune, il aurait, dit-on, jeté les yeux sur moi, comme sur une proie plus délicate et plus tendre; et il aurait juré par tous ses dieux de m'immoler à sa voracité. Eh bien! s'il me veut en pâture, Victor est toujours à sa disposition : je ne désire que le sort des magnanimes Thébains; comme eux je pourrais vendre chèrement ma vie; j'ai des compagnons d'armes qui n'ont jamais tremblé dans les combats : Mais pourquoi résister? Pourquoi fuir la mort pour Jésus-Christ? puisque c'est là pour des chrétiens le plus magnifique des triomphes. Satellites du tyran, arrivez donc quand vous voudrez, arrivez sans trembler ; vous n'éprouverez aucune résistance...

UN PREMIER SOLDAT DE VICTOR.

Mais quoi ! illustre capitaine, pourrions-nous rester les bras croisés, pendant que les tigres viendraient nous enlever, pour le déchirer devant nos yeux, celui qui est l'honneur de notre légion, et la gloire de la cité, celui qui s'est sacrifié tant de fois pour notre défense ? impossible à nous de contenir les saintes ardeurs de notre colère, quand nous verrons les bêtes féroces se jeter sur vous, pour vous dévorer : non, non, on ne pourra se saisir de votre personne, qu'en brisant nos armes, et en marchant sur nos cadavres ! Ne trouvez donc pas mauvais, ô magnanime Victor, que nous voulions vous faire un rempart de nos corps.

VICTOR.

Je ne doute pas, mes bons amis, de votre bravoure et de votre dévouement pour moi, et je vous en remercie avec une fierté reconnaissante : mais je vous prie de laisser les desseins du ciel s'accomplir sur moi : aux méchants la vengeance, et volons librement au martyre. Votre vigueur et votre courage héroïque, gardez-les pour affronter les tourments et la mort.

UN DEUXIÈME SOLDAT.

Nous sommes loin, noble chef, de contrarier la générosité de vos desseins : et puis qu'à l'exemple de Maurice et du divin Maître, vous ne voulez pas que nous tirions l'épée contre vos bourreaux qui sont les nôtres, nous accomplirons, comme toujours, vos moindres volontés. Mais si notre épée doit rester dans le fourreau, qu'il nous soit au moins donné de marcher sur vos traces et de partager votre trépas glorieux.

UN TROISIÈME SOLDAT.

Nous savons, ô Victor, que nous sommes loin d'égaler la grandeur de votre courage ; car le ciel vous a doué d'une vertu divine et incomparable; mais néanmoins nous nous sentons la force de vous accompagner au combat et de mêler notre sang au vôtre.

UN QUATRIÈME SOLDAT.

Notre immolation auprès de la vôtre aura peu d'importance; car pour vous, illustre chef, vous sacrifiez un brillant avenir, un héritage magnifique ; mais pour nous, nous avons tout à gagner, en mourant pour Jésus-Christ, puisque nous n'avions ici-bas que la misère en partage ; nous espérons toutefois que le divin Maître voudra bien agréer notre légère oblation.

UN ENFANT CHRÉTIEN.

Et nous aussi, quoique plus jeunes, nous voulons

marcher à la mort; ne comptez pas nous laisser seuls sur la terre, en vous acheminant vers le ciel : notre sang pour Jésus-Christ veut aussi se répandre.

VICTOR.

Les cœurs jeunes et tendres sont surtout chers au divin Maître : il aima Jean d'un amour particulier, il aima David, il aima Samuël, il aima Daniel et ses compagnons, et il opéra par eux de grands prodiges; il nous aime nous-mêmes, et il va nous témoigner sa tendresse, en nous accordant la belle palme du martyre. Préparons-nous donc pour l'heure du sacrifice, et attendons de pied ferme le glaive du bourreau. Et que pourrait sur nos âmes la fureur des tyrans, puisque c'est en Jésus que nous puisons la force et la vie? C'est en vain qu'ils viendront étaler à nos jeunes regards l'or, le fer et la flamme : on triomphe de tout, quand on est soldat de Jésus-Christ. Mais pendant que les satellites aiguisent leur fer, ne perdons pas un temps si précieux; et puisque tout chrétien doit être apôtre et conquérant, hâtons-nous de gagner des cœurs et des âmes à Jésus : et en leur montrant la divine lumière, plaçons-les dans la seule voie qui mène au ciel.

UN JEUNE CHRÉTIEN.

Si déjà je connais et adore le Christ, mon Sauveur; si dans le sein de la cité un grand nombre de jeunes chrétiens de mon âge, si même dans l'armée plusieurs soldats et capitaines se rangent avec orgueil autour de la croix, n'est-ce pas à la voix du grand Victor que nous sommes redevables de ce bonheur et de ces brillantes conquêtes?

VICTOR.

Non, non, mes amis, ce n'est pas à la voix d'un faible mortel qu'il faut attribuer les prodiges, mais bien à la voix de l'Esprit saint, qui seul a la vertu de convertir les âmes et de briser les cèdres du Liban. Puisse-t-elle se faire entendre plus que jamais d'un bout du monde à l'autre, cette voix puissante qui doit convertir l'univers entier : et en attendant que l'œuvre de Dieu se fasse, entonnons ensemble l'hymne du combat et du triomphe; ou plutôt, laissez-moi chanter, et vous répondrez en chœur:

SOLO.

(Air n° 25 : *Quel bruit*, etc.)

Venez bourreaux, tyrans perfides,
Nous bravons vos coups et vos feux :
De mourir nous sommes heureux;
Accourez, soldats homicides.

CHŒUR.

Avec Victor soyons soldats,
Courons, volons à la mort, à la gloire :
Dieu, qui nous appelle aux combats,
Saura nous donner la victoire.   (*bis.*)

(Ils sortent.)

SCÈNE II

MAXIMIEN, EUTICIUS et la suite de l'empereur.

MAXIMIEN.

Nous en viendrons à bout de ces chrétiens audacieux, fanatiques, qui courent à la mort comme à la victoire. Elle est enfin châtiée l'insolente opiniâtreté des Thébains : deux fois je les ai fait décimer; et on a massacré, jusqu'au dernier, tous les membres de ce bataillon. Nos dieux sont justement vengés, et l'univers bientôt sera purgé de cette race immonde, qui se glorifie d'avoir le Christ pour père et pour Dieu. J'ai bu de ce sang chrétien, j'en ai fait couler en abondance. Mais plus on en boit et plus on se sent altéré : et depuis que pour venger l'honneur de notre culte, j'ai exercé ma furie contre les chrétiens, je me crois plus heureux et content ; la victoire, fidèle à ma voix, ne cesse d'accompagner nos aigles triomphantes ; la religion devient prospère, et l'empire florissant, et le nom des Césars est béni d'un bout du monde à l'autre.

EUTICIUS.

O puissant empereur, vous qui êtes le soutien de la patrie, la terreur des chrétiens et le fléau des scélérats, qu'ils sont nombreux et éclatants vos trophées glorieux, depuis que vous travaillez avec tant de zèle à propager la gloire de nos dieux. Partout où vous portez vos pas, le son de votre voix fait courber tous les peuples sous l'empire de nos armes. Vous n'avez qu'à parler, et les chrétiens effrayés rentrent comme des loups au fond de leur tanière. Et que sont tout à coup devenus ces dix mille Thébains qui croyaient imposer leur Christ à toutes nos armées ? On les a moissonnées ces herbes vénéneuses, on en a purgé le sol sacré de la patrie... Ainsi seront exterminés les ennemis des dieux, tant que nous vous posséderons pour défendre nos glorieux autels.

MAXIMIEN.

Oui, mes enfants, amour à nos dieux et gloire à la patrie : c'est là tout ce que je veux ; c'est là mon véritable bonheur, et si en pénétrant dans cette antique cité, qui fut depuis longtemps un sanctuaire vénérable, je trouvais parmi les braves Marseillais un seul partisan du Christ, je veux périr moi-même, s'il ne meurt à l'instant.

SCÈNE III

MAXIMIEN, ASTÉRIUS et la suite de l'empereur.

ASTÉRIUS.

Hélas ! ô empereur, vous arrivez fort à propos dans cette ville; car vous y trouverez... Oui, un chrétien, un officier chrétien, un soldat intrépide que nous avons juré d'immoler à la gloire des dieux... On l'a vu quitter le camp pendant la nuit, pour aller de sa voix perfide réunir et haranguer le peuple. Il va, dit-on, d'une maison à l'autre, et jusque dans les prisons, pour faire des conquêtes. Déjà plusieurs aveugles se laissent séduire et entraîner par ses fausses paroles. Et au lieu de rougir, la plupart de nos jeunes gens sont tous fiers de marcher sur ses pas. César, ce jeune soldat ferait du mal dans l'armée et dans la ville : il faut qu'un juste châtiment...

MAXIMIEN.

J'ignorais, mon ami, s'il y avait, dans cette contrée, un tel audacieux... et ce qui m'étonne étrangement, c'est qu'on ne se soit pas encore emparé de sa personne... N'avez-vous pas mes ordres et mon pouvoir?... Mais hâtons-nous de le connaître : son nom... et sa famille?...

ASTÉRIUS.

Sa famille est célèbre, son nom est Victor. Non moins riche en vertus qu'en fortune et en noblesse, il fait les délices du soldat et la gloire de Marseille. Jamais peut-être, ô empereur, on n'avait vu tant de belles qualités réunies dans une âme; aimable et brillant en société, il est intrépide dans les combats; on dit qu'il a vraiment reçu tous les dons d'Apollon : son cœur est noble, généreux, sa beauté ravissante ; nous aurions un trésor précieux dans ce jeune guerrier ; mais l'ayant contre nous et nos dieux, c'est un fléau terrible, qu'il faut promptement livrer au glaive des bourreaux : plus nous laisserions le loup dans le bercail, plus il nous ferait de ravages...

MAXIMIEN.

Vous avez trop tardé de faire égorger ce monstre. Mort à Victor dont vous venez de me vanter la belle âme ; plus il a de vertus, plus il me paraît digne d'être immolé. Ne savez-vous pas que les vertus du chrétien sont de l'hypocrisie, et que sous des dehors trompeurs, il cache toujours un cœur perfide ? Que dis-je ? le seul titre de chrétien et d'apostat, ne fait-il pas de tout homme un scélérat insigne ? En vain descendrait-il du premier des Gaulois, serait-il même une divinité nouvelle, ou quelque messager des dieux, je ne le trouve que plus coupable de propager le culte hideux du Christ. Quoiqu'il en soit du reste, son règne va bientôt finir ; pour lui, le moment suprême est arrivé ; et afin de le juger publiquement, je veux le voir de près, l'étudier à loisir devant mon tribunal : qu'on me l'amène bientôt, qu'on l'amène solennellement et en chantant les airs de la victoire. (*La toile se baisse*).

FIN DU PREMIER ACTE.

DEUXIÈME ACTE

SCÈNE I

MAXIMIEN seul.

Dans ces belles contrées, dans cette ville auguste, où tant d'hommes fameux se distinguèrent dans les arts et les sciences, et où le culte de nos dieux règne d'une manière si florissante, pouvais-je m'attendre à trouver un homme, un soldat éhonté, qui se révolte contre nos puissantes divinités, et déserte lâchement leurs autels ? Et ce jeune guerrier est l'honneur de la cité, l'orgueil de nos troupes ! et un noble sang circule dans ses veines, car il descend, dit-on, d'une illustre famille ! O terre jadis célèbre, et aujourd'hui, peut-être, indignement profanée !... O cité superbe, couvre-toi du manteau de deuil !... fais entendre de justes gémissements... Que veux-tu faire de tes enfants ? que vas-tu faire de ta gloire ?... quoi donc, déjà le Christ commence à régner ici en souverain, faisant flotter son étendard, et souillant ces saints lieux de son infâme présence ! et l'élite de tes bataillons, des guerriers valeureux deviennent sous tes regards de vils apostats ! et un jeune et téméraire officier, un enfant de quelques années... O montrez-vous, Jupiter, lancez, lancez la foudre : écrasez, réduisez en poussière ce superbe avorton et sa bande sacrilége. Pour vous et les dieux de l'Olympe, je n'ai cessé de combattre, et mon bras est fatigué ! C'est à vous de prendre en main notre cause qui est la vôtre. Depuis longtemps je suis à guerroyer, sans prendre aucun instant de repos. Que de jours et de nuits pendant lesquels le doux sommeil n'a jamais fermé ma paupière !... Divin Morphée, pourquoi n'as-tu des faveurs que pour les autres mortels ?... ne viendras-tu pas enfin ?... (*Il s'endort.*)

SCÈNE II

Les chrétiens et les païens chantent ensemble derrière la coulisse et comme dans le lointain.

CHŒURS.

CHŒUR PAÏEN.

(Air n° 25 : *Quel bruit*, etc.)

Mort, honte à l'infâme soldat ;
Mort à Victor, et honte à sa victoire :
Mort au misérable apostat ;
Sa mort souillera sa mémoire.   (*bis.*)

SOLO PAÏEN.

Il faut que son infâme race
Ne règne plus dans l'univers ;
Nous saurons lui forger des fers :
Non, on n'en verra plus de trace.

CHŒUR.

Mort, honte, etc.

CHŒUR CHRÉTIEN.

Honneur au généreux soldat ;
Gloire à Victor, honneur à sa victoire :
Non, ce n'est pas un apostat ;
Sa mort grandira sa mémoire.   (*bis.*)

SOLO CHRÉTIEN.

Il faut que sa divine race
Règne toujours dans l'univers ;
Nous saurons briser tous vos fers :
Et de ses pas garder la trace.

CHŒUR.

Honneur, etc.

(Ils reprennent leur chœur ensemble en entrant.)

SCÈNE III

MAXIMIEN, VICTOR, CHŒURS.

MAXIMIEN *se réveillant.*

Quel est donc ce chant étrange qui vient de me réveiller? des voix à l'unisson, et des cœurs qui sont en guerre... pour quoi, pour qui ces airs de mort?... Serait-ce Victor qui demanderait d'être immolé?... Non, non, Victor n'est pas un fou, c'est un soldat illustre, dont la conduite est noble, et dont le nom nous est singulièrement cher. S'il fallait à l'instant même mourir de la mort des braves, nous savons que Victor serait le premier à marcher... Mais il a trop de cœur, et jamais son âme magnanime ne le fera périr dans un trépas infâme... Nous connaissons Victor, ses nombreux exploits, son zèle pour nos divinités, son amour pour la patrie ; il est le favori des Césars et l'orgueil de Rome ; un brillant avenir doit illustrer sa belle vie...

VICTOR.

Pour répondre, ô César, à tous vos discours flatteurs, non je n'ai pas suivi et ne veux jamais suivre le sentier de la honte et de l'infamie ; car j'ambitionne le divin sort de Maurice et de ses glorieux compagnons d'armes... Non, non, Victor n'est pas un fou ; les fous sont les maîtres cruels qui veulent écraser sous leurs chars tous les enfants du Christ ; les fous sont les tyrans qui mangent ou font manger notre chair, et qui dernièrement ont dévoré les légions thébaines ; les fous sont les Romains orgueilleux qui, devant leurs fausses divinités, travaillent à faire fléchir et la terre et les cieux ; les fous sont tous les païens qui, à des dieux de pierre osent offrir leur encens et leurs vœux. Mais les sages sont ceux qui, au milieu du danger, fidèles au devoir, savent fouler aux pieds vos honneurs et vos tortures ; les sages sont ceux qui, tout en servant les Césars, savent suivre le Christ et sa croix, obéir à Dieu plutôt qu'aux hommes. Oui, sans être un héros, j'ai porté les armes pour Rome; contre tous ses ennemis mon bras a combattu; et on dit que Victor eut sa part à l'honneur des combats : je n'ai pas à rougir de mon antique famille; et les enfants de la cité n'ont jamais rougi de moi. Or, c'est pour ennoblir mon nom et celui de mes ancêtres que j'adore Jésus-Christ et déteste vos dieux. Jamais vos tourments, ni vos faveurs ne vaincront ma constance. Vous connaissez des Thébains le courage héroïque; eh bien! comme eux je veux lutter et mourir triomphant : la mort pour Jésus-Christ, c'est notre plus beau triomphe; elle couvre les chrétiens d'une immortelle gloire.

MAXIMIEN.

Mais puisque la mort est pour toi une insigne faveur, nous saurons bientôt t'accorder ce que tu désires si ardemment. Toutefois, avant de mourir je veux qu'on te mène en triomphe dans la cité, et ta noble famille sera toute fière d'accompagner son noble fils; elle te bénira, je pense, de ton glorieux sort... Mais comme par la puissance de ton bras, tu pourrais peut-être faire tomber sur nous la foudre vengeresse; tu voudras bien, ô Victor, te laisser enchaîner... ce sera un nouveau moyen d'illustrer ta mémoire...

VICTOR, *pendant qu'on l'enchaîne.*

O quel bonheur pour moi d'être enchaîné! liens

chéris, liens glorieux, recevez mes tendres embrassements... Que sont, ô César, vos bracelets et vos couronnes vis-à-vis de mes chaînes? quand on est innocent, les liens ne sont-ils pas une gloire? les porter pour l'aimable Jésus qui les porta pour nous, c'est tout notre bonheur. Et maintenant, ô prince, vous pouvez à volonté braver mon impuissance, pour moi je me sens le courage de mépriser toute votre puissance. Je puis tout en mon Sauveur qui va me soutenir, et toutes vos divinités sur moi ne pourront jamais rien.

MAXIMIEN.

Mais pour couronner ta marche glorieuse, et te reposer quelques instants de ta course triomphante, tu voudras bien aller en prison, ô héros invincible.. et pour t'empêcher de prendre ton vol vers les cieux, tu nous laisseras briser, écraser ton corps sous nos pieds; ton Dieu, sans doute, n'oubliera pas de venir te prendre dans le sein de la poussière...

VICTOR.

Blasphémateur impie, pourquoi perdre du temps dans la sotte ironie de tes discours? hâte-toi de déchirer et de pulvériser mon corps; le Dieu qui m'a créé par un seul acte de sa puissance, saura me ressusciter un jour, et retrouver toutes les parcelles de mon corps... ce sera pour lui le grand jour des vengeances, le jour de glorifier les martyrs et de châtier les tyrans ; alors enfin et pour toujours auront cessé tous vos airs de triomphe...

MAXIMIEN.

Avant de voir ton juge et son terrible visage, je vais me hâter d'imposer un frein à ton audace... Bientôt, mes amis, nous allons voir si le Dieu de Victor viendra le visiter et l'arracher au trépas... allez, et que de point en point on exécute fidèlement l'arrêt : le temps me presse de châtier sa superbe insolence.

VICTOR.

Commande, exerce contre moi les tortures les plus affreuses, tu préviendras, ô César, mes vœux les plus ardents.

(On l'emmène et les deux chœurs chantent à la fois.)

SCÈNE IV

MAXIMIEN seul.

Mais d'où vient aux chrétiens une fureur, un courage pareils ? A Lyon, à Marseille, partout c'est la même constance. Je m'étais figuré que le supplice des Thébains jetterait l'épouvante dans tout le pays des Gaules, et partout je ne trouve qu'un redoublement d'audace. C'est donc en vain que je multiplie la mort et les menaces... Je rencontre des

chrétiens en tout lieu... ils naissent sous mes pas...
et plus je les décime, et plus je vois s'accroître leur
nombre et leur orgueil... Mais ils ont beau braver
ma puissance; tant que j'aurai une goutte de sang
dans les veines... tant que le cœur de César aura
un seul soupir, je ne cesserai de leur faire une
guerre mortelle... et avant d'expirer moi-même,
je veux et j'espère anéantir Victor et son Christ!...
Mais si du moins dans cette sainte guerre, un aimable sommeil venait réparer mes forces épuisées...
(*Il s'assied.*) Hélas! quand je veux dormir... j'ai
des songes effroyables... (*Il sommeille.*) J'entends
des voix... des cris... des hurlements affreux... Ce
sont des enfants... des vieillards... venant me demander le sang de leurs parents et de leurs frères...
Puis paraissent devant mes yeux des glaives vengeurs... des spectres... des monstres horribles...
(*Il rêve en dormant.*) Tu as vaincu, Maurice... à toi
la gloire... à Maximien la honte... le désespoir...
Thébains... soldats héroïques... point de pardon
pour votre tyran... à moi, grand Jupiter... déli-
vrez-moi du Christ... Victor, seras-tu vainqueur?...
serai-je maître de toi?... malheur à moi... malheur
à Rome... victoire aux chrétiens... un infâme crucifié... (*Pendant le rêve de Maximien, deux de ses serviteurs entrent.*)

SCÈNE V

MAXIMIEN et ses serviteurs.

LE PREMIER SERVITEUR, *à voix basse.*

C'est vraiment incroyable ; ah ! quel sommeil agité ! quels rêves effrayants ! un puissant empereur qui ne peut pas même goûter un instant d'un paisible repos ! hélas ! qui pourrait envier le sort de nos tyrans ?

LE DEUXIÈME SERVITEUR, *à voix basse.*

C'est le poids du remords qui le tourmente et l'écrase pendant son sommeil ; c'est le sang innocent qui crie vengeance et vient troubler son âme effrayée.

MAXIMIEN, *endormi.*

Il mourra, l'orgueilleux... je veux qu'on le réduise en poudre... mort à lui... à tous les siens... à sa hideuse race... mort... mort au Christ...

LE PREMIER SERVITEUR, *à voix basse.*

Quel front hideux ! quelle horrible figure !... ne dirait-on pas un lion qui s'endort au milieu du carnage ?... mais il agite la tête... il va...

MAXIMIEN, *se réveillant*

Eh bien ! d'où venez-vous ?... parlez-moi de

Victor... a-t-elle été bien belle, sa marche triomphante ? Grands dieux ! je dormais... non je rêvais...

LE DEUXIÈME SERVITEUR.

Nous l'avons vu, César; nous avons pu admirer sa fière démarche, son port majestueux, son superbe langage...

LE PREMIER SERVITEUR.

Et dans le sein même de l'humiliation, il n'a trouvé que de la gloire : et maintenant plus que jamais il est adoré dans la ville... j'ignore si déjà même on ne l'a pas enlevé aux soldats, pour le porter en triomphe.

MAXIMIEN.

Mais n'avais-je pas commandé de le juger à l'instant? l'a-t-on fait paraître devant les tribunaux?

LE DEUXIÈME SERVITEUR.

En tout point Victor a triomphé des juges; et on est encore tout étonné de la force et de la hardiesse de ses réponses.

LE PREMIER SERVITEUR.

En vain fait-on briller à ses yeux l'or, le fer et la flamme, rien ne saurait ébranler son courage invincible. Et quand on l'accusait de rebellion contre les Césars et la patrie, il ne faisait que prôner son innocence, et reprocher aux tyrans leur inique et impuissante colère.

MAXIMIEN.

Mais que pense-t-il enfin, et que dit-il de nos dieux?

LE DEUXIÈME SERVITEUR.

Nos divinités, César, ne sont rien à ses yeux. Les montrer à tout le monde sous des images affreuses, faire à leurs statues les plus sanglants outrages, prodiguer à son Christ tous ses vœux les plus ardents, tel est le rôle de Victor, tel est son bonheur. Nos dieux, à l'entendre, sont des monstres impudiques, voleurs, barbares, parricides... Il n'y a que le Christ qui soit Dieu, qui soit maître et créateur de toute chose; lui seul est grand et puissant, bon, saint et éternel. Tous nos dieux sont indignes du cœur humain; et ils ne sont pas même un atôme vis-à-vis de ce Christ incomparable.

LE PREMIER SERVITEUR.

En vain les préfets et leurs ministres rivalisent de zèle et de fureur pour exécuter vos ordres et pour exterminer ce jeune et grand criminel, c'est un invincible lion qui triomphe de tout et inspire autour de lui la terrreur, par sa voix ou son regard formidable. Quand on le croit écrasé sous le poids des tourments, il n'a qu'à invoquer son Christ ou à regarder la croix, pour sortir vainqueur de l'épreuve. Au moment de le voir expirer, c'est alors que lui vient la victoire.

MAXIMIEN.

Nous saurons triompher de l'indomptable lion : qu'on le précipite au fond d'un noir cachot : nous verrons si son grand Dieu, de ses mains souveraines, viendra briser ses liens et l'arracher de la prison. Si dans une heure, je n'ai pas triomphé de Victor, je veux, ô Jupiter, périr moi-même de la mort la plus cruelle ! Entonnez, fidèles serviteurs, l'hymne de la victoire. (*Il sort.*)

SCÈNE IV

LES SERVITEURS formant le chœur.

CHŒUR PAÏEN.

Mort, honte à l'infâme soldats... (*Ils sortent.*)

FIN DU DEUXIÈME ACTE.

TROISIÈME ACTE

SCÈNE I

VICTOR seul dans sa prison.

O Dieu, soyez béni de mon bonheur ; et je vous remercie du glorieux sort qui vient de m'échoir !... je suis votre captif ! (*Il baise ses fers.*) O chaînes de Jésus, ô liens trois fois sacrés, je vous embrasse avec amour ! par vous bientôt je vais ravir la palme des vainqueurs ! ah ! qu'il est doux à Victor de pouvoir dès le jeune âge porter pour son Dieu les fers de la persécution ! Depuis que j'appartiens à Jésus, mon divin Roi, jamais je n'avais éprouvé autant de bonheur. O Jésus, qui donnez la palme aux martyrs, préparez à votre Victor la couronne de gloire ; et pendant que les tyrans méditent mon trépas, (*il s'assied*) je vais m'endormir tranquillement sous vos yeux ; m'endormir comme l'enfant entre les bras de sa mère. Et que peuvent contre moi tous les Césars du monde ? toujours, contre le bras de mon Dieu, leur bras fut impuissant. En vain cherchent-ils la paix et le repos ; ils ne trouvent que les noirs remords et les insomnies cruelles ; et pendant que sur leur trône ils sont incessamment agités, le chrétien captif se repose paisiblement dans le Seigneur, son Dieu, il dort sous les regards de Jésus et de son ange gardien... des rêves délicieux, des voix toutes célestes viennent inonder son cœur de vives allégresses... je vais... j'entends... beau ciel!... palme immortelle!... (*Pendant qu'il sommeille, les soldats gardiens entrent.*)

SCÈNE II

ALEXANDRE, FELICIANUS, VICTOR.

ALEXANDRE, *d'un ton bas*.

O sommeil délicieux! Victor, sous le poids de ses chaînes, est plus heureux, et il dort plus tranquille que l'empereur dans son palais.

FÉLICIANUS.

Aviez-vous jamais entendu de si beaux rêves? ce n'est pas un homme qui parle de la sorte; c'est un ange terrestre qui s'entretient avec les anges du ciel : écoutez... prêtez l'oreille... quel divin langage!

VICTOR, *endormi*.

N'est-ce pas vous, mon doux Jésus? je connais... j'adore votre sainte face... voici votre Victor... il est tout prêt... parlez... que voulez-vous? je vois... j'entends mon Dieu... ô quel bonheur extrême!

merci, Maximien ; tu m'as ouvert le ciel... Entends-tu la voix de mon Maître ?...

SCÈNE III

UNE VOIX CÉLESTE, VICTOR, LONGINUS.

UNE VOIX CÉLESTE.

.(*Parlant au nom de Jésus du haut du théâtre.*) Réjouis-toi, Victor, c'est bien la voix de ton Jésus... tu peux dormir, rêver tranquillement... ne t'ai-je pas promis mon assistance, pour faire de toi un héros invincible ? l'enfant que je soutiens, peut braver tous les tyrans : et afin de charmer les ennuis de ton cachot, mes anges te diront bientôt de ravissants concerts.

VICTOR.

Je suis au ciel... à vous, Jésus, pour toujours...

LONGINUS.

Non, ce n'est pas une prison, c'est le séjour de la gloire. Quel bonheur, quel triomphe pour Victor ! à la voix de son Dieu, et sous les yeux des geôliers, Victor a vu tomber ses chaînes, et les verroux de son cachot se briser : il dort, il parle, il chante... avait-on jamais vu dans la cité un prodige pareil ? Jésus et ses anges font chorus avec lui, sans interrompre son sommeil... ô scène merveilleuse !

VICTOR.

Quel concert céleste! et quels chants mélodieux!
C'est à mon tour de chanter... (*Il murmure un air, et entonne à demi-voix l'hymne suivante :*)

SOLO.

(Air n° 18 : *Descends des cieux*, etc.)

O qu'il est doux, le rêve de mon âme!...
Je nage au sein des délices du ciel;
Un feu divin me transporte et m'enflamme...
Je vois Jésus... je suis aux pieds de l'Eternel... (*ter.*)

SCÈNE IV

CHOEUR, VICTOR et les chrétiens.

CHŒUR DES ANGES, *d'en haut le théâtre.*

(Même air.)

Réveille-toi, ô héros du jeune âge :
L'heure a sonné de marcher à la mort;
C'est le moment de montrer du courage :
Viens, tu seras vainqueur, la palme est à Victor (*ter.*)

VICTOR *se réveille et se lève pour chanter le dernier vers.*

Oui, je serai vainqueur, la palme est à Victor.

(*Réveillé.*) Non, ce que j'avais rêvé n'était pas un mensonge... J'entends à mon réveil ce que j'entendais durant mon sommeil... Ce sont les glorieux concerts des séraphins. Il paraît que sans tarder, je monterai au ciel : j'ai vu mon divin Jésus; il a brisé mes chaînes et a fait luire à mes yeux la couronne immortelle... Mais peut-être suis-je dans l'illusion : (*Il s'adresse à ses gardes.*) Parlez, mes chers amis; n'avez-vous rien vu, ni rien entendu durant cette heure sainte qui ne m'a duré qu'un court instant ?

ALEXANDRE.

Nous avons été, Victor, les heureux témoins de tous ces grands prodiges; et jamais nous n'avions vu de scène si ravissante.

FÉLICIANUS.

Ce langage sacré, ces voix, ces concerts qui venaient du ciel, ont rempli nos cœurs de transports inexprimables.

VICTOR.

Puisse l'esprit de mon Dieu éclairer vos esprits et vous embraser de sa divine flamme. J'ai cru connaître dans un songe...

LONGINUS.

Aimer, adorer votre Dieu, le servir comme vous faites à la vie, à la mort; mourir en remportant la palme des Thébains, serait pour nous, ô Victor, le comble de la gloire.

VICTOR.

Ensemble nous avons cueilli des lauriers sur les champs de bataille; puissions-nous ensemble conquérir des trônes immortels! O Jésus, vous que mon cœur adore, pour ces vaillants soldats j'implore votre puissant secours : ils veulent vous aimer, vous servir... braves et illustres compagnons, qui dans les champs d'honneur, fidèles à notre drapeau, servites la patrie avec amour; si vous aimez la véritable gloire, voici le jour du plus beau des triomphes: sans outrager votre César, sans transgresser aucune de nos lois, il s'agit en ce moment de vous déclarer pour le Dieu des chrétiens, de combattre pour lui, et de ravir, par la mort, l'immortelle couronne.

ALEXANDRE.

Victor, vous nous avez pu voir au milieu des combats; quand vous voudrez, nous serons fiers d'être les soldats de Jésus-Christ. Combattre pour un Dieu qui accorde le ciel pour prix de la vaillance, c'est le tendre objet de nos vœux. Ah! puissions-nous bientôt suivre de Jésus le glorieux étendard!

VICTOR.

Eh bien! sans plus tarder, soyez chrétiens, soldats du Roi des rois; vous êtes vraiment dignes d'un tel Maître. Désormais à lui seul offrez l'hommage de vos cœurs : en lui seul est la puissance, la gloire et la félicité parfaite. Allez, ne craignez rien, confiance en sa vertu divine qui va purifier vos cœurs dans les eaux du baptême, les remplir de ses vertus, les orner de ses dons : allez, et bientôt au ciel ensemble nous entrerons.

FÉLICIANUS.

Quand le Seigneur, par sa grâce puissante, aura effacé de nos âmes la tache originelle, nous volerons au combat, animés d'un feu divin, afin de nous immoler tous à Jésus crucifié. Et quand l'heure du martyre aura sonné, vous conduirez, ô Victor, la sainte et triomphante milice. Adieu, priez pour nous. (*Ils sortent.*)

SCÈNE V

VICTOR *à leur sortie.*

Courage, mes amis, nous allons bientôt monter à l'assaut, et nous envoler au ciel !

SOLO.

(Air n° 34 : *Toujours, toujours ravissante*, etc.)

O jour (*bis*) d'immortelle victoire,
Montre à nos yeux la palme du vainqueur !
O jour (*bis*) de triomphe et de gloire,
Tu vas combler les vœux de notre cœur !
Divin Sauveur, ô Epoux de notre âme,
Ouvre aux martyrs les célestes séjours !
Consume-nous de ta divine flamme ;
Mourir pour toi, c'est vivre pour (toujours ! *quater.*) } *bis.*

Ils sont à vous, ô grand Dieu, ces soldats magnanimes ; dans les eaux du baptême on a déjà purifié leurs cœurs ; ils sont à vous, ô Seigneur ; et en ce jour trois fois heureux, ils vont vous offrir avec courage le prix de tout leur sang. Ah! oui, combattre, mourir avec eux pour vous, c'est la seule gloire qu'ambitionne Victor... mais j'entends du bruit... *(On les ramène chargés de chaînes.)*

SCÈNE VI

VICTOR, LONGINUS, ALEXANDRE.

VICTOR.

Salut, dignes chrétiens, soldats sacrés, nobles enfants de Jésus-Christ dont vous portez les liens! Salut, ô saints captifs; vous voilà donc tout prêts pour le grand et suprême combat. Bientôt le diadème des élus va couronner vos fronts radieux...

LONGINUS.

Sur vos traces, ô Victor, nous voulons tous marcher ensemble : déjà pour Jésus, notre sang est prêt à couler.

TOUS TROIS ENSEMBLE.

Oui, oui, le martyre, la mort pour notre divin Maître...

VICTOR.

Soldats de mon Christ, dignes compagnons d'armes, que de délices en ce moment vous procurez à mon âme! Nous voilà donc prêts pour le même combat, destinés au même bonheur. Courage, illustres frères, le Dieu que vous avez choisi, du haut des cieux et sur la terre va combattre pour vous. Qu'est la puissance des tyrans, quand on a Dieu pour soi, ce Dieu qui nous invite tous à mourir pour le ciel? Un seul regard, un seul mot vers le Christ nous rendra invincibles. Pour ne nous pas montrer son bras, est-il moins puissant? Il a vaincu le monde et l'enfer, il a conquis les cieux, il nous appelle à partager son trône. « Ne craignez rien, » nous dit-il, ne tremblez point devant leur fer et » leur vaine colère : c'est moi qui souffre en mes » martyrs, c'est moi qui soutiens leur courage. » Confiance mes amis, voyez-vous, là haut, les valeureux Thébains, qui, fiers de leur triomphe, nous invitent à marcher sur leurs pas?

ALEXANDRE.

Nous sentons, ô Victor, la vertu de votre courage qui passe dans notre âme : avec vous nous voulons combattre et triompher. Au lieu d'appréhender, nous désirons la lutte glorieuse. Que le tyran vienne avec tous ses satellites...

SCÈNE VII

MAXIMIEN, VICTOR, LONGINUS.

MAXIMIEN, *rentrant*.

Et quoi! traître, monstre exécrable, c'est donc

ainsi qu'entraînant ces jeunes soldats dans ton aveuglement, tu viens les ravir à l'amour de nos dieux, les enlever à nos cœurs pour un trépas honteux et cruel? Mais n'était-ce pas assez que de te perdre toi-même? Séduire des cœurs candides et innocents, quelle fureur inconcevable ! Barbare, c'est donc toi, qui va les mener au supplice! Tu peux te vanter de leur funeste sort!

VICTOR.

Leur sort, ô César, est glorieux, et mon rôle est bien digne d'un soldat chrétien : convertir les païens qui sont mes frères; leur procurer la gloire éternelle; les mener à la mort pour les introduire au ciel, quel bonheur pour Victor et ses fidèles amis! Le croiriez-vous, empereur ? nous sommes plus contents dans les chaînes, plus heureux en mourant, que les Césars sur leur trône.

LONGINUS.

Victor est notre frère et notre sauveur; avec lui nous voulons mourir et conquérir le ciel.

MAXIMIEN.

Oui, bientôt vous la ferez cette brillante conquête, en tombant lâchement sous la hache des bourreaux. Et puisqu'ils sont tous fiers d'obéir à ta superbe voix, Victor, tu vas présider à leurs exploits glorieux. Et quand ils auront subi un supplice cruel et honteux, tu viendras me raconter leur fin bienheureuse! Peut-être qu'alors revenu de ton funeste aveuglement, tu ouvriras enfin les yeux sur ton propre et déplorable sort.

VICTOR.

C'est avec joie, Céuq, re je vais remplir ma noble mission : dans le sang de ces généreux martyrs retrempant mon courage, je reviendrai sans crainte affronter ton visage et ta colère. *(En marchant à la mort, ils répètent le chœur.)*

CHŒUR.

Oui, oui, chrétiens, soyons soldats...(p. 10.)

SCÈNE VIII

MAXIMIEN seul.

Il est bien temps d'exterminer ce téméraire impie, qui à lui seul ne tarderait pas de renverser le culte de nos dieux. Il a une si grande influence dans la contrée que chacune de ses paroles devient un oracle : il n'a qu'à parler, et de sa voix fallacieuse, il entraîne après lui la foule stupide. On dirait un serpent, dont le souffle corrupteur vomit autour de lui un venin mortel. Quel mal n'a-t-il pas fait dans cette immense cité? Nous avons trop tardé de châtier son insolent orgueil : plusieurs de nos jeunes gens et de nos soldats fidèles, malicieusement trompés par ses stratagèmes, vont être immolés dans un affreux trépas. N'est-ce pas lui qui doit payer le premier, payer dans d'horribles tourments le fruit de ses impostures? Les dieux nous le commandent; écrasons, détruisons ce hideux Goliath, et nous verrons bientôt tomber les lâches Philistins: qu'on prépare l'autel; et si cette âme audacieuse, ose refuser à Jupiter l'encens et la prière, dans l'instant et sans aucune procédure, il aura le juste châtiment dû à tant de forfaits.

SCÈNE IX

MAXIMIEN, UN SERVITEUR, VICTOR.

UN SERVITEUR.

César, les dieux sont satisfaits, et l'audace a reçu son châtiment; les gardes viennent d'expier leur lâche apostasie : dans un horrible trépas, leur sang coulant à grands flots, a jeté la terreur parmi nos légions. Ils sont tombés enfin, mais dans leur mort quel orgueilleux courage! Sans crainte, comme sans fureur, ils ont tendu le cou, forts comme des lions et doux comme des agneaux. Que nous serions puissants, César, si nous avions de tels hommes parmi nos soldats! Mais Victor est de tous le plus audacieux et le plus criminel... C'est lui qui...

MAXIMIEN.

Où est-il donc? Je l'attends, ce monstre abomi-

nable. Je me sens le courage de briser cette superbe
tête, toujours prête à braver la foudre et les dieux.
O que je meure à l'instant, si ce chef de scélératesse
venait à triompher de César, sans tomber sous ses
coups... Viens, hâte-toi d'arriver, quelle que soit
ton audace...

LE SERVITEUR.

On vient ; c'est lui, César... J'ai compris son langage... (*Victor entre.*)

MAXIMIEN.

Mais que faire avec Victor? Que dire à un homme
qui ne demande que des tourments et la mort?
Essayons de fléchir ce cœur indomptable, essayons
de le gagner par le langage du cœur. Vous voici
donc, cher Victor, j'admire votre courage et la grandeur de votre âme. Les dieux dès le berceau vous
donnèrent la vertu en partage. Vous nous avez aidés
à triompher des rois du monde : un brillant avenir
pour prix de tant d'exploits, une grande puissance,
des honneurs tout divins viendront bientôt récompenser votre noble bravoure. Approchez donc, Victor, Jupiter vous appelle autour de ses saints autels,
pour répandre ses faveurs sur votre tête auguste,
et pour faire de vous le grand héros de la fête : de
votre illustre main, il tient à recevoir l'encens.

VICTOR.

Empereur, vous perdez auprès de moi, vous perdez votre temps; gardez tous vos honneurs, jamais,

jamais vos vains discours ne feront fléchir mon cœur devant des dieux frivoles; si j'ai, dites-vous, fait affronter la mort à mes compagnons, puis-je refuser de partager leur sort glorieux? Que si le Ciel m'a donné un peu de vertu et de courage, c'est pour braver vos coups et vos fureurs, vos menaces et vos promesses; c'est pour renverser et briser du pied votre grand Jupiter... (*D'un coup de pied il renverse la statue.*)

MAXIMIEN.

Soldats... le glaive en main... dieux! quel forfait exécrable! Allez, qu'on lui coupe à l'instant ce pied audacieux. Mais vous, puissant père des dieux, ne châtirez-vous pas cet insolent mortel qui vient ainsi vous outrager? (*On le traîne derrière la coulisse.*)

SCÈNE X

VICTOR, MAXIMIEN.

VICTOR, *pendant le supplice.*

Je bénis l'aimable Sauveur qui m'appelle à souffrir : mon pied est à mon Jésus, je l'offre en sacrifice; qu'il prenne mon corps, mon âme, et mon cœur; m'immoler tout entier, c'est tout ce que je désire. O Jésus!... ô bonheur!...

MAXIMIEN.

Non, ce n'est point encore assez pour cette âme

insolente; qu'on l'écrase tout entier sous le poids d'une meule; ainsi mérite d'être broyé celui qui se vante de braver et la terre et les cieux. (*On le soumet à l'écart au supplice de la meule.*)

VICTOR.

O viens, viens déchirer mon corps, meule chérie; plus tu m'écraseras, et plus ma chair mutilée, brillera au grand jour d'un éclat immortel. O Christ, froment des élus! *(Un serviteur vient annoncer la ruine de la machine.)*

SCÈNE XI

LE SERVITEUR, MAXIMIEN, UN GLADIATEUR.

LE SERVITEUR.

Je ne sais quelle vertu possède Victor; mais à peine son corps a-t-il touché la terrible machine, que la pierre vole en éclat, mutilant vos serviteurs, sans atteindre la victime. On le croyait broyé, et tout le monde accourt pour acclamer son triomphe... Entendez-vous sa voix? Elle est plus forte que jamais... C'est plus doux qu'un agneau, et plus terrible qu'un lion.

MAXIMIEN.

On a beau l'admirer, moi je ne trouve en lui qu'un être abominable. Mais pour me délivrer enfin de cet imposteur infâme, n'ai-je donc pas ici le bras d'un seul gladiateur ? Des méchants animaux on se hâte de purger la terre, et on laisserait vivre ce monstre détestable ! Et personne n'aura le courage !...

UN GLADIATEUR.

A l'instant même, César, la tête de Victor va tomber sous le fer, et recevoir son digne châtiment. (*Il sort.*)

SCÈNE XII

MAXIMIEN, VOIX CÉLESTE, CHOEUR.

MAXIMIEN.

Décapitez-moi donc cet insolent et audacieux jeune homme... Qu'il soit aussitôt précipité dans le fond du Tartare. Mais j'entends une voix... C'est donc enfin son cri de mort...

VOIX CÉLESTE, *du haut du théâtre.*

« O Victor, tu as vaincu, tu as vaincu, Victor ! »

MAXIMIEN, *hors de lui.*

Mais que veut donc cette voix?... Et n'est-ce pas de l'imposture?... La tête de Victor est déjà tombée sous le glaive... et on vient nous annoncer sa victoire... Par Jupiter ! avait-on jamais vu un drame aussi étrange ?...

LA VOIX CÉLESTE.

« Oui, tu as vaincu, Victor, Victor, tu as vaincu ! »

MAXIMIEN.

Christ, Dieu des chrétiens, si c'est ta voix qui nous parle, tu as beau nous braver... C'est à nous qu'est la victoire... Dis-moi, que sont devenus tes superbes héros ? Les as-tu enfin délivrés des mains de mes gladiateurs ? Vous le voyez donc, fidèles soldats, dignes enfants des dieux, nous avons le pouvoir de châtier l'orgueil et l'insolence de la race chrétienne. Victor vient de périr; le Christ est vaincu, et Jupiter est vainqueur. Hâtons-nous d'entonner l'hymne de gloire ; le triomphe est complet, et la victoire parfaite.

SOLO.

(Air n° 35 : *Dieu s'est montré*, etc.)

Ecrasons enfin, sous nos pas,
Des chrétiens la honteuse race :
Mort à ces lâches apostats,
Effaçons-en la moindre trace.

REFRAIN.

Honte à Victor,
Honte à sa mort,
Honte à son sort ;
Son sang venge la terre :
Gloire à nos dieux ;
Hommes hideux,
Craignez les feux
De leur juste colère. (*bis*.)   (*Ils sortent*.)

SCÈNE XIII

LES CHRÉTIENS entrent en chantant.

REFRAIN.

(Même air.)

Gloire à Victor,
Gloire à sa mort,
Gloire à son sort;
Son sang bénit la terre :
Honte à vos dieux,
Tyrans hideux;
Que sont les feux
De leur vaine colère? (*bis.*)

SOLO.

Oui, toujours vivra, sous nos pas,
Des chrétiens l'immortelle race :
Honneur à nos braves soldats,
Toujours nous en suivrons la trace.

CHŒUR.

Gloire à Victor, etc.

(Ils se retirent en terminant le refrain.)

FIN

MARTYRE
DE
FÉBRONIA

DRAME EN TROIS ACTES

A L'USAGE DES ÉTABLISSEMENTS OU DES MAISONS D'ÉDUCATION

PAR M. L'ABBÉ J***

LYON

P. N. JOSSERAND, LIBRAIRE-ÉDITEUR

PLACE BELLECOUR, 3

1867

(TOUS DROITS RÉSERVÉS)

Besançon. — Imprimerie d'Outhenin Chalandre fils.

HISTORIQUE

Les Actes de sainte Fébronia sont d'une très-grande autorité (Bollandistes). Ils sont très-fidèles (Baronius). C'est une bonne pièce (Le Maistre), bien écrite et fort agréable (Tillemont). Ces actes, nous les devons à Thomaïs, assistante, puis supérieure du monastère, témoin oculaire et auriculaire de ce qu'elle nous raconte; elle avait été la maîtresse de Fébronia, et elle était d'ailleurs très-instruite. Le style et la couleur de ces actes révèlent partout le cœur d'une femme, la piété d'une religieuse et le caractère oriental, choses que nous avons soin de conserver dans le courant de la pièce. Que Thomaïs ait écrit en syriaque ou en grec, c'est ce qu'on ne sait pas absolument : ce qu'il y a de certain, c'est qu'on a le texte grec et latin de ses ouvrages. C'est le Père Papebroch, célèbre Bollandiste, que nous avons suivi, sans trop nous écarter du texte grec. Si nous avons fait quelques inversions dans le courant de l'histoire, ce n'est que pour l'arrangement des différentes scènes qui se produisent dans la pièce.

Les circonstances du martyre de Fébronia le font placer vers l'an 305, c'est-à-dire vers la fin du règne de Dioclétien. On croit que la ville de Nisibe fut le théâtre de son martyre. Le nom de Fébronia se trouve dans les ménées et les synaxaires des Grecs, dans les hagiologes des Abyssins, le calendrier des Cophtes, le synaxaire des Moscovites. En Occident, les Bollandistes donnent avec éloge les Actes de Fébronia (t. V, 25 juin, p. 41). Baronius les analyse, dans ses Annales, comme un des plus beaux monuments de l'antiquité (t. III). Godescard, Croiset, Rohrbacher en ont fait une de leurs Vies les plus intéressantes. Plusieurs auteurs ont composé, avec ces Actes, un ouvrage d'une grande édification. Mutius de Sicistinopolis en a donné, en italien, une traduction presque littérale, dans la Couronne des douze vierges (Pesaro, 1577). F. Antonio Caputo, de Cryptalcis, en a fait, dans la même langue et avec le même fond, une paraphrase suivie de notes contre les hérétiques du temps (Venise, 1660). Enfin, le P. Baltus a publié, en français, une traduction de ces mêmes Actes, accompagnée de notes critiques d'une grande valeur (Dijon, 1721).

Le Martyrologe romain consacre au 25 juin cette belle notice à sainte Fébronia : « A Sibapolis (Nisibe), en Syrie,
» sainte Fébronia, vierge et martyre, qui, durant la persé-
» cution de Dioclétien, et sous le président Lysimaque fut,
» pour la conservation de sa foi et de sa chasteté, d'abord
» frappée avec des verges, tourmentée sur un chevalet, en-
» suite déchirée avec des pointes de fer et jetée au feu. Enfin,
» ayant eu les dents brisées, les mamelles coupées et la tête
» tranchée, parée des précieux ornements de tant de souf-
» frances, elle alla rejoindre son Epoux. » Or, le Martyrologe romain a été approuvé par le pape Grégoire XIII : c'est ce que tout le monde sait.

PERSONNAGES

FEBRONIA, jeune religieuse, et élève de Bryène et de Thomaïs.

BRYÈNE, supérieure du monastère.

THOMAIS, assistante et maîtresse de Fébronia.

PROCLA, compagne de Fébronia, élevée avec elle.

HIÉRIE, sénatrice romaine, convertie par Fébronia.

ETHÉRIE, religieuse, qui prend la fuite au moment de la persécution.

SELENUS, général méchant, envoyé contre les chrétiens.

LYSIMAQUE, neveu de Sélénus, capitaine, bon envers les chrétiens.

PRIMUS, autre capitaine, partageant les opinions de Lysimaque.

Deux ou trois soldats.

LE
MARTYRE DE FÉBRONIA

DRAME EN TROIS ACTES

PREMIER ACTE

Le théâtre représente la salle du monastère. Les religieuses psalmodient lentement au moment où le rideau s'ouvre. Elles sont à genoux et se lèvent pour le chant.

SCÈNE I

Les religieuses, avec leur livre, psalmodient les psaumes : *Quam dilecta tabernacula tua... Ad te levavi oculos meos...* Après quoi commencent les chants, sur l'ordre de la supérieure.

BRYÈNE, FÉBRONIA, LE CHŒUR et toutes les religieuses.

BRYÈNE.

SOLO.

(Air connu, n° 4.)

O divine, ô charmante loi !
O justice, ô bonté suprême !
Que de raisons, quelle douceur extrême,
D'engager à ce Dieu son amour et sa foi !

DEUX JEUNES RELIGIEUSES.

DUO.

O Dieu, que la gloire couronne !
Dieu, que la lumière environne,
Qui voles sur l'aile des vents,
Et dont le trône est porté par les anges;
Dieu, qui veux bien que de simples enfants
Avec eux chantent tes louanges !

CHŒUR.

Que ton cœur paternel de nos maux soit touché :
O bon Pasteur couronne ton ouvrage ;
Conduis-nous au céleste héritage, *bis.*
Dans l'immortelle Cité.

FÉBRONIA.

SOLO.

Avant que nous perdions, Seigneur, ton souvenir,
L'astre du jour interrompra sa course ;
Avant de cesser de te bénir,
On verra les ruisseaux remonter vers leur source. (*bis.*)

CHŒUR.

Le Dieu que nous servons est le Dieu des combats ;
Non, non, il ne souffrira pas *bis.*
Que l'espoir du juste périsse.

BRYÈNE.

Nous chantons la paix et le bonheur : qu'elle est en effet douce la félicité des enfants de Dieu ! Mais hélas ! n'est-ce pas durant le beau temps qu'il faut s'attendre à l'orage ? Qui sait si la foudre et la tempête ne sont pas sur le point de fondre sur notre paisible maison ? N'est-ce pas en effet maintenant que les loups de la révolution sévissent avec fureur contre les pasteurs et les troupeaux, maintenant que les émissaires de Dioclétien, ivres de sang et de carnage, portent partout le deuil et la mort ? On m'a dit qu'on entendait au loin, les hurlements de ces bêtes féroces, et les tristes gémissements des pauvres victimes, timides agneaux qui n'ont d'autres crimes que leurs vertus ! Qui sait, bien chères Filles, si déjà les bourreaux de l'empereur ne sont pas à nos portes ? Mais qu'ils viennent quand ils voudront, nous les attendons de pied ferme : les épouses du Sauveur savent mourir, et ne tremblent pas en face des tyrans. On pourra lier, garroter, déchirer nos corps ; mais nos cœurs, mais nos âmes sont au divin Maître.

CHŒUR.

Le Dieu que nous servons est le Dieu des combats...

BRYÈNE.

Oui, mes enfants, courage, courage dans le Seigneur notre Dieu. Allons nous préparer au combat ; allons fortifier nos âmes dans la méditation et la prière ; allons puiser de nouvelles forces au pied de la croix. Allons manger le pain des forts, boire le vin qui fait les martyrs et les vierges. Qu'avons-nous à craindre ? la foi est notre bouclier, l'espérance notre cuirasse, les saints nos protecteurs, nos amis; un Dieu combat pour nous et avec nous ; Marie veille sur nous ; avec elle et par elle, nous sommes sûres de triompher ; car elle est plus forte et plus terrible que toutes les légions romaines. Allons, mes enfants, allons à l'oraison : c'est là que nous apprendrons à vaincre et à mourir. (*Elles sortent et la scène change.*)

SCÈNE II

SÉLÉNUS, LYSIMAQUE, PRIMUS.

SÉLÉNUS, *entrant transporté de fureur.*

Nous saurons l'exterminer cette vile race de chrétiens : ni l'âge, ni le sexe ne trouvera grâce à nos yeux ; ni les soupirs de la vierge, ni les sanglots de l'enfant ne pourront fléchir notre courroux. L'empereur a parlé, les dieux nous commandent. Je sais que ces fanatiques, à l'exemple de leur Jésus crucifié, bravent les tourments et la mort ; je sais qu'ils marchent au supplice, comme les païens à une fête, comme des fiancés à une noce, comme des guerriers à la victoire : mais nous saurons lasser leur constance par le nombre et l'atrocité des supplices. Les prisons et les cachots, le fer et le feu, les verges et les glaives, les grils, les chevalets, les ongles de fer, tout est en notre pouvoir ; et si les tortures employées jusqu'à ce jour ne sont pas suffisantes, nous saurons les multiplier et en inventer de nouvelles. Fidélité, Lysimaque, fidélité aux ordres de l'empereur. Haine et mort aux chrétiens, amour à la patrie, honneur aux divinités du Capitole. Qu'un sang impur leur soit offert d'un bout de l'empire à l'autre... Puis, mon cher neveu, quand après cette guerre d'extermination, nous apporterons à l'empereur les trophées de nos victoires, nous pourrons nous reposer à l'ombre de nos lauriers, et nous délasser dans la brillante célébration de tes noces. Je me charge de te préparer une épouse digne de toi ; mais par Jupiter, jamais un sang chrétien ne pourra s'unir à notre sang... à l'œuvre, mon cher Lysimaque, et au revoir. (*Il sort.*)

SCÈNE III

LYSIMAQUE, PRIMUS.

LYSIMAQUE.

Je ne sais, mon cher Primus, quel rêve pénible est venu troubler mon repos de la nuit : c'étaient des spectres horribles, qui, sans cesse, passaient et repassaient devant mes yeux ; c'étaient des soupirs, des sanglots, des lamentations inexprimables, et qui semblent encore frapper mon cœur et mes oreilles... Quelle fonction, mon cher, que celle qu'on nous fait remplir en ces jours hideux de per-

sécution ! faire l'office de bourreau, c'est servir la patrie ; mais tuer, immoler des femmes et des enfants innocents, n'est-ce pas indigne d'un homme, indigne d'un Romain ? et dans ce tumulte affreux, j'i cru entendre une douce voix qui a ébranlé jusqu'aux fibres de mon âme : oh ! oui, c'était bien la voix de celle qui m'a donné le jour ; elle me reprochait ma cruauté, et demandait grâce pour les chrétiens... Car, mon cher Primus, il faut bien vous dire que si mon père a vécu dans le paganisme, ma mère a vécu, ma mère est morte en fervente chrétienne. Quelle mort que celle des chrétiens ! quelle mort que celle dont je fus le triste témoin ! Jamais je n'oublierai le trépas de ma mère... et ses derniers accents restent gravés dans le fond de mon cœur... « Mon fils, me dit-elle, en fermant
» les yeux à la lumière, toi que j'ai conçu et à qui
» je donnai le jour, toi que je nourris, que je soi-
» gnai comme la prunelle de mes yeux ; tes joies
» furent les miennes, tes chagrins furent les miens.
» Mon fils, je t'aime trop, pour ne pas te faire par-
» tager mon sort et mon bonheur dans la vie fu-
» ture... Mon fils, tu vas recevoir mon dernier
» soupir ; mais ce qui me console, c'est l'espoir de
» vivre avec toi dans le sein de l'éternité bienheu-
» reuse... Lysimaque, mon cher Lysimaque, sois
» chrétien, et notre bonheur est inséparable. Que
» sont les dieux de bois, les dieux de pierre, qu'a-
» dore ton père ! Un seul Dieu, mon fils, mérite
» nos adorations et nos hommages : c'est le créa-

» teur du ciel et de la terre, le vengeur des crimes,
» et le rémunérateur de la vertu ; c'est Jésus-Christ,
» le Dieu des chrétiens. Je sais bien qu'il est mort
» sur la croix, entre deux scélérats ; mais ce fut
» pour être la grande victime du genre humain :
» je sais qu'on s'est moqué de sa divinité ; mais je
» sais aussi que les cieux et la terre obéissent à sa
» voix, je sais qu'il sortit vainqueur du tombeau,
» pour nous faire participer à sa glorieuse résur-
» rection : je sais qu'il vécut pauvre et humilié
» parmi les hommes ; mais je suis certaine qu'il est
» le fils du Père éternel, qu'il a le ciel en partage
» et le promet à ses fidèles serviteurs. C'est pour-
» quoi, ô mon cher fils, je t'attends au pied de son
» trône : et au lieu de persécuter ses disciples, ap-
» prends à le connaître, à l'aimer, à le servir...
» Mon fils, mon tendre fils, pourrais-tu être sourd à
» la voix d'une mère mourante, qui veut vivre avec
» toi dans les siècles des siècles !... » Ainsi me parla
ma mère, lorsque je recueillis son dernier soupir.
Or, moi oublier les paroles sacrées de son testament !
non, non, jamais. Elles sont gravées en caractères
indélébiles dans le fond de mon âme. Oui, ô chère
mère, ma résolution en est prise ; je méprise la colère d'un empereur et d'un père idolâtre. Non-seulement je ne veux pas être le bourreau, mais je
serai le sauveur des chrétiens. O filles, ô femmes,
ô enfants, ô vieillards, rassurez-vous ; cessez de
craindre ; vous aurez en moi un défenseur et un
frère. Mon cher ami, qu'en penses-tu ? pourrais-je

être infidèle à ma mère, qui reçut ma promesse et mes serments ?...

PRIMUS.

Je pense comme vous, mon cher Lysimaque ; et s'il est au monde une voix qui doit parler à notre cœur, c'est bien la voix d'une mère mourante. Une mère !... oh ! elle ne sait pas tromper, elle ne sait qu'aimer son enfant... Quand elle vous a parlé, elle vous a dit la vérité ; il faut la croire : vous l'aimiez, vous l'aimez encore ; pourquoi donc ne prendriez-vous pas les moyens de régner un jour avec elle dans le beau royaume des chrétiens ? Non, non, ils ne sont pas tels qu'on les dépeint à nos yeux, les disciples de Jésus : vous savez comme ils s'aiment entre eux, comme ils prient pour leurs persécuteurs et leurs bourreaux, comme ils baisent avec amour la main qui les frappe et leur donne la mort ! Ne sont-ils pas d'ailleurs les premiers soldats et les plus fidèles serviteurs de l'empire ? Je ne suis pas chrétien, mais j'ai appris à les connaitre ; et si jusqu'ici, j'ai trempé mes mains dans le sang innocent, j'en prends les dieux à témoin : au lieu de les traîner au supplice, je veux m'unir à vous pour les soustraire à la fureur des tyrans.

LYSIMAQUE.

Après tout, mon cher ami, nous sommes des hommes, et nous ne sommes pas des tigres ni des léopards.

PRIMUS.

Nous sommes Romains ; et les maîtres du monde ne peuvent pas être des monstres ni des assassins.

LYSIMAQUE.

Nous serons appelés traîtres ; mais sauver des frères est-ce donc la trahison? Oui, pitié, miséricorde pour tant de malheureux, pour tant d'hommes vertueux qui ne méritèrent jamais la mort. (*Ils sortent.*)

SCÈNE IV

BRYÈNE seule.

Assise et la tête levée vers le ciel, elle chante : *Super flumina;* puis, se levant et se promenant lentement, elle ajoute :

Je murmurais, ô Seigneur, les sublimes accents des captifs de Babylone ; c'est bien là le refrain des pauvres exilés de la terre. C'est peut-être, hélas ! le chant du cygne ou le roucoulement de la tourterelle, avant l'orage... Mais qu'importe? il est si doux de donner sa voix au Créateur. C'est un baume à la douleur ; il est si doux de chanter, quand on est sur le point de s'envoler dans la patrie, et d'aller chanter avec les chœurs célestes ! (*Elle reprend :* Super flumina, *très-doucement.*)

SCÈNE V

HIÉRIE, BRYÈNE.

HIÉRIE, *entrant*.

Ne suis-je pas au ciel?... N'entends-je pas la voix des Séraphins?... (*se jetant à ses pieds.*) Salut, ô ange tutélaire de ces lieux, salut! Pardon, si je viens troubler le repos de ce saint asile; pardon, si de mes pieds profanes, je viens fouler ces dalles sacrées... Au nom du ciel, au nom de celui dont vous chantez si souvent les louanges, ne repoussez pas une pauvre idolâtre qui veut connaître le Dieu que vous adorez.

BRYÈNE.

Levez-vous, mon enfant, soyez la bien venue; parlez et ne craignez pas : nous pourrons, je pense, condescendre à vos légitimes désirs.

HIÉRIE.

Depuis longtemps, ô illustre dame, j'ai entendu parler de sœur Fébronia, qui a eu le bonheur de se former à votre école. Sa réputation remplit nos villes et nos bourgades; son nom est dans toutes les bouches. On dit qu'elle a la douceur d'un agneau, la bonté d'un ange, l'esprit d'un Chérubin, le cœur d'un Séraphin : sa voix est plus douce que le miel, ses conversations plus attrayantes que les plus beaux concerts ; il suffit de l'entendre parler pour être touché et se convertir. Je vous en conjure donc, ô vénérable mère, laissez-moi parler à Fébronia : une voix intérieure me dit qu'elle doit être l'instrument de ma conversion...

BRYÈNE.

Puisse le ciel, ma Fille, faire germer les sentiments qu'il a produits dans votre âme. Mais, qui donc a pu découvrir dans cet asile, l'enfant de prédilection, le trésor inestimable, que nous avons eu soin de cacher aux regards du genre humain ? Voici bientôt seize ans que nous avons Fébronia dans la maison, et qu'elle vit sous ma conduite. Depuis l'âge de deux ans où je devins sa mère, elle n'a pas cessé d'être une très-docile enfant. Or, depuis cette époque, Dieu m'en est témoin, jamais ses chastes yeux n'ont vu la figure d'un mortel, ni aucun des vêtements qu'on porte dans le monde. Que dis-je ? sa nourrice elle-même n'a plus revu son visage ; bien que souvent elle m'ait demandé cette faveur avec larmes. Néanmoins, puisque vous désirez connaître le vrai Dieu, et vous entretenir dans ce but avec sœur Fébronia, je vais vous introduire auprès d'elle, après vous avoir revêtue du saint habit de la maison : venez, suivez-moi ; et que Dieu bénisse vos généreuses résolutions. (*Elles sortent.*)

SCÈNE VI

FÉBRONIA.

Elle murmure : *Quàm dilectam*,..... puis elle dit :

Seigneur Jésus, immortel Epoux des chastes épouses ; à la vie, à la mort, mon cœur est à vous. O qui me donnera tous les cœurs des esprits célestes, pour vous aimer davantage ! qui me prêtera les ailes de la colombe, pour voler entre vos bras !...
(*Hiérie entre.*)

SCÈNE VII

FÉBRONIA, HIÉRIE.

FÉBRONIA.

Venez, ma chère Sœur; venez m'aider à aimer, à prier le divin Maître... approchez; je parlais à Dieu, et nous lui parlerons ensemble. Qu'il est bon pour des frères, qu'il est bon, qu'il est doux, pour des sœurs, de respirer sous le même toit, sous un toit hospitalier, qui nous met à l'abri de tous les dangers du monde ! N'est-il pas vrai, chère sœur, que nous sommes les enfants privilégiés du Seigneur ? Quand je pense à ces sœurs idolâtres, qui ne connaissent pas le Dieu véritable, qui n'aiment pas le bon Jésus, qui n'aiment pas sa divine mère, qui n'ont point de ministres, ni de sacrements, pour les consoler et sanctifier leurs âmes ; quand je vois ces sœurs infortunées, se traîner dans la laideur du vice et dans les ténèbres du paganisme ; quand je les vois s'acheminer, en riant, vers les brasiers éternels, je m'écrie, en levant les yeux vers le ciel : O père des miséricordes, laisserez-vous périr ces âmes, qui sont votre œuvre et votre image, qui sont le prix d'un sang divin ? O Marie, la meilleure de toutes les mères, laisserez-vous tomber dans les flammes, des enfants, des filles qui sont mes sœurs ? non, non, vous êtes trop bonne, pour ne pas les délivrer des feux de l'enfer. Allez donc, ma Sœur, allez prier pour moi, pour la conversion des pauvres âmes, et pour le triomphe du règne de Jésus-Christ. Allez, car je sens que vos prières ont plus de vertu que les miennes.

HIÉRIE.

De grâce, ô Fébronia, souvenez-vous de moi... priez, priez beaucoup pour la pauvre pécheresse... (*et elle sort, saluant, sans être connue.*)

SCÈNE VIII

FÉBRONIA.

Cette voix ne me paraît pas inconnue... et cependant je ne sais quelle est cette âme pieuse et fervente... mais Dieu la connaît, et c'est assez.

SCÈNE XI

FÉBRONIA, THOMAIS.

FÉBRONIA.

(*Thomaïs entrant.*) Salut, ô vénérable maîtresse, j'allais vous trouver, pour profiter de vos leçons salutaires ; j'en ai grandement besoin : et plus je m'éloigne de vous, et plus je me sens pauvre et misérable. Ce n'est pas tout d'avoir puisé à votre école les maximes et les enseignements les plus précieux ; il faut bien que, de temps en temps, j'entende votre voix, pour les réveiller au fond de mon âme, où vous les avez si profondément gravés. Vénérable Thomaïs, si vous saviez combien je suis pauvre dans l'humilité et les autres vertus chrétiennes... Comme je suis pleine d'orgueil et de mille imperfections ! J'ai bien lieu de rougir de ma tiédeur, quand je suis témoin de la piété de mes ferventes sœurs, comme je viens de l'être, il n'y a que quelques instants. Quelle est donc, Thomaïs, cette sainte religieuse, que je viens de voir, et qui a laissé, dans cet appartement, l'odeur de toutes les vertus ?

THOMAÏS.

Bénissons Dieu, ma Sœur ; louons, exaltons son infinie miséricorde... qu'il est donc bon, qu'il est puissant le Dieu d'Israël ! Cette fille, à qui vous venez de parler, était hier l'enfant de Satan et du paganisme ; elle adorait le bois et la pierre ; et aujourd'hui, depuis même que vous l'avez vue, elle est devenue l'enfant de Dieu, la sœur de Jésus-Christ et des anges. Cette dame, qui l'aurait cru, Fébronia ? c'est la fameuse sénatrice Hiérie, qui vient de quitter les pompes du monde, pour se donner à Dieu : bientôt, nous la compterons au nombre des filles de la maison ; nous avons reçu son abjuration, et vous allez être témoin de sa consécration solennelle.

FÉBRONIA.

Juste ciel ! soyez béni de vos bontés ineffables ! anges, principautés, puissances, chantez, chantez les miséricordes du Seigneur !

SCÈNE X

BRYÈNE, HIÉRIE et les autres religieuses.

BRYÈNE, *montrant Hiérie*.

La voici, bien chères Sœurs, la nouvelle conquête de la grâce, la nouvelle servante du Seigneur. Elle vient de renoncer aux faux dieux, pour s'attacher à Jésus-Christ, et à notre sainte famille. Approchez, Hiérie, et dites-nous s'il est bien vrai que vous avez abjuré vos erreurs.

HIÉRIE.

Oui, très-noble dame, Dieu m'a fait cette grâce. Les murs de cet asile, les anges qui nous environnent, ont été témoins de mes serments... C'en est donc fait, je le répète, à la face du ciel et de la terre, je ne veux vivre et mourir que dans la religion chrétienne.

BRYÈNE.

Dieu soit béni, Dieu soit loué... mais, non contente d'être chrétienne, est-il bien vrai, que vous voulez vous donner à notre sainte famille, et revêtir les livrées de la pénitence?

HIÉRIE.

Il est bien vrai, très-vénérable Mère, que je suis indigne d'une si grande faveur; mais si vous voulez bien me l'accorder, je renonce dès à présent et de bien bon cœur à tout ce qui pouvait m'attendre dans le monde : mes adieux, je les ai faits, pour toujours, et au sénat de Rome, et à toutes les dignités du Capitole.

BRYÈNE.

Mais, ignorez-vous, madame, que le glaive de la persécution est suspendu sur nos têtes, peut-être sur le point de nous frapper ensemble?

HIÉRIE.

Je le sais, ô ma Mère, je sais que les loups dévorants sont à la poursuite des agneaux et des brebis. Je connais toute leur rage : et c'est ce qui m'engage à mourir en agneau, et à mêler mon sang à votre sang. Elle est si belle la mort des martyrs pour Jésus-Christ, la mort de ses soldats invincibles, qui succombent vaillamment sur le champ de bataille!

BRYÈNE.

Vous êtes donc des nôtres, ô chère enfant! Dieu bénisse votre courage! (*En la revêtant du costume religieux :*) Recevez donc, ma chère Fille, recevez le manteau de la chasteté et de la pénitence : qu'il soit votre bouclier contre les ennemis du salut; et qu'un jour il vous soit changé en manteau royal et céleste. Recevez aussi la croix de Jésus-Christ; elle sera votre cuirasse; par elle, et avec elle, nous savons vaincre et mourir, à l'exemple de l'illustre Crucifié. Et vous, chère Fébronia, entonnez le chant du combat et du triomphe chrétien.

FÉBRONIA, *chantant.*

SOLO.

(Air n° 15 : *Armons-nous, la voix,* etc.)

Armons-nous, la voix du Seigneur,
Mes sœurs, au combat nous appelle,
Ah! voyez, voyez qu'elle est belle,
La palme promise au vainqueur.

LE CHŒUR.

EN DUO.

Armons-nous, la voix du Seigneur,
Mes sœurs, au combat nous appelle,

Elle est si noble, elle est si belle, } bis.
La palme promise au vainqueur

FEBRONIA.

SOLO.

Courage, milice chérie,
Courage jusques à la mort;
Courage, vous touchez au port :
Bientôt vous verrez la patrie.

LE CHŒUR.

Armons-nous...

BRYÈNE.

Oui, bien chères Filles, c'est le moment de nous armer de force et de courage; car bientôt va sonner l'heure du combat et de la victoire; allez, et préparons-nous à marcher hardiment dans la lice. (*La toile se baisse.*)

FIN DU PREMIER ACTE.

DEUXIÈME ACTE.

SCÈNE I

On entend dans le lointain le joyeux chant du *Regina cœli*, un chœur et un duo d'*alleluia*. La toile se lève et laisse apercevoir la supérieure assise et lisant dans son livre. Puis elle se lève en écoutant chanter.

BRYÈNE.

Au lieu de trembler en face de la mort, elles chantent le cantique d'allégresse : elles soupirent avec ardeur après le moment d'aller voir Jésus et Marie dans le ciel. Elles me donneraient du courage si j'en manquais. (*Elle parle en se promenant lentement, et aussitôt les religieuses entrent précipitamment.*)

SCÈNE II

LES RELIGIEUSES, BRYÈNE, ÉTHÉRIE, FÉBRONIA.

PREMIÈRE VOIX.

Ils sont là, ma Mère, les ennemis du Christ et de son Eglise.

DEUXIÈME VOIX.

Ils parcourent la ville comme des bêtes féroces, mettant tout à feu et à sang.

TROISIÈME VOIX.

On entend les soupirs, les cris et les sanglots...

QUATRIÈME VOIX.

Le clergé et le peuple, tout prend la fuite devant ces tigres altérés.

BRYÈNE.

Qu'ils viennent, les loups de Rome; nous les attendons sans crainte. Eh! quoi, mes Sœurs, vous n'avez pas encore vu l'ennemi, et déjà vous songez à fuir? Vous n'avez pas paru au combat, et vous voilà déjà vaincues? Non, mes chères Filles; non, cette conduite n'est pas digne de vous. Restons, combattons, mourons pour Celui qui est mort pour nous : c'est à ce prix que nous partagerons sa félicité glorieuse.

ÉTHÉRIE, *religieuse craintive.*

Timides colombes, ne devons-nous pas nous cacher devant l'orage, qui gronde sur nos têtes? Avons-nous plus de vertu, plus de courage que le clergé et son illustre pontife, qui viennent de prendre la fuite? D'ailleurs, nous trouvant pour la plupart à la fleur de l'âge, si nous venons à tomber entre les mains d'une soldatesque effrénée, ne deviendrons-nous pas les victimes d'une infâme brutalité? Ne devons-nous pas craindre d'être trop faibles pour résister à la rigueur des supplices, et de compromettre par là le salut de notre âme? Laissez-nous donc pourvoir à notre sûreté, mais laissez-nous aussi emmener sœur Fébronia, la gloire et l'ornement de notre maison : et comment pourrions-nous laisser cette fleur, cette perle précieuse à la voracité des pourceaux? Ce n'est qu'à cette condition que nous voulons quitter le monastère.

FÉBRONIA.

Grand Dieu! moi, quitter la maison du Seigneur! Moi, me séparer de ma vénérable Mère!... Non, jamais... Vive le Seigneur, que j'ai choisi pour mon partage, et à qui j'ai confié le dépôt de mon âme. Jamais on ne me fera franchir, autrement que par la violence, le seuil de cet asile sacré. C'est ici que j'ai vécu, ici que j'ai goûté la paix et le bonheur : c'est ici que je veux mourir et trouver mon tombeau !..

BRYÈNE.

Vous ne serez pas seule, ma Fille, à vous enterrer dans ce saint lieu : la même maison, la même tombe doivent renfermer Bryène et Fébronia. Quant à vous, Ethérie, vous venez d'entendre votre condamnation. Non, votre cœur n'est pas notre cœur, vos desseins ne sont pas les nôtres : vos projets, vos machinations, nous les réprouvons, comme indignes des épouses du Sauveur ; et j'en laisse sur vous toute la responsabilité. Pour vous, dont les genoux seraient chancelants, et le cœur trop faible, vous êtes libres de choisir entre l'héroïsme et la lâcheté, libres de fuir devant la mort, ou de l'affronter généreusement.

ÉTHÉRIE.

Nous voudrions bien vivre et mourir avec des âmes aussi fortes, les suivre dans le chemin de la gloire et du martyre : car n'est-il pas dur à des enfants de se séparer de la meilleure des Mères, de quitter la tente à l'ombre de laquelle nous avions goûté tant de douceurs? Mais tous les cœurs ne sont pas capables d'héroïsme, et nous ne nous sentons pas la force de braver une mort que nous pouvons éviter. Pardonnez donc à notre faiblesse, de nous séparer de vous pendant l'orage. Quand reviendront les jours de paix et de calme, vous nous retrouverez telles que vous nous voyez aujourd'hui. Puissions-nous vous revoir, saine et sauve, après les jours de la *persécution*... (*Elle sort.*)

BRYÈNE.

O Jésus! Serais-je seule à vous rester fidele? (*elle sort.*)

SCÈNE III

FÉBRONIA, PROCLA.

FÉBRONIA *se promenant*.

Moi, fuir devant le fer et le feu? Moi, quitter ces

lieux, y laisser ma Mère Bryène, à la fureur des tigres et des léopards? Moi, trembler devant leurs morsures cruelles? Jamais!... (*Procla, entrant et se jetant au cou de Fébronia, sa compagne.*)

PROCLA.

Vous n'êtes pas seule : nous serons deux, ma chère Sœur. Oui, à la vie, à la mort, Procla suivra Bryène et Fébronia. Priez, priez pour moi, ô respectable et généreuse Sœur : puisse le ciel m'accorder le courage nécessaire pour marcher sur vos traces et vous suivre de près.

FÉBRONIA.

Toi, du moins, ô chère Procla, crains Dieu, et ne nous délaisse pas. Effaçons, par notre courage, la lâcheté de nos Sœurs, qui prennent la fuite. Reste avec moi; car sans penser à la hache des licteurs, déjà la maladie me travaille, et suis sur le point de descendre dans la tombe : tu sais, ma chère Sœur, que les membres des épouses de Jésus-Christ ont reçu une consécration toute spéciale. Or, si le ciel veut bientôt m'appeler à lui, notre vieille Mère n'aurait pas assez de force pour me donner la sépulture. Reste donc, pour me rendre les derniers devoirs; et qu'en fermant les yeux à la lumière, j'aie l'assurance que mon corps ne sera pas profané par des mains sacriléges.

PROCLA.

Vos vœux seront exaucés, ô ma chère Fébronia :

je suis avec vous pendant la vie et après la mort : puissé-je reposer avec vous dans le sein de la terre, et avec vous régner dans le royaume céleste !...

FÉBRONIA.

Non, tu ne me quitteras point : au nom du ciel, témoin de nos serments et de notre mutuelle amitié, tu seras avec moi jusqu'au dernier soupir. Oui, tu viens de le dire : Procla et Fébronia ne doivent se séparer ni dans ce monde, ni dans l'autre : allons à l'oratoire, prier l'une pour l'autre, et puiser de nouvelles forces au pied du saint autel. (*Elles sortent.*)

SCÈNE IV

BRYÈNE, à genoux.

O Dieu, qui faites la force des martyrs et la vertu des vierges, pourriez-vous m'abandonner à ma propre faiblesse ? N'étiez-vous pas avec les enfants dans la fournaise, avec Daniel dans la fosse, avec les martyrs sur les amphithéâtres ?

SCÈNE V

THOMAIS, BRYÈNE.

THOMAÏS, *entrant.*

Courage et confiance, ô vénérable Mère ! Si Dieu

est pour nous, qui sera contre nous? Confiance dans le Seigneur, qui se plaît à soutenir les faibles, qui met sa gloire à faire des héroïnes dans notre sexe. Quand nous nous sommes confiées en lui, avons-nous jamais été frustrées dans notre attente ? C'est ce que vous nous avez dit vous-même tant de fois.

BRYÈNE.

Ce n'est pas pour moi, ni pour vous, que je crains l'heure du combat. Mais que faire de notre chère Fébronia? Où trouver un asile pour sa vertu et son innocence ? Pensez-vous avoir assez de courage pour voir, de vos propres yeux, pour voir cet ange terrestre traîné au supplice par la main des bourreaux ?

THOMAÏS.

Mais Celui qui met un frein à la fureur des flots, ne peut-il pas fléchir le courroux de ces tigres, en face de cet agneau candide? Celui qui a la puissance de ressusciter les morts, ne pourra-t-il pas donner à Fébronia la force et le salut, la bravoure et la victoire? Heureuse enfant ! elle dormait tout à l'heure et chantait en rêvant le bonheur d'aller au martyre, d'aller voir Jésus et Marie au ciel !... Elle dort, elle chante, malgré la grandeur du danger, et la violence de la maladie ! Héroïque enfant ! elle a plus de courage que nous, et il suffit de la voir pour apprendre à vaincre et à mourir. Allons à son école, pour y puiser le courage et la consolation.
(*Elles sortent.*)

SCÈNE VI

FÉBRONIA.

On entend la voix de Fébronia qui chante, en dormant, quelques passages du *Salve* ou du *Memorare*. Et quand le rideau se lève, on la voit assise sur un fauteuil, murmurant les refrains suivants :

SOLO.

(Air n° 17 : *J'aime à te voir*, etc.)

Divine Marie,
J'ai l'espoir,
Au ciel, ma patrie,
De te voir.

SOLO.

(Air n° 28 : *Viens, mon enfant*, etc.)

Viens, mon enfant,
Viens, me dit-elle, en souriant,
Viens, mon enfant !... (*bis.*)

O Jésus, ô Marie ! vous voir, vous aimer, vous posséder pour toujours dans le ciel !... (*Puis, se tournant vers Thomaïs, qui entre.*)

SCÈNE VII

FÉBRONIA, THOMAIS.

FÉBRONIA.

Approchez, Thomaïs, venez-me dire pourquoi

j'ai trouvé tant d'affliction dans notre vénérable supérieure : son front toujours serein, ses yeux toujours riants, m'ont paru couverts d'un nuage sombre. Pourquoi aussi ces soupirs et ces gémissements, qui m'ont réveillée, et m'ont retirée du songe divin, où je rêvais que j'étais au ciel ?

THOMAÏS.

C'est pour vous, Fébronia, c'est pour vous seule que notre Mère s'attriste et se lamente : c'est à cause des dangers et des tortures que les tyrans vous préparent : et comme si ce n'était pas assez, pour son cœur maternel, de la fièvre qui vous dévore, votre jeunesse, votre beauté, qui sont, de nos jours, un dangereux ornement, la jettent dans de mortelles angoisss.

FÉBRONIA.

Bonne et excellente supérieure ! elle m'a toujours aimée; elle m'aime plus qu'une mère n'aime son enfant : je demande à Dieu de ne jamais contrister ce cœur maternel. Il est vrai, je ne suis en effet qu'un bien faible roseau; mais j'espère que Dieu laissera tomber un regard sur ma faiblesse et mon néant : J'ai la ferme confiance qu'il m'armera de force et de patience, comme il l'a fait pour Agnès, Perpétue, Potamienne, et tant d'autres vierges chrétiennes. Priez, ma chère Thomaïs, priez pour votre pauvre servante.

THOMAÏS.

Ma Fille, c'est en effet l'heure du combat. Pour nous, qui n'avons que les rides et les infirmités de la vieillesse, nous n'avons pas à craindre d'être insultées par ces bêtes immondes, et la mort sera bientôt le prix de nos cheveux blancs. Mais vous, Fébronia, qui êtes à la fleur de l'âge, vous, qui êtes toute brillante d'éclat et de beauté, vous aurez des combats à soutenir contre leur fureur impudique: l'or, l'argent, les pierres précieuses, les plus terribles menaces, et les promesses les plus flatteuses, les moyens, les piéges de tout genre ne leur manqueront pas, pour essayer de vous enlever ou de ternir le plus précieux de tous vos trésors. Souvenez-vous donc, ô ma Fille, que vous êtes la sœur des anges, l'épouse d'un époux immortel, qui a tous les biens en partage, et qui vous attend là-haut avec le sceptre de la virginité.

FÉBRONIA.

Merci, grand merci, ma vénérable, des bonnes paroles que vous venez de m'adresser, pour m'encourager dans la lutte qui se prépare. Le fragile arbrisseau a besoin, en effet, d'être fortifié dans la tempête. Il est vrai, je n'ai qu'un cœur de femme, mais c'est un cœur de vierge; et un tel cœur doit être plus fort que l'enfer et le monde. Sans doute, ô Thomaïs, si j'étais livrée à moi seule, et si je devais faiblir devant les tyrans, succomber à leurs séductions fallacieuses, vous seriez la première à me conseiller la fuite, et à suivre mes compagnes, qui viennent de quitter le monastère : mais si, loin de fuir le combat, nous attendons de pied ferme, n'est-ce pas parce que nous sommes sûres que le Ciel est pour nous et avec nous, et que nous espérons vaincre et nous envoler bientôt dans le sein de la véritable patrie ? Je suis bien faible, ô Thomaïs, mais je ne sais quelle voix parle à mon cœur, et me dit que rien au monde ne pourra triompher de ma volonté.

SCÈNE VIII

BRYÈNE, FÉBRONIA.

BRYÈNE, *entrant subitement*.

Le tonnerre gronde, la foudre va éclater. Mais que craindre, quand on est avec le Dieu des combats, avec le Dieu des martyrs et des vierges ? Mes Filles, mes chères Filles, je sens battre vos cœurs à côté du mien. Et chacun de ces battements me dit que nous brûlons toutes ensemble des saintes ardeurs du martyre. Fébronia, ma chère Fébronia, souvenez-vous que vous êtes à moi, que vous êtes à Jésus depuis l'âge de deux ans, où, des mains de votre nourrice, vous passâtes dans mes bras maternels. J'ai toujours eu pour vous, Dieu m'en est témoin, toute la sollicitude et le cœur d'une mère ; je veillai sur votre jeune âge, comme la poule sur ses poussins. J'aime à croire que vous serez maintenant, comme par le passé, docile à ma voix; et puisque Dieu semble nous présenter la palme des héros, pourquoi refuserions-nous la couronne? Rappelez-vous, ma chère Fille, les glorieux athlètes qui nous ont précédées dans la lice. Mais que dis-je? c'est vous-même qui nous avez parlé naguère de Lybis et de Léonis, ces deux illustres saintes, unies par le double lien du sang et du martyre : l'une marche au bûcher, et l'autre court offrir sa tête sous le glaive, en entonnant le cantique de la victoire. N'est-ce pas vous qui nous rappelez si souvent le trépas héroïque de la jeune Eutropia, laquelle tombe, à l'âge de douze ans, sous les yeux de sa mère? N'avez-vous pas sans cesse, à la bouche, l'éloge de son courage invincible? Eh bien! chère enfant, tous ces glorieux soldats de Jésus-Christ, qui sont aujourd'hui dans la gloire, ont les yeux sur nous, et nous encouragent à la mort, à la victoire.

FÉBRONIA.

O ma Mère, ô la plus tendre des mères! je sais ce que je vous dois, et ce que vous avez fait pour moi; je sais ce que je dois à mon céleste Epoux: mourir pour vous, mourir pour mon Dieu, serait mon bonheur. Ne craignez rien, ma Mère, ne craignez rien pour votre Fille. Je sens que mon cœur brûle des vives flammes du martyre. Mourir avant vous, mourir à votre place, mourir sous vos yeux, c'est la seule ambition qui me dévore.

BRYÈNE.

Dieu bénisse vos paroles, et soutienne votre grand cœur. (*Elle sort.*)

FIN DU DEUXIÈME ACTE.

TROISIÈME ACTE

SCÈNE I

Avant le lever du rideau, Fébronia chante : *Elle est si noble*, etc.; ou : *Divine Marie*, etc.

FÉBRONIA, LES SOLDATS, BRYÈNE.

FÉBRONIA.

Donner la vie du temps à Celui qui donne la vie éternelle, quelle gloire ! quel bonheur ! Qu'ils viennent, les satellites de l'empereur; qu'ils viennent, ces lions, ces tigres altérés du sang chrétien : j'en ai dans mes veines, et il est impatient de couler. (*En ce moment, les soldats entrent avec Bryène, qu'ils ont enchaînée; ils lèvent le glaive pour l'immoler, quand Fébronia s'élance et se jette à leurs pieds en s'écriant:*)

Grâce, grâce pour ma Mère! ce n'est pas elle,

c'est moi qui dois mourir; ce n'est pas son sang, c'est le mien qui doit couler. Voilà mon corps, frappez; mais épargnez ma mère. *(En ce moment survient le comte Primus, qui réprimande les soldats et arrête leur fureur.)*

SCÈNE II

PRIMUS, BRYÈNE.

PRIMUS.

Arrêtez, arrêtez, barbares; loin d'ici, sacriléges profanateurs. *(S'adressant à Bryène:)* Ne craignez rien, Madame; et relevez cette jeune héroïne, dont j'ai entendu la voix. Pas de crainte, mais pas de temps à perdre. Où sont les autres religieuses de la maison?

BRYÈNE.

Elles ont fui comme de timides colombes devant l'oiseau de proie.

PRIMUS.

J'admire votre courage, Madame; mais la fuite est de rigueur en ce moment. *(En lui ôtant ses chaînes:)* Donnez; ces mains ne sont pas faites pour porter des chaînes. Allez, courez chercher ensemble une retraite, pour vous cacher pendant l'orage. *(S'adressant à ses soldats:)* Et vous, soldats, silence; rendez-vous au prétoire... (*On sort.*)

SCÈNE III

PRIMUS, LYSIMAQUE.

PRIMUS, *seul et se promenant.*

Livrer à la mort des agneaux si paisibles, c'est une cruauté sans nom. Non, jamais mes mains ne verseront ce sang virginal.

LYSIMAQUE.

Eh bien ! qu'avez-vous fait dans ce monastère ?

PRIMUS.

La terreur avait fait prendre la fuite au plus grand nombre ; et nous n'y avons trouvé que deux vieilles religieuses, avec une jeune fille, qui est, dit-on, le trésor de la maison. Jamais mes regards n'avaient vu une vierge d'un si grand courage, et d'une beauté si ravissante. A la vue de cette créature céleste, j'ai pensé à vous, mon cher Lysimaque, et je crois vraiment que Fébronia ne serait pas indigne de votre main : déjà les soldats allaient frapper, quand j'ai suspendu leur fureur sanguinaire.

LYSIMAQUE.

C'est très-bien, mon ami, que d'avoir protégé l'innocence et la vertu. Ma mère, en effet, m'avait défendu de verser le sang des chrétiens. Elle m'avait recommandé de les prendre sous ma protection; et, loin de mon cœur l'intention criminelle de tendre des piéges aux paisibles servantes de Jésus-Christ. Allez, prenons-les sous notre égide, et préservons-les de la fureur de mon oncle Sélénus, de l'insolence d'une soldatesque féroce. (*Ils sortent.*)

SCÈNE IV

SÉLÉNUS.

Je l'aime, le sang des chrétiens, et je m'en trouve très-bien, depuis que j'en fais des libations aux dieux de l'empire. Non, notre glaive n'est pas émoussé, et notre colère ne fait que s'enflammer avec le nombre des victimes. Non, de tous les chrétiens, il ne faut pas que j'en laisse un seul; ni les enfants, ni les vierges n'échapperont à mes vengeances.

SCÈNE V

UN SOLDAT, SÉLÉNUS.

UN SOLDAT *brutal entrant.*

Maître, je viens de faire une brillante découverte: j'ai trouvé, dans le monastère, une jeune vierge, d'une beauté ravissante; elle parle avec un courage étonnant, et il y a dans ses traits je ne sais quoi de noble et de divin. Mais, ce qui doit le plus vous intéresser, c'est que le comte Primus vient de la proposer pour épouse à votre neveu Lysimaque. Leur plan est tiré, et les préparatifs se font en toute diligence.

SÉLÉNUS, *en colère*.

Juste ciel ! quelle nouvelle vient frapper mes oreilles ! Allez, courez tous ensemble. Qu'on enveloppe à l'instant le monastère ; qu'on en garde soigneusement toutes les issues, et que, par tous les dieux de l'Olympe, il n'échappe personne du couvent. Quant à Fébronia, j'en prends Jupiter à témoin, je veux que, dans une heure, elle soit traînée devant mon tribunal ; nous verrons si elle sera l'épouse de Lysimaque... Je me charge des préparatifs de la noce. *(Ils sortent.)*

SCÈNE VI

FÉBRONIA.

Assise dans un fauteuil, elle chante en sommeillant : *Elle est si belle...*; ou : *Divine Marie...*; ou : *Elle me dit en souriant...* Puis, se réveillant, elle dit :

Souffrir, mourir pour Jésus, pour Marie ; que tel soit mon heureux sort. Non, non, point d'autre époux pour moi que le bon Jésus...

SCÈNE VII

THOMAIS, BRYÈNE, FÉBRONIA.

THOMAIS.

Entrant avec Bryène du côté opposé, lui dit tout bas en lui montrant Fébronia: Pauvre enfant! elle chante : et déjà peut-être les satellites sont à la porte... C'est la tourterelle qui chante, au moment de tomber dans les filets de l'oiseleur...

BYRÈNE, *à Fébronia.*

D'où vient donc, ô ma chère enfant, que vous paraissez si contente? Ah! comme Dieu vous aime, de vous conserver si joyeuse, au milieu de vos souffrances! n'est-ce pas que la fièvre vous dévore plus qu'à l'ordinaire?

FÉBRONIA.

Qu'est-ce que ces souffrances, en comparaison de celles que je voudrais endurer pour le divin Maître? Oui, la joie la plus pure possède mon âme ; non pas la joie de la jeune fiancée, qui marche à ses noces : Jamais la main d'un mortel n'aura la main de Fébronia ; mais la joie de la pauvre fille qui a fait ici-bas ses fiançailles avec Jésus, pour aller célébrer son mariage solennel dans le ciel. Je me réjouis et je chante, en pensant que bientôt j'irai m'unir irrévocablement à mon divin époux. J'ai rêvé dans la nuit que nous faisions mes noces dans le ciel : j'ai vu Marie, j'ai vu, de mes yeux, le bon Jésus; et j'étais assise à ses côtés; et les anges nous servaient à sa table!!! (*Les soldats entrent.*)

SCÈNE VIII

BRYÈNE, FÉBRONIA, UN SOLDAT, THOMAIS.

BRYÈNE.

Arrêtez, profanes; ne venez pas troubler la sainteté de notre asile.

FÉBRONIA, *se présentant avec courage.*

Soldats, me voici; c'est moi, moi qui suis la première victime. Vous tardiez bien d'arriver; car je brûle de mourir et d'aller voir mon céleste époux.

UN SOLDAT.

Oui, c'est toi, Fébronia, que nous avons ordre de conduire au tribunal.

FÉBRONIA.

Eh bien! me voilà prête à vous suivre : et si j'avais des ailes, je volerais dans un instant, vers le lieu du supplice. Voici mon bras, voici mon cou; liez, enchaînez-moi, selon votre bon plaisir.

BRYÈNE.

C'est bien, Fébronia; mais vous ne partirez pas sans nous; et nous aussi, nous voulons aller à la mort, aller au ciel; avec vous nous avons vécu, avec vous nous voulons vaincre et mourir.

UN SOLDAT.

Non, non, vous resterez : nous n'avons d'ordre que pour la prise de Fébronia.

BRYÈNE.

Juste ciel! m'auriez-vous réservé une si cruelle séparation? Mon Dieu! que vous avons-nous fait, pour nous enlever cette chère enfant, et nous laisser vivre sans elle? Adieu! donc, Fébronia, adieu! jusqu'au ciel! va donc, ô sœur des anges, va, quitte gaiement la vallée des larmes. Je vois d'ici la palme immortelle, que les messagers célestes tiennent suspendue sur ta tête. Vas en prendre possession; mais avant de partir, reçois nos derniers embrassements... (*Elles l'embrassent.*) Quant à vous, soldats, respectez, vénérez la noble servante du Seigneur. Jamais vous ne menâtes à la mort d'agneau plus docile, ni de plus blanche colombe.

THOMAÏS.

Allez, jeune héroïne, allez; passez la première; vous êtes digne de nous ouvrir le chemin de la gloire et du martyre. Pourriez-vous nous laisser la terre et prendre le ciel pour vous? là haut donc, Fébronia, là haut, le glorieux rendez-vous! Appelez-nous bien vite, quand vous toucherez au port. Adieu! jusqu'au prochain revoir! ou plutôt, j'espère aller moi-même assister à vos combats et à votre martyre.

FÉBRONIA.

Pardon, chère sœur, pardon vénérable Mère, si votre pauvre enfant, vous devance vers le royaume éternel : laissez-moi monter vers la patrie, laissez-moi m'envoler vers le trône de l'époux incomparable. O comme je le prierai de venir vous chercher au plutôt! oui, dans peu de temps, nous nous reverrons, pour ne jamais plus nous séparer. Mais, sur le point de marcher au combat, j'ai, ô vénérable mère, une dernière grâce à vous demander : c'est votre sainte bénédiction. (*Et elle se met à genoux.*)

BRYÈNE.

Seigneur Jésus, qui vîntes soutenir votre servante Thècle au milieu de l'arène, montrez-vous aussi à cette jeune enfant, qu'on vient me ravir pour la traîner au supplice. Soutenez-la, conduisez-la par la main, vers l'autel du sacrifice ; et recevez bientôt son âme parmi les phalanges des bienheureux. Que le Dieu des martyrs et des vierges, que le Dieu de Félicité, de Perpétue et d'Agathe te bénisse, ô Fébronia, et te donne l'onction avec la vertu des athlètes! Va, chaste colombe; va, tendre agneau;

va t'immoler pour l'agneau sans tâche ! et que bientôt ton sang précieux vienne réjouir nos lèvres brûlantes !!! (*On se retire.*)

SCÈNE IX

SÉLÉNUS, LYSIMAQUE.

SÉLÉNUS.

Tu sais, mon cher Lysimaque, que bientôt Fébronia va paraître en ma présence : qu'est-ce donc que cette fille dont on parle comme d'une divinité ? Je suis tout fier d'une pareille capture ; plus la victime est belle et brillante, plus son sang sera digne d'arroser les autels de la patrie.

LYSIMAQUE.

Vous la verrez, mon oncle, vous l'interrogerez ; et je ne doute pas que vous n'éprouviez à son égard les sentiments de la plus profonde admiration : sa voix, mon oncle, son regard seul désarmerait la colère d'un tigre...

SÉLÉNUS.

Sa voix serait-elle mille fois plus douce que celle d'une syrène, ses traits plus beaux que ceux d'une divinité, je ne suis pas assez lâche, et je n'ai pas le cœur d'une femme pour fléchir devant les vains appas d'une chrétienne. Toutefois, mon cher neveu, puisque vous semblez vous apitoyer sur son sort, et que Primus vous la propose en mariage, osez, si vous pouvez, osez unir le noble sang qui coule dans vos veines, avec le sang impur des chrétiens... C'est pourquoi, bien que sa mort soit décrétée d'avance, je veux bien lui faire grâce, en votre faveur, si elle consent à vous donner sa main. Qu'on fasse comparaître la jeune fille; qu'elle vienne répondre à l'instant, et vous, Lysimaque, commencez l'interrogatoire. (*La jeune fille paraît les mains liées derrière le dos et le carcan au cou.*)

SCÈNE X

LYSIMAQUE, FÉBRONIA, SÉLÉNUS.

LYSIMAQUE.

Ne craignez pas, ô jeune fille, et veuillez bien répondre aux questions que j'ai l'ordre de vous adresser. Quelle est votre condition ? êtes-vous libre ou esclave ?

FÉBRONIA.

Je suis esclave.

LYSIMAQUE.

Et de qui, je vous prie, êtes-vous esclave ?

FÉBRONIA.

De Jésus-Christ, si toutefois les disciples d'un Dieu peuvent être esclaves.

LYSIMAQUE.

Quel est votre nom et votre profession?

FÉBRONIA.

Je m'appelle chrétienne; c'est le nom de ma profession, mon titre de gloire et d'honneur. Et si vous voulez le nom qu'on me donnait dans le monde, c'est Fébronia.

SÉLÉNUS.

Assez, Lysimaque; permettez que je l'interroge à mon tour. (*S'adressant à Fébronia.*) O Fébronia, jamais ma colère n'avait faibli devant un chrétien : j'avais résolu de vous condamner sans forme de procès; car j'ai en main toute la puissance impériale; mais je ne suis pas si froid que le marbre, ni plus méchant qu'un lion. J'avoue que tant de vertu et de modestie, jointes aux charmes d'une si rare beauté, désarment ma fureur, et suspendent les éclats de mon courroux. Ainsi donc, ce n'est point la voix d'un juge irrité, mais la voix d'un père qui vient vous parler cordialement : écoutez donc, ma fille, je prends les dieux à témoins de la vérité que j'avance : mon frère Anthime et moi, nous avions fiancé à monseigneur Lysimaque une jeune romaine, dont l'alliance doit lui procurer de vastes possesssions et des trésors immenses. Eh bien! puisque mon neveu à des vues sur vous, nonobstant le pouvoir que j'aurais d'arrêter ce projet, je consens dès ce moment à rompre tous les engagements contractés avec la fille de l'illustre Phosphore. C'est vous, qui serez l'épouse de monseigneur Lysimaque, que vous voyez à ma droite, et dont la beauté n'est guère au-dessous de la vôtre. Ma parole est celle d'un père, d'un puissant ministre de l'empire; si vous souscrivez à ma proposition, je me charge de votre avenir, qui sera des plus brillants. Je n'ai ni femme, ni enfant; et tous mes biens sont à vous; j'en fais votre dot, et vous en établis la maîtresse avec Lysimaque : vous serez mes enfants, et je mettrai mon plaisir à vous servir de père. La gloire et le bonheur seront vos compagnons fidèles; et notre invincible empereur sera tout fier de vous introduire à sa cour, et de vous prodiguer ses bonnes grâces. Je sais les brillantes promesses qu'il a faites à Lysimaque : je sais que bientôt Lysimaque sera préfet à son tour, et siégera parmi les principaux ministres de l'empire. Donnez-moi donc, chère enfant, donnez une réponse favorable à mes vœux et à votre bonheur. Car, si vous veniez à être insensible à une telle proposition, j'en prends les dieux à témoins... dans un quart d'heure vous n'êtes plus en vie... qu'on vous enlève vos chaînes...

FÉBRONIA.

Laissez-moi donc ces liens qui sont le symbole de ma fidélité à Dieu. Des noces pour moi, dans ce bas monde! Fébronia ne veut les faire que dans la cité céleste; mon cœur est promis, ma parole donnée.

Là haut j'ai un époux inséparable, un époux immortel, qui m'a promis en dot un éternel royaume. Non, non, je ne saurais lui préférer un époux périssable et mortel; je ne le puis, je ne le veux; c'est pourquoi, ô juge, ne vous consumez pas en de vains efforts; Fébronia ne saurait molir ni devant l'appas des caresses, ni devant l'appareil des tortures.

SÉLÉNUS.

C'est donc ainsi, jeune imprudente, que tu oses fouler aux pieds ma parole et ma bonté? Tu refuses donc la main de Lysimaque que je t'offrais dans ma générosité. Eh bien! puisque tu ne me veux pas pour père, tu m'auras pour tyran et juge inexorable. Soldats, arrachez-lui son manteau, et ne lui laissez que de misérables haillons pour l'accompagner au supplice.

FÉBRONIA.

Le voilà, tyran, je m'en dépouille bien volontairement; car j'ai un vêtement que tu ne saurais me ravir; c'est la robe d'innocence que je reçus à mon baptême, et qui me vient du ciel, comme un gage de mon divin époux. Vous faites bien de m'enlever ce manteau, je n'en serai que plus agile dans le combat : ce n'est pas sous le poids de ces vêtements, que l'athlète se présente dans l'arène; ce n'est pas avec les habits, que la victime marche à l'autel. Je vous remercie de ce que vous me laissez encore ces misérables lambeaux pour couvrir ma nudité : au jour de la flagellation et sur le gibet infâme, il était bien plus affreux le dépouillement de mon Sauveur. Mais je languis, ô bourreaux; montrez-moi le bûcher et les instruments du supplice; je vous attends; mon corps est prêt à recevoir vos coups; mon sang bouillonne dans mes veines, et ne demande qu'à couler.

SÉLÉNUS.

Oui, oui, elle va être étanchée ta soif des supplices, tu vas les boire, tu vas les avaler à satiété. Nous saurons les multiplier, nous saurons les prolonger les tortures que tu demandes avec tant d'impudence et d'avidité. Tu sauras si c'est en vain qu'on brave notre colère. Bourreaux, la main à l'œuvre, et soyez les fidèles exécuteurs de mes ordres. Qu'on la traîne à l'instant sur la place, et que le peuple soit témoin de ses opprobres et de son trépas; là, vous l'attacherez à quatre poteaux, et vous allumerez sous son corps un brasier ardent, que vous aurez soin d'activer avec la poix ou l'huile bouillante : en même temps quatre hommes vigoureux la frapperont sans interruption, et la déchireront à coups de verges. Allez, mes amis, votre fureur sera payée et votre courage récompensé : déchirez-la, mordez-la comme des tigres, mais ayez soin de la conserver pour de nouvelles tortures.

FÉBRONIA, *en sortant*.

Béni soit Dieu qui m'appelle à combattre et à

mourir pour lui. (*En allant au martyre elle chante* :
Elle est si noble... *ou bien :* De ton enfant exauce la
prière...)

SCÈNE XI

SÉLÉNUS, LYSIMAQUE.

SÉLÉNUS.

Je ne sais qui les soutient et leur donne autant
d'audace ; mais ils vont à la mort, comme à la victoire. Dieux protecteurs de l'empire, inspirez-moi
de nouveaux moyens, pour vaincre leur courage,
et les rassasier de douleurs et d'opprobres... Voyons,
Lysimaque, explique-moi ce mystère ; parle et
romps enfin ton morne silence. Ce n'est pas le moment de gémir, c'est l'heure de nous montrer tels
que nous sommes : dissipe ce triste nuage que j'aperçois sur ton front ; l'empire de Rome aura pour
toi d'autres Fébronia.

LYSIMAQUE.

Que répondre, cher Sélénus, à la vue de tant de
courage et d'héroïsme ? Non, je ne pensais pas qu'il
y eût autant de grandeur d'âme, autant d'intrépidité dans une jeune fille... et que m'importe une alliance qui serait contraire aux vues sublimes de
Fébronia ? Son refus ne détruit en rien l'estime et
la vénération que j'ai pour elle... Et quand je vois

traîner à la boucherie un agneau si docile, si précieux, je n'ai que le silence et l'indignation devant un tel spectacle. (*Il sort.*)

SCÈNE XII

SÉLÉNUS.

Je vois bien, Lysimaque, que tu n'es pas un homme... et que tu portes dans ton cœur la sensibilité et la faiblesse d'une femme... Les dieux pourront un jour te demander compte de ta pusillanimité... quant à moi, je n'éprouve, pour Fébronia, que les sentiments d'une vengeance éclatante : jamais le cœur de Sélénus ne fléchira devant le cœur d'une femme... (*On entre précipitamment.*)

SCÈNE XIII

UNE VOIX, SÉLÉNUS.

UNE VOIX.

Grâce, ô juge, grâce pour Fébronia ! n'est-ce pas assez de tortures pour tant de jeunesse et de beauté ? Nous avons entendu les coups multipliés, qui tombaient sans pitié sur sa chair virginale, entendu les gémissements de la foule qui détournait les yeux, pour ne pas être témoin d'une scène si barbare. Nous avons vu des torrents de sang, qui coulaient à grands flots, des lambeaux de chair, qui volaient de toute part... pardon, seigneur, pitié, miséricorde!!!

SÉLÉNUS.

Mes ordres sont donnés, et personne au monde ne saurait désarmer ma colère. Ou plutôt, qu'on me ramène Fébronia; je ne veux pas qu'elle meure si vite; j'ai d'autres supplices à lui faire endurer... Si elle a du courage pour souffrir, moi aussi j'en aurai pour la satisfaire. (*Il se promène silencieux et bouillant de colère : bientôt on lui ramène Fébronia toute échevelée et couverte de sang.*)

SCÈNE XIV

SÉLÉNUS, FÉBRONIA.

SÉLÉNUS.

Eh bien! Fébronia, comment te trouves-tu de ce premier combat, que tu demandais avec tant d'audace?

FÉBRONIA.

Très-bien, ô tyran, très-bien. Demande à tes soldats, si j'ai faibli dans les tortures. Je n'aurais jamais cru qu'il fût si doux de souffrir pour son Dieu : je te rends grâce de me procurer un tel bonheur. Tu sauras, par cette première lutte, que je suis invincible, et que je me ris de tous tes supplices.

SÉLÉNUS.

Courage, jeune orgueilleuse, tu ne fais que le premier pas dans la lice; nous trouverons de quoi te contenter. Soldats, qu'on la porte à l'instant sur le chevalet; qu'on lui coupe les mains et les pieds; qu'on lui déchire les flancs avec des peignes de fer; qu'on mette du sel et du bitume dans ses plaies; qu'un feu lent et ardent lui consume peu à peu les entrailles. Quant à sa langue, qui parle avec tant d'impudence, et qui a vomi tant de blasphèmes contre les dieux de la patrie, qu'on la brûle avec un fer rouge, ou qu'on l'arrache du palais. Ou plutôt, qu'on lui brise les dents et la mâchoire; nous lui laisserons encore la langue, pour savoir si elle pourra nous parler encore... Ce n'est pas tout, je veux qu'on lui déchire la poitrine, qu'on lui coupe les mamelles, et qu'ensuite avec des pointes de fer ou des charbons ardents, on brûle tout ce que le fer n'aura point arraché.

SCÈNE XV

HIÉRIE, SÉLÉNUS, FÉBRONIA.

HIÉRIE, *entrant indignée.*

O barbare! ô monstre d'inhumanité! Comment as-tu le cœur d'ordonner de pareils supplices? N'était-ce pas trop d'avoir fait mutiler, déchirer si impitoyablement le corps délicat de cette jeune héroïne ? Compte, si tu peux, les plaies et blessures dont on vient de l'accabler... Eh quoi ! bête féroce, toi qui as sucé le lait d'une femme ! qui as trouvé la vie dans son sein ! tu oserais faire arracher le sein de l'illustre Fébronia ?...

SÉLÉNUS.

Je le veux, je l'ordonne, et personne ici n'a le droit de transgresser mes commandements. Oui, de toutes les tortures décrétées sur la tête de Fébronia, rien ne restera sans une fidèle exécution. Soldats, vous en répondez sur votre tête. Et toi, superbe Hiérie, tu vas paraître à mon tribunal, pour être punie de ta scélératesse.

HIÉRIE.

Dieu soit béni, de pouvoir marcher sur les traces de mon insigne maîtresse : Dieu de Fébronia, me voici toute prête, et ne refusez pas d'accepter le sacrifice d'une pauvre païenne. Fébronia, nous serons deux, pour aller au supplice. Hâtez-vous, bourreaux, et couvrez-moi des glorieuses plaies que porte déjà ma sœur Fébronia. O qu'il me tarde de partager ses douleurs et ses blessures !

FÉBRONIA.

Que Dieu vous bénisse, ô Hiérie ; et que bientôt, nous ayons ensemble la palme du martyre.

SÉLÉNUS.

Soldats, qu'on enchaîne Hiérie, la sénatrice ; ou plutôt...

SCÈNE XVI

LYSIMAQUE, SÉLÉNUS, FÉBRONIA.

LYSIMAQUE, *rentrant.*

Quelle fureur, ô mon oncle, s'est en ce jour emparé de votre âme? Quel affreux délire vous possède en ce moment? Quoi ! votre vengeance n'a pas assez de l'immortelle Fébronia ! et vous voulez encore l'étendre sur une illustre romaine, qui n'est pas chrétienne? Ne craignez-vous pas d'irriter l'empereur et les dieux du Capitole? Ne voyez-vous pas que toute la ville voudra courir à la mort, quand on verra y marcher de telles victimes? Qui m'eût dit, grand Dieu ! que Sélénus serait si cruel à l'égard de Fébronia? Allez, mon oncle ; tuez, immolez cette héroïne ; livrez-la à toutes les atrocités les plus révoltantes... Mais sachez qu'un sang aussi généreux criera vengeance tôt ou tard... Non, non, je ne suis pas digne de la main et du cœur de Fébronia. Mais j'en prends le ciel à témoin ; ô sainte fille, si tu n'es pas mon épouse, tu seras ma sœur ; dès ce moment, je veux que ton Dieu soit mon Dieu, et ta religion la mienne!...

SÉLÉNUS.

Et toi aussi, indigne Lysimaque, tu viens trahir les dieux et la patrie? Dioclétien saura de tes nouvelles... et dussé-je prendre un tigre pour neveu, je te répudie dès ce moment; je déchire à tout jamais les liens de parenté qui m'unissaient à toi... Que les dieux se vengent de moi, si je ne me venge pas des ennemis de Rome... Licteurs, bourreaux, à l'œuvre; qu'on enlève Hiérie de ma présence, et qu'on aille de point en point exécuter sur le corps de Fébronia tous les genres de tortures que je viens de décréter. J'irai moi-même aiguillonner votre fureur. (*On l'entraîne pendant qu'elle chante le refrain du martyre*, Lysimaque reste seul.)

SCÈNE XVII

LYSIMAQUE se promenant.

Moi, tremper mes mains dans le sang de l'innocent? Mes mains qu'une mère chrétienne couvrit de ses tendres baisers! Non, non, jamais. O ma mère! ô Fébronia! Je veux être chrétien et aller régner avec vous dans le royaume éternel. Et dussé-je subir mille morts, je quitte les idoles pour embrasser la croix de Jésus-Christ! Je veux mourir, pour suivre Fébronia, pour aller voir une mère dans le ciel.. Oh! je l'aperçois déjà; j'entends sa douce voix qui m'appelle, à voler dans ses bras maternels!

SCÈNE XVIII

PRIMUS, LYSIMAQUE.

PRIMUS.

Cruauté! barbarie inconcevable! La victime vient d'être immolée... son cadavre est en mille pièces... Et les chrétiens se disputent les lambeaux de ses habits et les gouttes de son sang précieux... Mais, le croiriez-vous, ô Lysimaque? Un tel forfait vient d'être suivi d'un châtiment épouvantable: Sélénus, l'impitoyable Sélénus, vient de périr de la mort la plus tragique. A peine Fébronia rendait-elle le dernier soupir, qu'il est tombé dans un état affreux de délire et de furie; il bondissait comme un taureau, il rugissait comme un lion, jusqu'à ce que enfin, il s'est brisé la tête contre une colonne de la galerie, au pied de laquelle il est tombé baigné dans son sang... Qu'il est horrible de mourir en tyran et en persécuteur! Et moi aussi, je dis anathème à Dioclétien et à toutes ses divinités mensongères; je renonce entièrement à toutes nos superstitions, pour embrasser la religion chrétienne: les chrétiens seuls sont de véritables hommes, de véritables frères. Vous connaissez leur héroïsme et leur intrépidité : vous savez combien ils s'aiment entre eux, et comme ils prient pour leurs bourreaux. Non, il n'est pas possible que leur religion ne vienne point du ciel.

LYSIMAQUE.

Qu'il est donc grand, qu'il est puissant le Dieu des chrétiens! O qu'il soit béni le Dieu de ma mère, le Dieu de Fébronia qui vient de venger l'effusion du sang innocent! Oui, dorénavant nous serons les premiers défenseurs de ses autels, de ses prêtres et de ses vierges. Mon cher Primus, puisque nous n'avons pu arracher Fébronia à la dent des léopards, du moins nous aurons soin de faire rendre les honneurs à ses saintes dépouilles. Allez, préparez tout pour ses pompes funèbres. Que son cercueil soit d'un bois incorruptible. Qu'on recueille soigneusement chacun de ses membres mutilés, chaque lambeau de ses chairs et de ses vêtements déchirés, chaque goutte de son sang virginal, et chaque grain de terre qui en aurait été rougi. Qu'on enveloppe tous ces restes sacrés dans un drap très-précieux ; qu'on enferme le tout dans le cercueil, et qu'on le porte en triomphe dans le monastère, au milieu de ses chères Sœurs. C'est là que tout le peuple ira célébrer le martyre de l'héroïne Fébronia.

SCÈNE XIX

Office funèbre de Fébronia. La salle représente le cercueil, autour duquel brûlent de la lumière et de l'encens ; elle est tendue de noir. Les religieuses sont à genoux et psalmodient le *De profundis* d'un air lent et lugubre.

BRYÈNE et les Sœurs formant le chœur.

BRYÈNE.

Salut, ô chère, ô immortelle Fébronia ! tu viens de périr ! non, tu vis encore ; tu vis dans le ciel, où ton âme s'est envolée, sur les ailes des anges ; tu vis dans ce cercueil, où chacun de tes membres ensanglantés parle à nos cœurs et mérite nos hommages ! Tu as donc vaincu, tu as triomphé, avec plus de courage que les héros. Tu le possèdes, en ce moment, le céleste époux, après lequel tu soupirais si ardemment. Ah ! du haut de ton trône, veille sur Bryène et sur ses enfants ! Sainte et immortelle dépouille, salut, amour, vénération ! Et vous, bien chères Filles, qui pleurez aux pieds de notre illustre martyre, réjouissez-vous, séchez vos larmes ; car nous avons un modèle et une avocate dans le ciel : elle nous parlera, nous aimerons à lui parler ; elle vivra dans nos cœurs, nous vivrons dans le sien. Réjouissons-nous donc, tressaillons d'allégresse, et terminons par le chant du martyre et de l'action de grâce.

LES SŒURS, *chantant.*

CHŒUR.

(Air n° 29 : *Chantons, famille chérie*, etc. (Dame blanche.)

Chantons, chantons l'hymne de victoire :
Chantons, chantons sœur Fébronia ;
A son triomphe, à sa gloire, (*bis.*)
Disons en chœur (*bis*) disons un *alleluia.*

SOLO.

Vers la patrie,
Guide les pas de tes enfants,

TUTTI.

O sœur chérie,
Reçois nos chants !

SOLO.

C'est toi qui veilleras sur nos ans, tendre mère.
(*bis* deuxième fois *tutti.*)

SOLO.

Daigne en bénir tous les instants, (tendre mère, tous les
  instants *tutti.*)

SOLO.

Et d'âge en âge, nos vœux pour toi toujours croissants,

TOUS.

Seront le gage de nos serments.

CHŒUR.

Chantons...

On pourrait encore terminer par cet autre chant :

SOLO.

Tu as vaincu l'enfer et sa furie :
Tends-nous la main, attire-nous au ciel.

CHŒUR.

A ses genoux,
Prosternons-nous ;   *bis*.
Mourons au pied de son cercueil.

FIN

TABLE

DES SUJETS PAR ORDRE CHRONOLOGIQUE

Prologue.
1. Les trois Enfants dans la fournaise.
2. Martyre de Floscel.
3. Martyre de Félicité et de ses enfants.
4. Martyre de Symphorien.
5. Martyre de Perpétue et de ses compagnes.
6. Martyre de Cécile.
7. Martyre d'Agapit.
8. Martyre de Julia.
9. Martyre de la légion Thébaine.
10. Martyre d'Adrien et de Nathalie.
11. Martyre de Victor.
12. Martyre de Fébronia.

FIN DE LA TABLE.

A LA MÊME LIBRAIRIE

RECUEIL DE PIÈCES POUR LES DISTRIBUTIONS DES PRIX

Le Théâtre chrétien, ou les Martyrs mis en scène, recueil de douze pièces dramatiques à l'usage des colléges, petits séminaires et autres maisons d'éducation, par l'abbé J***, 1 fort vol. in-12,   4 fr. 50.

On vend séparément :

Les trois Enfants dans la fournaise, drame en trois actes. . . . . 75 c.
Martyre de saint Floscel, ou le jeune héros de la Normandie, drame en trois actes. . . . . 75 c.
Martyre de saint Symphorien, drame en trois actes. 75 c.
Martyre d'Agapit, drame en trois actes. . . . . . . 75 c.
Les Héros de la légion thébaine, drame en trois actes. . . . . 75 c.
Martyre d'Adrien, drame en trois actes. . . . . . 75 c.
Martyre de saint Victor, drame en trois actes. . . . 75 c.
Martyre de sainte Félicité et de ses sept Enfants, drame en trois actes. . . . . 75 c.
Martyre de sainte Perpétue, et de ses compagnons, drame en trois actes. . . . . 75 c.
Martyre de sainte Cécile, drame en trois actes. . . . 75 c.
Martyre de Julia, drame en trois actes. . . . . . . 75 c.
Martyre de Fébronia, drame en trois actes. . . . . 75 c.

La Morale sous les fleurs, ou recueil de pièces à l'usage des pensionnats de demoiselles, par Melle D'OUTRELEAU, précédée d'une lettre d'approbation de Mgr l'évêque de Nice, 1 volume in-12.   2 fr. 50.

On vend séparément :

Le Secret du Bonheur, comédie en trois actes. . . . . 75 c.
Charité, charade en quatre actes. . . . . 75 c.
Courage, charade en trois actes. . . . . 75 c.
Orphée, charade en trois actes. . . . . 75 c.
Roseaux, charade en cinq actes. . . . . 75 c.
L'Etude et le plaisir, Dialogue en un acte. . . . . . 75 c.

Besançon, imprimerie d'Outhenin-Chalandre fils.

www.ingramcontent.com/pod-product-compliance
Lightning Source LLC
Chambersburg PA
CBHW070359230426

43665CB00012B/1181